FLORALES **WATERCOLOR**

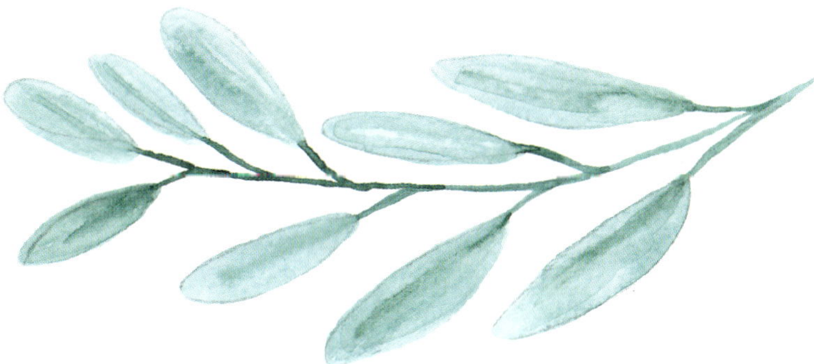

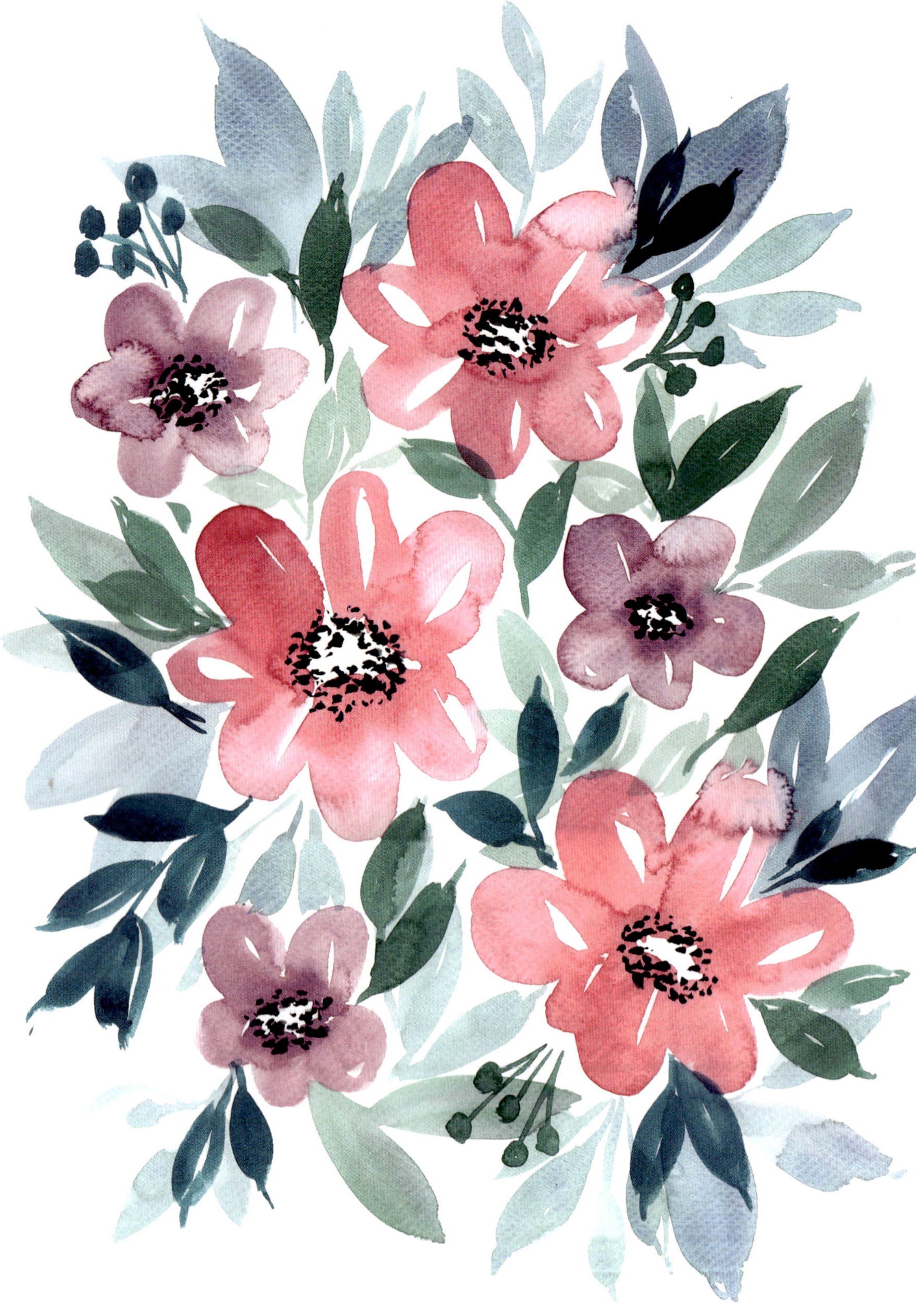

Inhalt

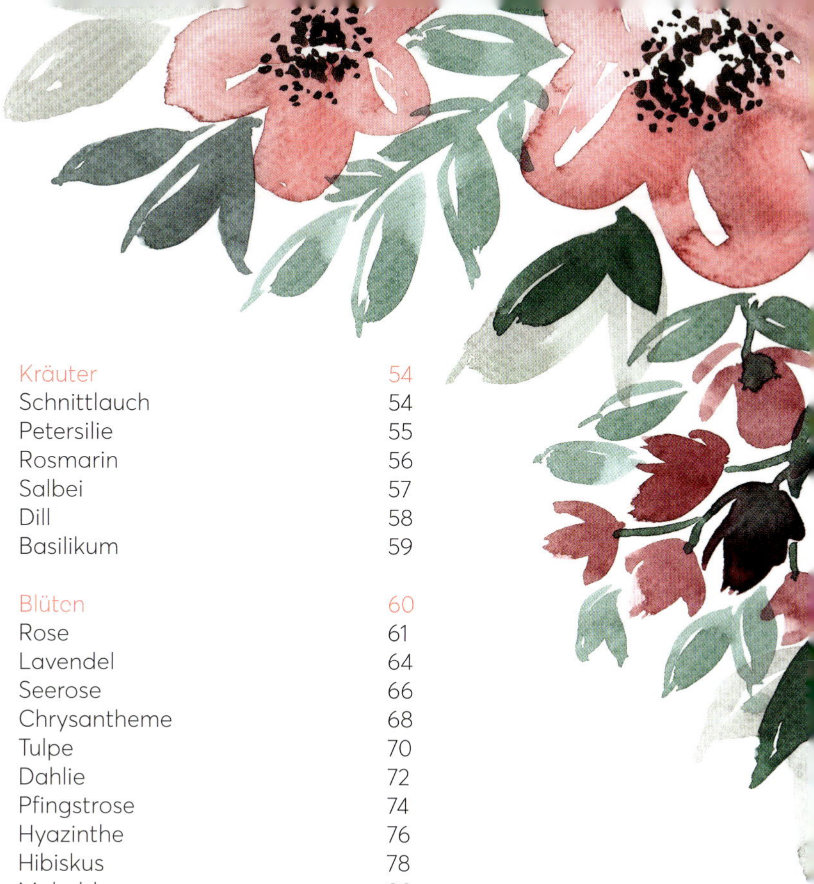

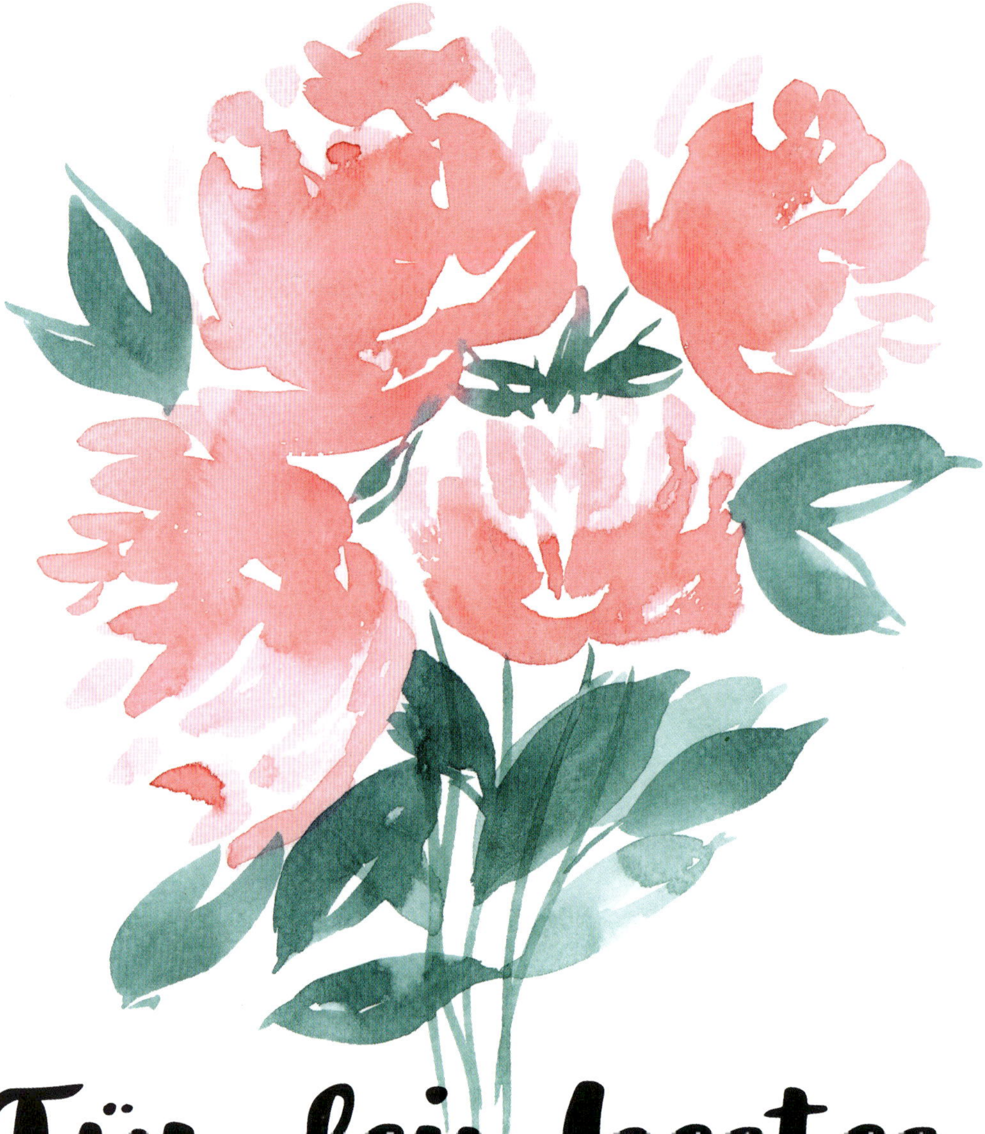

Für dein bestes WATERCOLOR Ergebnis

hi ...

... hast du schon mal mit Aquarellfarbe gemalt? Nein? Ich glaube dir kein Wort! Erinnerst du dich noch an den Deckfarbenkasten aus der Grundschulzeit? Die Farben wurden mit dem Pinsel und mehr oder weniger viel Wasser vermalt – also wie Aquarellfarben. Wusst' ich's doch!

Ein Aquarell hat eine ganz eigene Anziehung. Zarte, fließende und lebendige Farben kennzeichnen es. Die Farbübergänge sind meist leicht und beschwingt, was eine magische und verträumte Atmosphäre schafft. Menschen verbinden viele positive Emotionen mit einem Aquarell: Leichtigkeit, Entspannung, Freude, Wärme, Inspiration, Heiterkeit oder Freiheit. Das Besondere ist, dass diese Emotionen ganz individuell erlebt werden.

Was ich mit diesem Buch auf keinen Fall möchte: dich zur perfekten Watercolorkünstlerin oder -künstler machen. Nein – es soll dich dazu anregen, mit den wasserhaltigen Farben zu experimentieren und dir helfen, kreativer zu werden. Und das mit viel Spaß!
Was ich dir stattdessen sagen möchte, auch wenn das so gar nicht nach einem Anleitungsbuch klingt: Ich wünsche mir, dass du mit diesem Buch ein kleines Stück Glück zu dir nach Hause holst.
Wir konzentrieren uns in diesem Buch fast ausschließlich auf den so genannten „lockeren" Stil. Wir werden mit einfachen Pinselstrichen ein ungefähres Abbild der Natur schaffen. Dazu musst du übrigens weder zeichnen noch malen können! Alles, was du brauchst, ist ein wenig Neugier auf das Arbeiten mit Watercolor
und auf die Möglichkeiten zur Entwicklung, die in dir stecken!

Deine

Christin

PS: Meine Videos zum Buch helfen dir bei deinen ersten Versuchen. Schritt für Schritt erkläre ich dir hier nochmals das Wichtigste.

ONLINE-VIDEOS

Die Videos zu diesem Buch stehen in der Digitalen Bibliothek unter www.topp-kreativ.de/digibib nach erfolgter Registrierung zum Anschauen bereit. Den Freischalte-Code findest du im Impressum.

Dieses Symbol zeigt dir, wo ein Video zur Verfügung steht.

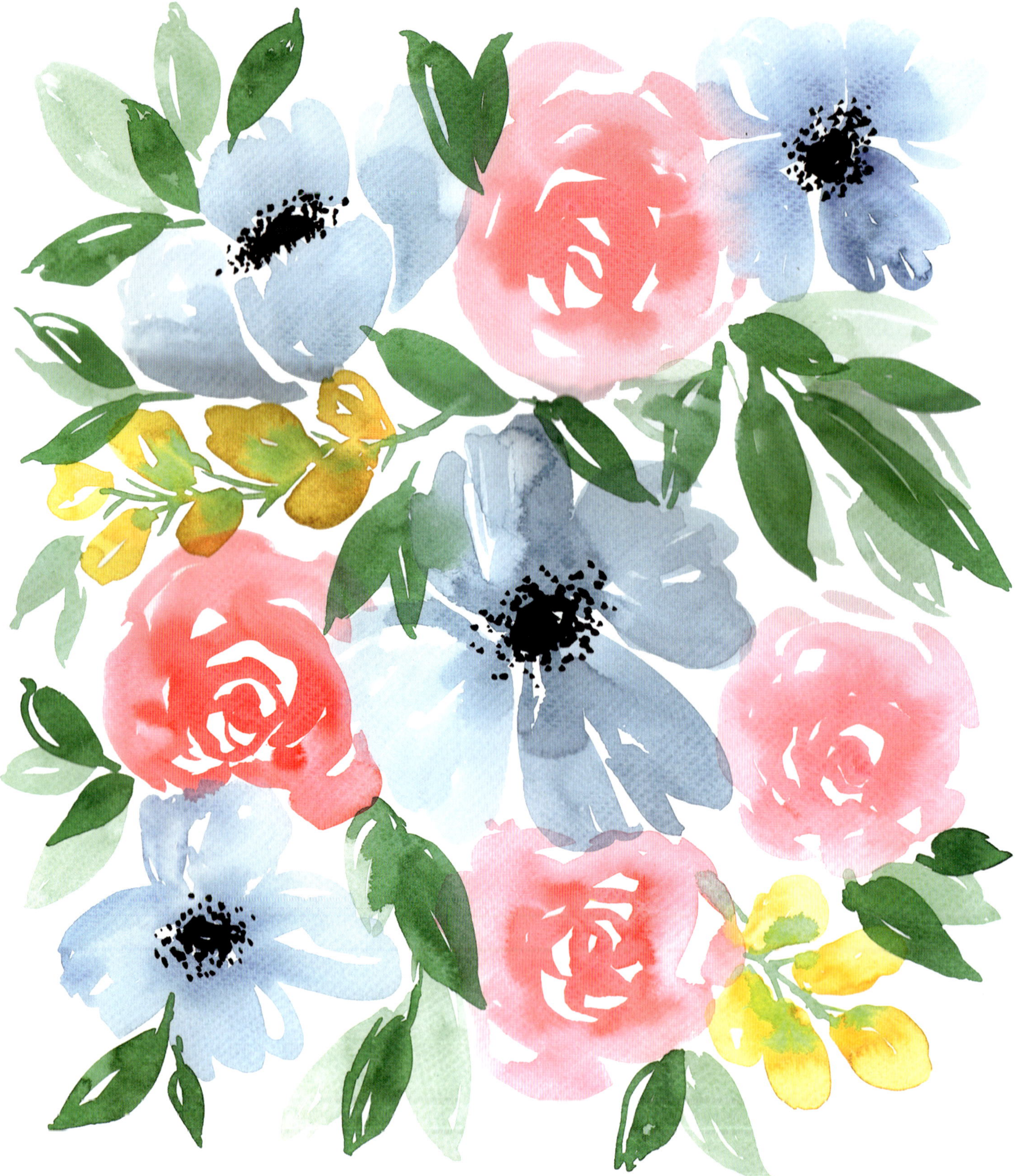

KAPITEL 1

LET'S WATERCOLOR

Bevor wir in unsere ersten Watercolor-Übungen einsteigen, machen wir noch einen kleinen Ausflug in die Geschichte der wasserlöslichen Farben. Wusstest du, dass die Aquarellmalerei eine der ältesten Kreativtechniken ist? Momentan erlebt das Aquarell eine Renaissance und gilt neben Handlettering als das Trendthema schlechthin. Warum ich hier immer wieder von Watercolor statt von Aquarell spreche, erfährst du auf den folgenden Seiten.

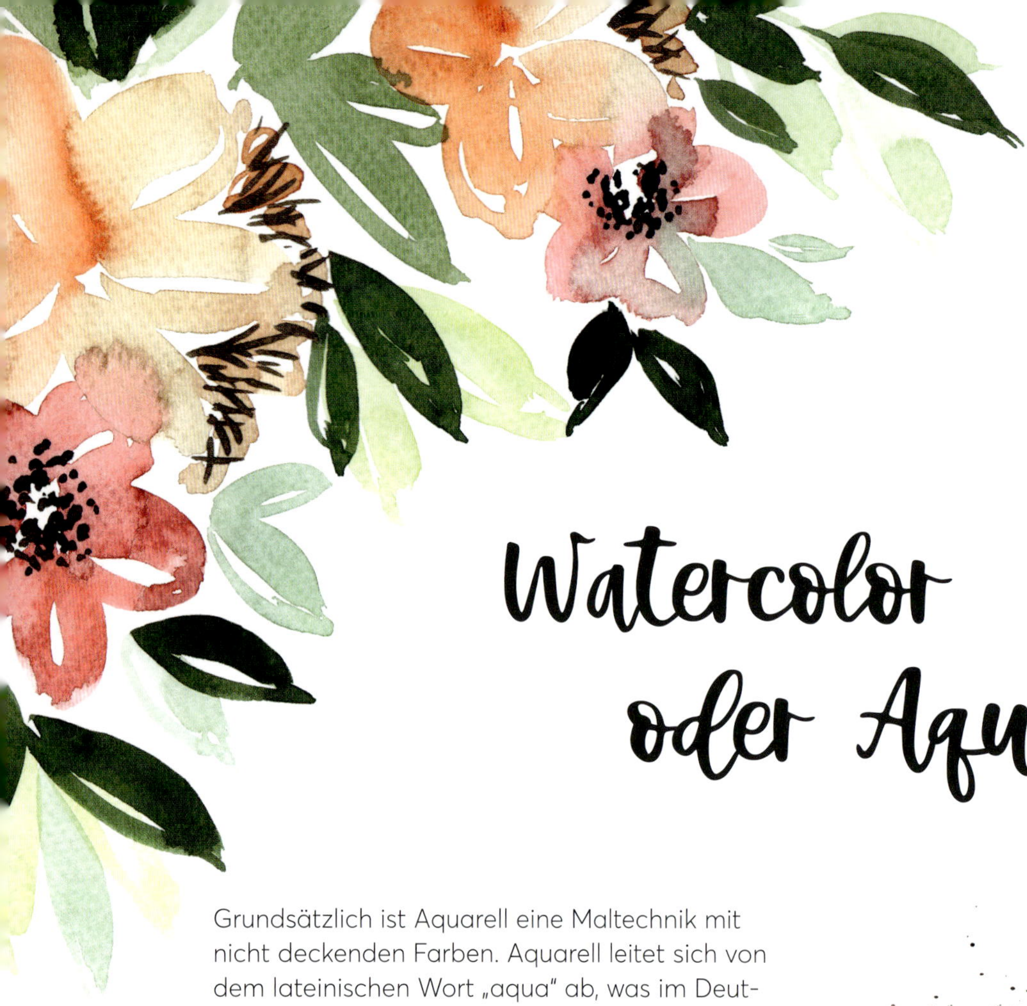

Watercolor oder Aquarell?

Grundsätzlich ist Aquarell eine Maltechnik mit nicht deckenden Farben. Aquarell leitet sich von dem lateinischen Wort „aqua" ab, was im Deutschen „Wasser" bedeutet.
Doch angefangen hat alles schon vor vielen tausend Jahren, bevor an Latein überhaupt zu denken war. Bereits unsere Vorfahren, die noch in Höhlen lebten, haben rohe Pigmente aus der Natur pulverisiert und mit Wasser zu einer ersten Form von Wasserfarbe zusammengemischt. Die Farbe wurde mit Knochen, Stöcken oder den eigenen Händen an die Wände der Höhlen gemalt.
Die alten Ägypter haben später auf sehr ähnliche Weise transparente Farben aus mineralischen Pigmenten gewonnen und damit auf den ersten Papieren gemalt – dem aufwendig hergestellten Papyrus. So wurden aus Zinnober (Rot), Azurit (Blau) und Malachit (Grün) mithilfe von Bindemitteln wie Gummi Arabicum und Eiweiß wasserlösliche Farben.

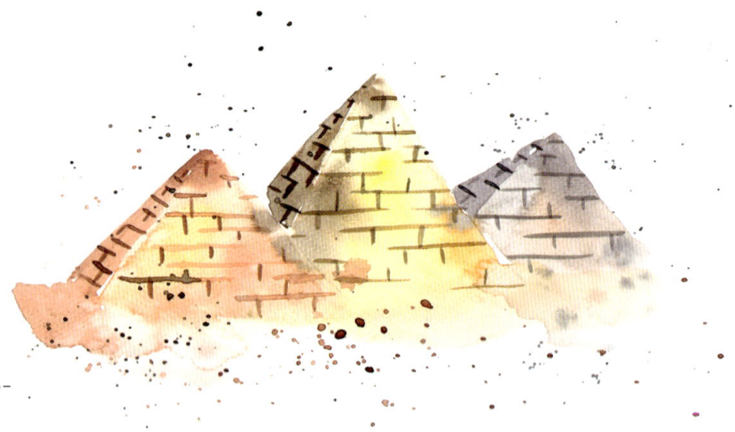

Der Ferne und der Mittlere Osten, China und Japan sind auf den Zug der Farben mit aufgesprungen und haben die Farben, Papiere und Techniken immer weiterentwickelt. So bildeten sich schnell kulturelle Unterschiede in den Maltechniken heraus.

Die Chinesen zum Beispiel fingen an, mit Tusche auf feiner Seide zu malen und sich auf die Kalligrafie zu konzentrieren, was bis heute fest in ihrer Tradition verankert ist.

Im Mittelalter war es üblich, Aquarellzeichnungen als Skizzen für Ölgemälde, Bildteppiche oder Fresken anzufertigen. Für diese Entwicklung waren besonders Albrecht Dürer und Rembrandt verantwortlich. Es sollte aber bis zum Ende des 18. Jahrhunderts dauern, bis das Aquarell als eigenständige Maltechnik anerkannt wurde. Dazu trug vor allem der britische Maler William Turner bei. Zudem wurden endlich Papiere hergestellt, auf denen die Pigmente besser haften konnten und somit leuchtender und beständiger waren. Zuvor mussten die Künstler ihre Farben auf sehr unbequeme Art und Weise selbst herstellen. Ende des 18. Jahrhunderts gab es dann die ersten Farben in Tuben aus Metall zu kaufen.

Ins Englische übersetzt heißt Aquarell Watercolor. Auch bei uns wird der englische Begriff immer mehr verwendet, obwohl beide Wörter dieselbe Maltechnik bezeichnen.

Allerdings verstehe ich unter Aquarell eher die alten, detailgetreuen Aquarelllandschaften, die ich noch von früher kenne. Mit Watercolor meine ich die modernen Illustrationen, die oft zusammen mit Letterings auftreten. Beim Malen der Motive geht es nicht darum, die Natur nachzubilden oder farbtreu zu sein, sondern eine eigene Interpretation zu schaffen.
Hier sind vier weitere Gründe, um noch heute mit Watercolor zu beginnen:

- ***Transparenz:*** *Du kannst Aquarellfarbe in vielen verschiedenen Abstufungen malen und das weiße Papier oder andere Farben durchscheinen lassen.*
- ***Weniger Verschwendung:*** *Sobald Acrylfarbe ausgetrocknet ist, kannst du sie nicht mehr verwenden, Aquarell schon, da die Farbe wasserlöslich ist.*
- ***Umweltschonend:*** *Aquarellfarbe enthält keine giftigen Zusatzstoffe. Auch super für Kinder!*
- ***Ruckzuck sauber:*** *Aquarell ist wasserlöslich und damit ganz leicht abwaschbar von Oberflächen, Kleidung oder eingetrockneten Pinseln.*

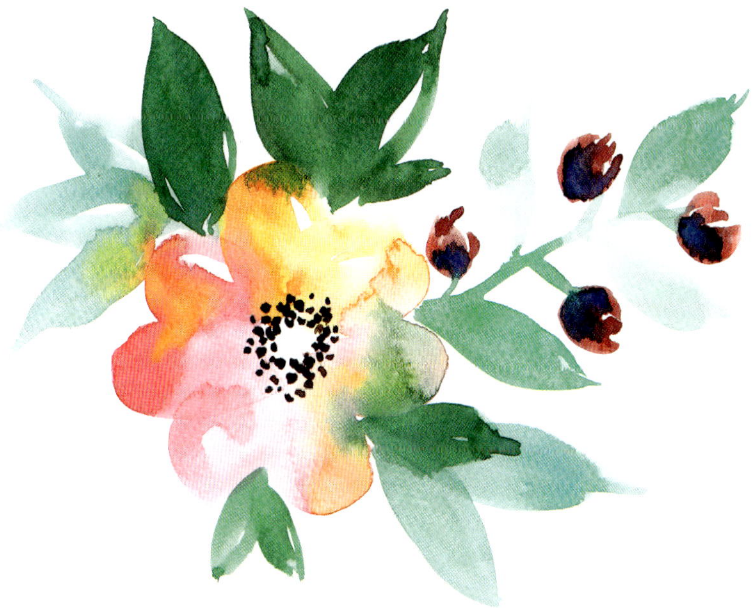

Detailgetreu war gestern

Den Unterschied, der für mich zwischen Aquarell und Watercolor besteht, habe ich schon im Vorwort angesprochen. Hast du schon einmal den Begriff »Loose Watercolor« gehört? Wörtlich übersetzt bedeutet es »Lockeres Aquarell«. Das moderne Watercolor ist weniger auf Detailtreue ausgerichtet, sondern mehr impressionistisch orientiert. Lockerer Aquarellstil bedeutet vor allem, in den Pinselstrichen frei sein zu dürfen.

Gemalte Motive werden nicht zu 100 Prozent realistisch umgesetzt, sondern geben eher die eigene Stimmung und Inspiration wieder. Locker und impressionistisch zu malen, verleiht deinen Kunstwerken einen spontanen und improvisierten Look. Es geht um den »Flow« und die Bewegung des Pinsels mit der Farbe. Deine Kunst soll Ausdruck eines selbstbewussten Umgangs mit Kreativität sein.

"ALLES WAS DU AUF DEIN PAPIER BRINGST, IST EIN ERFOLG."

Es gibt hier kein Gut oder Schlecht. Locker bedeutet übrigens keinesfalls ein unstrukturiertes Durcheinander auf deinem Papier. Locker hat zudem etwas mit deiner körperlichen und mentalen Haltung zu tun. Deine Schulter, dein Arm, deine Hand und auch dein Geist sollen entspannt sein, damit du dich voll und ganz auf die Maltechnik und Inspiration einlassen kannst.

Im Englischen gibt es für diesen Stil noch weitere Wörter wie fresh, simple, fast oder clean. Was das Wort »fast« hier bedeutet: In der lockeren Form des Watercolor geht es vor allem um Schnelligkeit. Es werden Farbübergänge AUF dem Papier erschaffen, das sogenannte Lavieren. Ich male mein Objekt meist mit einer Farbe und gehe dann noch einmal mit meinem Pinsel und einem anderen Farbton in die Fläche. Ist der Bereich noch sehr nass, vermischen sich die Pigmente der beiden Farben fast vollständig zu einem neuen Farbton. Ist die Fläche schon angetrocknet, verläuft die Farbe nicht mehr so stark und die Farbübergänge sind deutlich sichtbarer.

Im lockeren Stil wird selten vorskizziert. Eher werden mit dem Pinsel Formen und Bewegungen kreiert, auf die man beim Malen spontan reagiert. Das bedeutet, dass sich Farbe eher auf dem Papier mischt, was ganz andere Farbtöne und Farbübergänge erzeugt.

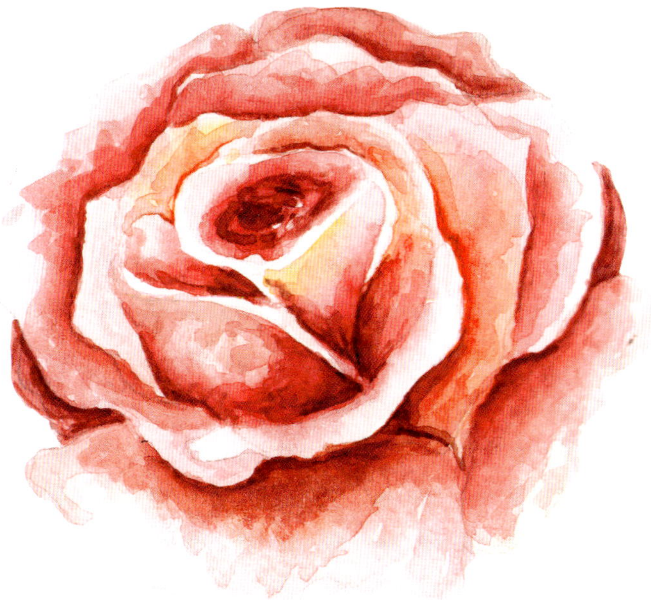

Auch wenn es jetzt wie ein Gegensatz klingt: Auch locker und improvisiert muss geübt werden. Ich hoffe, dass an dieser Stelle schon deine Finger kribbeln und du endlich loslegen möchtest.

Links eine sehr detailliert gemalte Rose, rechts eine Rose im »Loose-Look«.

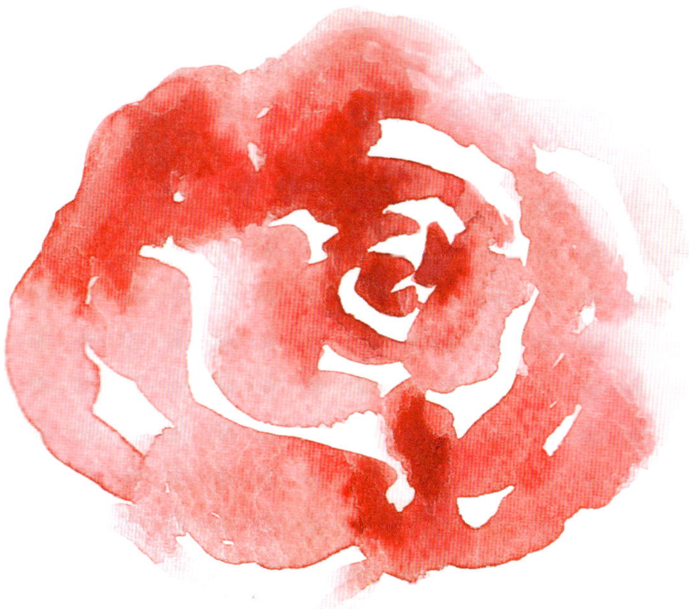

Bevor du loslegst

Bevor wir mit der ersten Übung beginnen, brauchst du noch eine kleine Materialübersicht. Nichts geht über eine gute Vorbereitung.

Pinsel

Achte beim Kauf deiner Pinsel darauf, dass sich die Spitze nach dem Auftragen sofort wieder in ihre Ursprungsform zurückbegibt. Günstige Schulpinsel halten das Wasser schlecht, die Haare fallen schnell aus und die Pinselspitze ist zu flexibel. Wichtig für hochwertige Aquarellpinsel ist, dass sie die wasserhaltige Farbe gut halten können und gleichmäßig auf dem Papier abgeben. Inzwischen gibt es neben Echthaarpinseln auch sehr gute Synthetikpinsel. Für die Übungen in diesem Buch brauchst du vier Rundpinsel in den Größen 2, 6, 8 und 10. Du möchtest den Schwierigkeitsgrad erhöhen? Mit einer geübten Pinselhand kannst du alle Übungen in diesem Buch mit dem Pinsel Größe 6 ausführen. Challenge accepted?

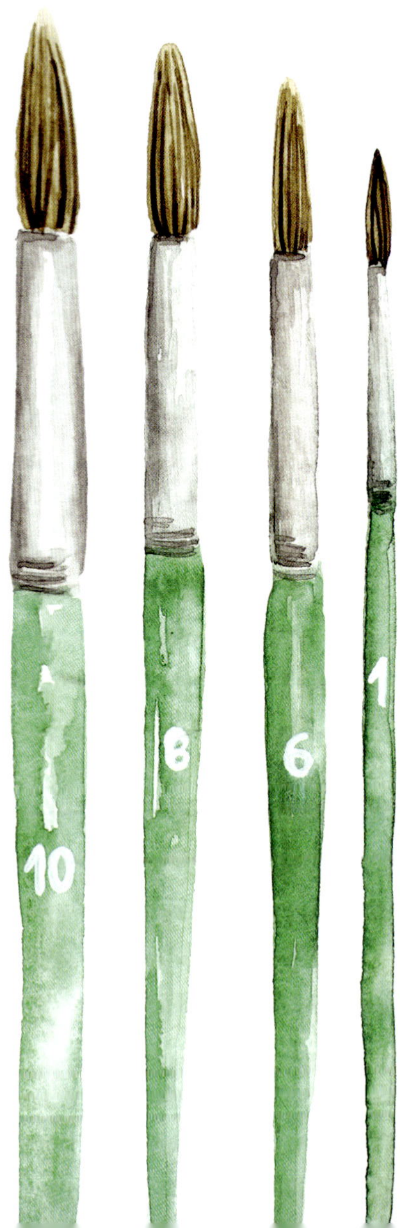

Farbe

Aquarellfarbe kommt in vielen verschiedenen Kostümen daher: in Tuben, Näpfchen, Gläsern oder als Stick. Wichtig sind vor allem die Pigmente. Je nach Art, Konzentration und Verarbeitung beeinflussen sie die Deckkraft und Lichtechtheit der Farbe. Besonders günstige Farben wirken nach dem Trocknen schnell kalkig oder verblassen rasch bei Tageslicht. Der Grund dafür sind die verschiedenen Bindemittel, die beigemischt werden.

Papier

Für die Übungen brauchst du Aquarellpapier – und das auszusuchen, kann zu einer wahren Herkulesaufgabe werden. Grundsätzlich gibt es Aquarellpapier in unterschiedlichen Stärken und mit drei Oberflächenstrukturen: glatt, leichte Struktur und rau.

Ist das Papier zu glatt, können sich die Farbpigmente nicht richtig an das Papier binden und die Farbe verwischt möglicherweise später oder bröckelt gar ab. Dagegen kann zu raues Papier – besonders für Anfänger – sehr schwer zu meistern sein. Meine Empfehlung: die goldene Mitte. Mit Papieren mit leichter Struktur und einer Grammatur zwischen 200 und 350g/m² wirst du wunderschöne Ergebnisse zaubern können.

Abklebeband

Aquarellpapier kannst du als lose Blätter kaufen, als einseitig geleimten Block oder als Block, der an allen vier Seiten geleimt ist. Da sich das Papier schnell wellen kann, besonders bei sehr nassem Farbauftrag, ist diese Leimung ideal. Verwendest du lose Blätter, kannst du sie vor dem Bearbeiten mit Malerkreppband an zwei oder vier Seiten auf dem Tisch oder einer Holzplatte fixieren.

Mischpalette

Deine Mischpalette sollte groß genug sein, damit auch beim Auftrag mehrerer Farben diese nicht sofort ineinanderfließen. In Hobby- und Kreativgeschäften gibt es eine Vielzahl an Mischpaletten. Die meisten sind aus Kunststoff oder Keramik. Natürlich kannst du auch einfach einen sauberen Teller benutzen, den du schon zu Hause hast. Die Oberfläche sollte auf jeden Fall wasserabweisend sein, damit du deine Aquarellfarben gut mischen kannst.

Wasserbecher

Vor dir sollten immer zwei Wasserbecher stehen. Das eine Gefäß ist dafür da, den Pinsel auszuwaschen, im anderen solltest du sauberes Wasser bereithalten, damit deine leuchtenden Aquarellfarben mit klarem Wasser verdünnt werden.

Abtropftuch

Wenn du mit Aquarellfarbe arbeitest, sollte immer ein Tuch neben deinem Malplatz liegen, damit du den Pinsel abstreichen oder Wasserspritzer aufsaugen kannst. Haushaltsübliche Papiertücher sind gut geeignet. Ich nehme gern Stoffreste oder ein altes T-Shirt, weil ich damit einfach weniger Müll im Haushalt habe.

Mask Liner

Maskierflüssigkeit, auch Rubbelkrepp genannt, ist ein fantastisches Tool, um Bereiche auf deinem Papier ganz einfach weiß zu lassen. Die Maskierflüssigkeit ist entweder farblos oder bläulich – das macht das Auftragen mit dem Pinsel noch einfacher. Nach dem Auftragen musst du etwa eine Stunde warten und kannst dann ganz mit Farbe darübermalen. Ist die Farbe komplett getrocknet, wird der gummiartige Mask Liner ganz easy mit den Fingern abgerubbelt. AUFGEPASST: Rubbelkrepp lieber mit alten Pinseln auftragen, weil sie oft Ammoniak enthalten und den Pinsel zerstören.

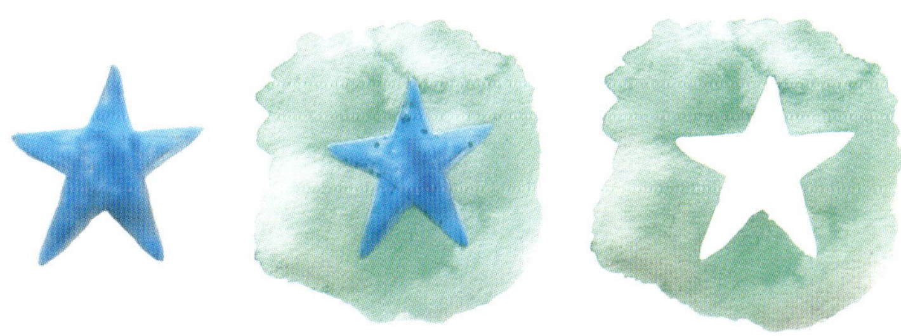

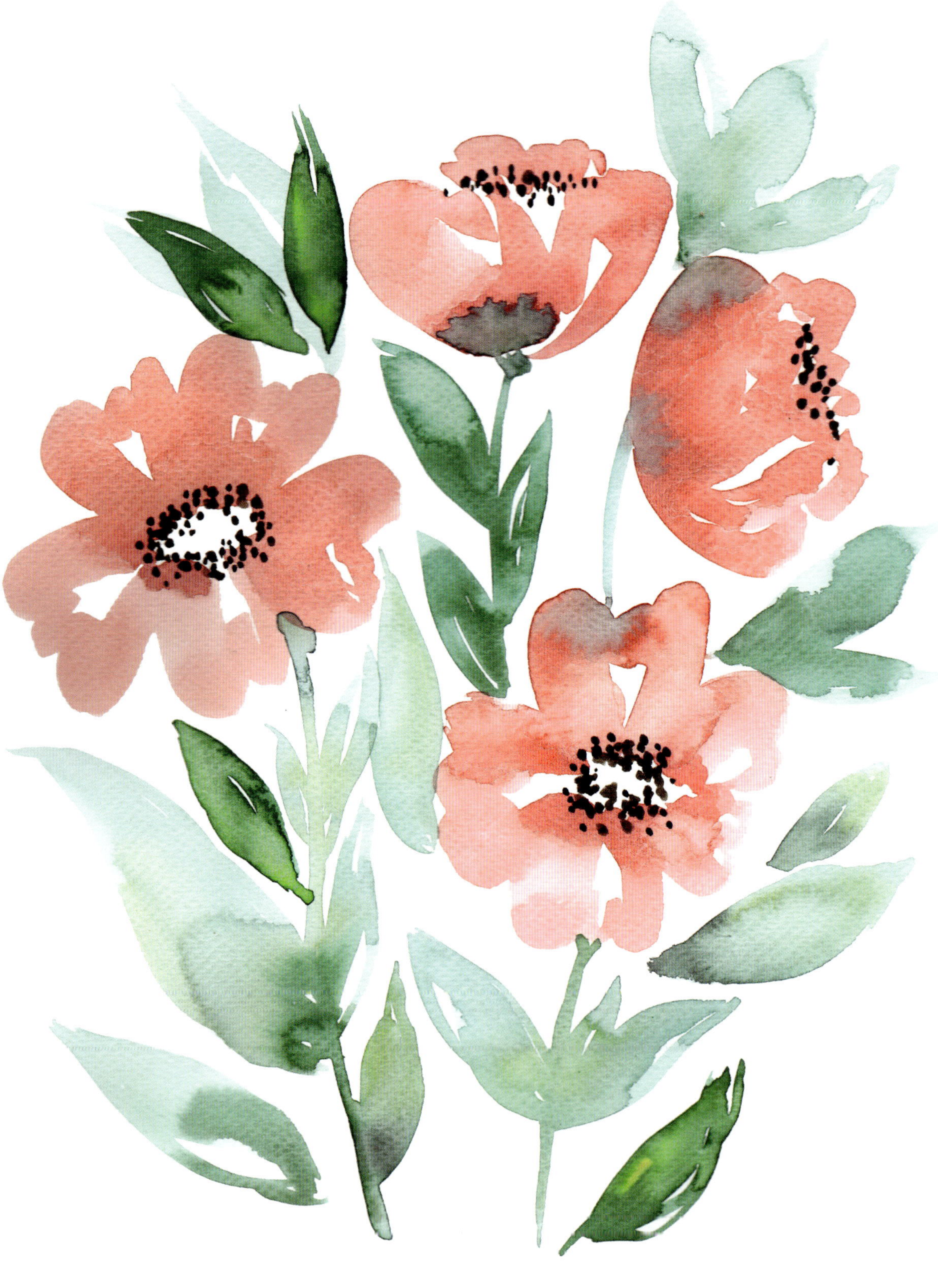

KAPITEL 2

ÜBUNGEN FÜR EINSTEIGER

Jetzt wird's aufregend. Wir beginnen mit unseren ersten praktischen Übungen. In diesem Kapitel geht es vor allem darum, ein Gefühl für Pinsel, Papier und Farbe zu entwickeln. Watercolor kann sehr eigenwillig sein und ist nicht immer leicht zu kontrollieren. Genau dieser Problematik nehmen wir uns jetzt an und tasten uns Schritt für Schritt an immer schwierigere Übungen heran.

Strich für Strich

Ein Aquarell zu malen, erfordert nicht nur den Umgang mit der richtigen Wassermenge, sondern auch mit der Farbe und natürlich mit dem Pinsel. Wenn du ganz frisch mit dem Aquarellieren angefangen hast, kann es sein, dass deine Pinselstriche anfangs noch etwas wackelig aussehen. Aber keine Bange, nach ein paar Trainingseinheiten hat sich deine Handmuskulatur an die neuen Bewegungen gewöhnt.

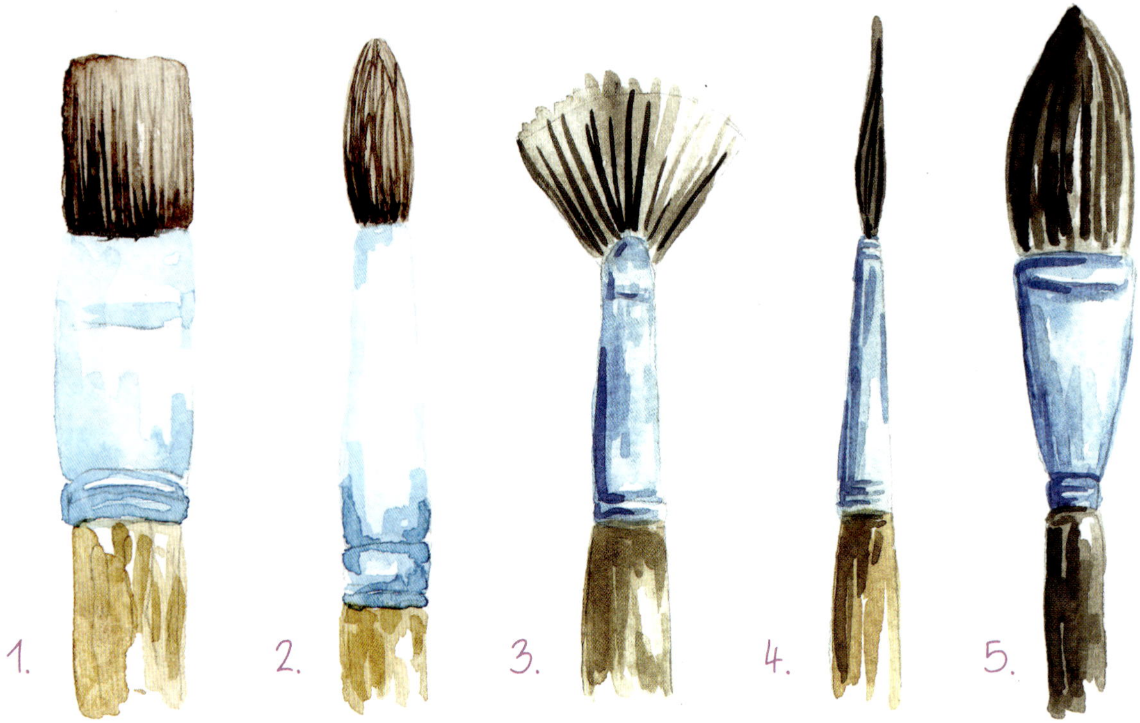

Typische Pinsel im Aquarell: 1. Flachpinsel, 2. Rundpinsel, 3. Fächerpinsel, 4. Schlepperpinsel, 5. Verwaschpinsel

Die Größe und Art des Pinsels hängt davon ab, wie genau und detailreich du deine Kunstwerke gestalten möchtest. Wenn du eher große Motive und Formen malst, brauchst du eher einen großen Pinsel. Willst du einzelne Blattnarben, Strukturen auf Blüten oder einzelne Flugschirme der Pusteblume nachahmen, brauchst du deutlich kleinere Pinsel.
Für alle deine gemalten Kunstwerke brauchst du aber vor allem eines: Training. Damit starten wir schon in unsere erste Übung.

ÜBUNG #1 abstrakte Basics

Wähle einen Rundpinsel der Größe 6 und eine Farbe. Vermische sie mit Wasser, damit du eine transparente und flüssige Farbe erhältst.

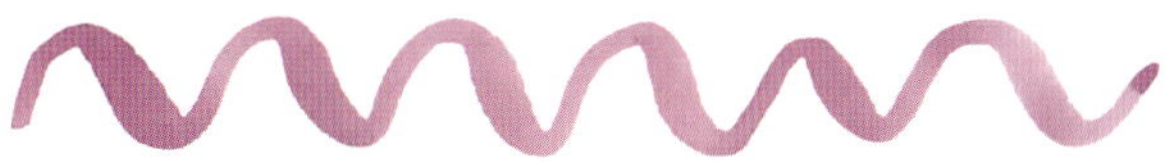

1 Im ersten Schritt malen wir waagerechte Schlangenlinien und setzen dabei das erste Drittel unserer Pinselspitze ein.

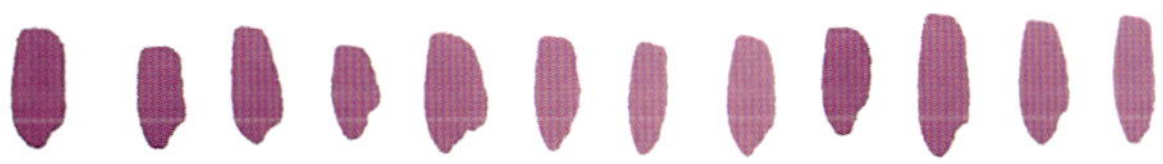

2 Mit kurzen, senkrechten Strichen malen wir die zweite Form, nur dass wir hier die Pinselfläche locker komplett aufdrücken.

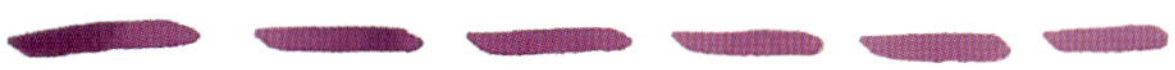

3 Lange Bindestriche, nur mit der Pinselspitze gemalt, bereiten uns auf die vierte Form vor.

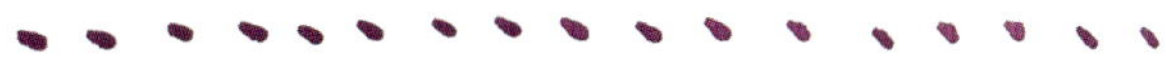

4 Hier setzen wir nur den kleinsten Punkt der Pinselspitze mit ganz viel Gefühl und ganz leichtem Druck auf. Die Challenge in dieser Form liegt darin, die kleinsten Punkte, die möglich sind, zu malen.

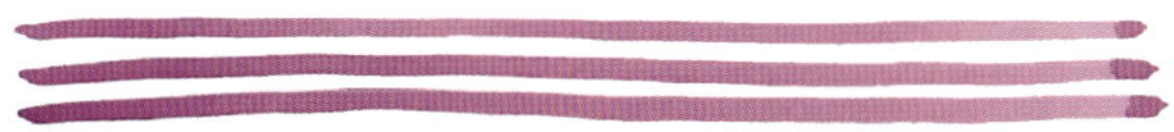

5 Ziehe drei lange Striche – solange du kannst und so gerade du kannst – von links nach rechts waagerecht über dein Papier. Die Striche dürfen sich nicht berühren. Keine leichte Übung, was?

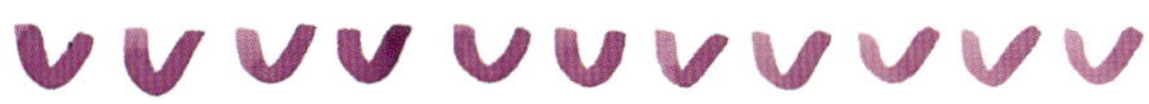

6 Es wird eckig. Wir setzen wieder nur das obere Drittel der Pinselspitze ein und malen kleine, halbrunde Haken.

Ich empfehle dir, diese Übung noch einmal mit dem Pinsel Größe 10 zu wiederholen.

Die Übungen dieses Kapitels zeige ich dir auch in einem VIDEO

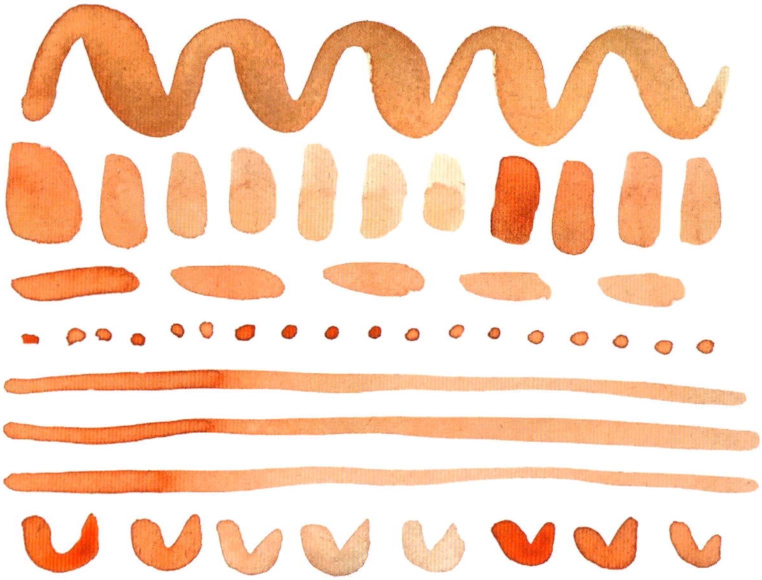

SO KANNST DU NOCH MEHR HERAUSHOLEN:

Solche Grundübungen können am Anfang schon ganz schön langweilig sein. Wenn du allerdings genau hinschaust, siehst du, dass du schon ein erstes, cooles Watercolor-Muster erschaffen hast, das du auch toll weiterverwenden kannst.

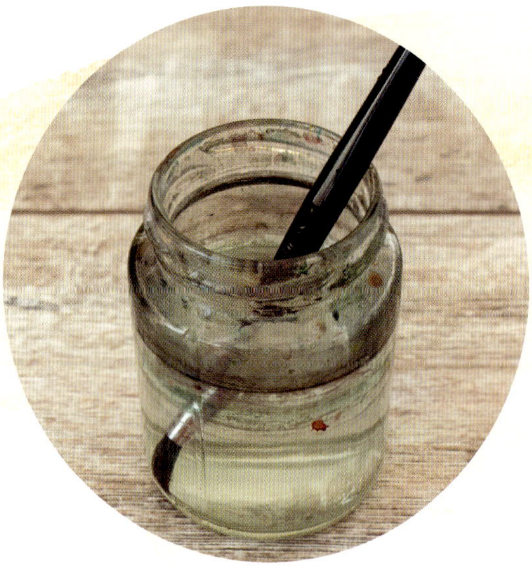

Kreative Pause

Niemals. Wirklich niemals lasse deinen Pinsel in einem Wasserglas stehen. Das verbiegt die feinen Pinselhaare nachhaltig und ist kaum rückgängig zu machen.

ÜBUNG #2 Formen, Formen, Formen

Nein, das ist nicht der Matheunterricht. Wir nutzen die geometrischen Formen, um unsere Handmuskulatur weiter aufzubauen. Für diese Übung empfehle ich dir den Pinsel Größe 6. Entnimm mit einem nassen Pinsel vier Farben deiner Wahl und gib sie in jeweils einzelne Kämmerchen auf deine Mischpalette. Füge Wasser zu deinen Farben hinzu, damit du sie großzügig vermalen kannst.

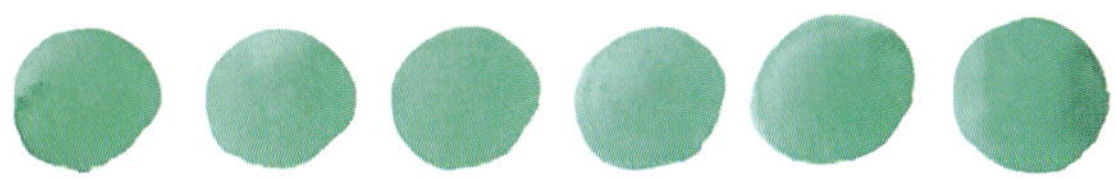

1. Achte in der ersten Kreisreihe darauf, dass die Kreise möglichst dieselbe Größe haben. Das erfordert Konzentration und schärft deine Feinmotorik.

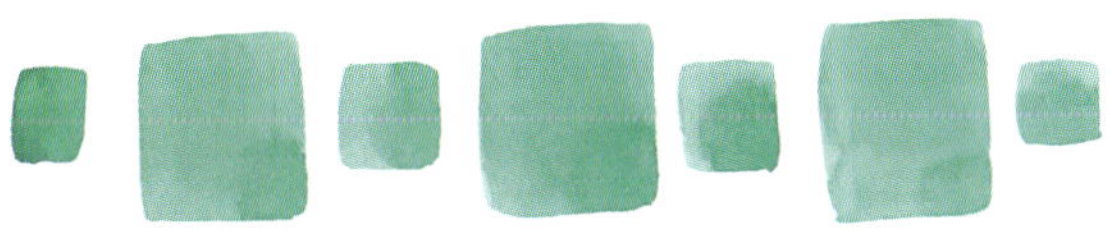

2. Nun malen wir abwechselnd kleine und große Rechtecke. Die Ecken sollten spitz aussehen und sich deutlich von den Kreisen unterschieden. Mit dem 6er-Pinsel kann das schon eine Herausforderung sein. Es soll ja nicht langweilig werden!

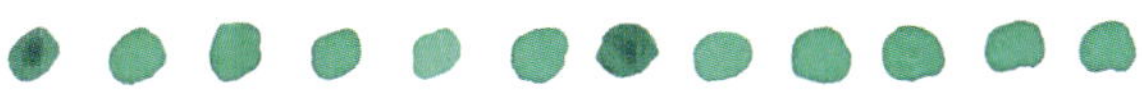

3. Auf die Rechtecke folgen kleine, gleichmäßige Kreise in einer Reihe.

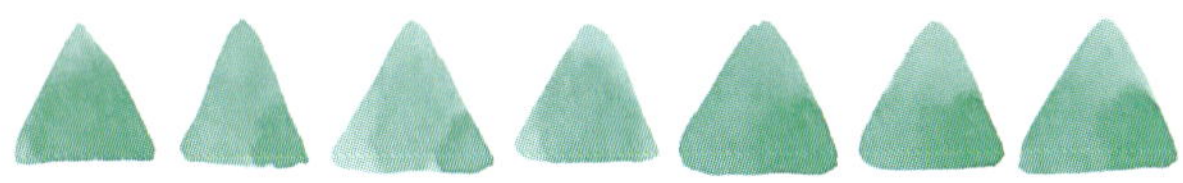

4. Unsere vierte Form sind Dreiecke, die ganz unterschiedlich verteilt gemalt werden. Auch hier wieder auf die Ecken achten.

Das Geheimnis, Ecken mit einem größeren Rundpinsel zu malen, besteht darin, nicht die gesamte Pinselfläche zu nutzen. Mit meiner äußersten Spitze des Pinsels male ich die Umrisse der Form und erschaffe damit regelrecht Kanten. Zum Ausmalen der Innenfläche meiner Form setze ich dann die Hälfte meiner Pinselfläche ein, statt nur die Spitze.

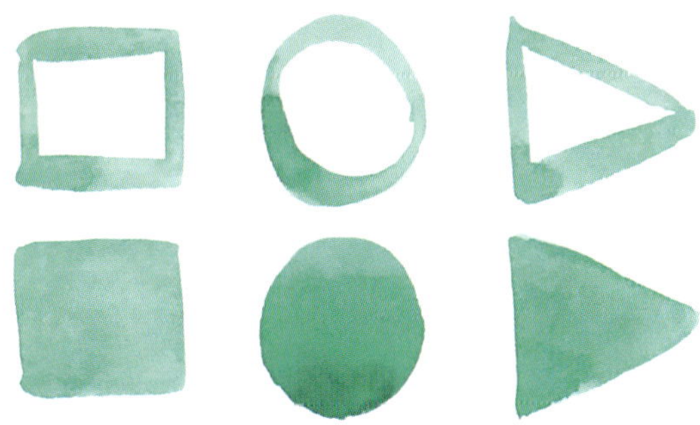

TIPP

Wenn du den Pinsel ein Stück weiter entfernt vom Pinselkopf festhältst, wird deine Pinselführung deutlich lockerer und beschwingter. Probier's doch mal aus!

ÜBUNG #3 herzen

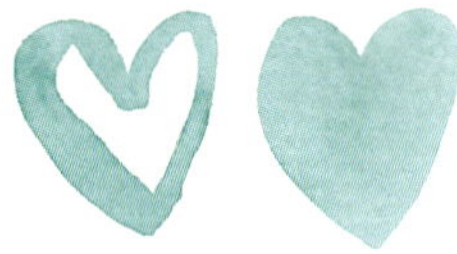

Transparenz ist quasi das Markenzeichen von Watercolor. Mit keiner anderen Maltechnik lassen sich aus nur einer Farbe so viele verschiedene Farbtöne erschaffen wie im Aquarell. Auf diese Weise erschafft man den wunderbaren pastelligen und zarten Look der Illustrationen.
Die richtigen Mischverhältnisse anzusetzen, erfordert Übung. Viel Übung. Genau aus diesem Grund habe ich für dich die dritte Übung vorbereitet.

1. Wir arbeiten mit drei Farbschichten und beginnen mit der transparentesten Farbe. Gib ein klein bisschen Farbe auf deine Mischpalette und vermische sie mit ganz viel Wasser. Mit diesem Farbton malst du sieben Herzen, verteilt auf deine Papierfläche.

2. Nun mischen wir weitere Farben zu unserer hellen Farbmischung hinzu und malen die zweite Schicht Herzen. Trocknen lassen.
3. Weitere Farben zugeben, sodass die Farbe fast deckend ist. Damit malen wir die letzte Schicht von Herzen.

Diese Watercolor-Methode ist auch unter dem Stichwort Layering bekannt. Wir bezeichnen diese Technik als Lasieren, wobei mehrere transparente Farbschichten übereinandergelegt werden. Für deine Illustrationen mit Watercolor ist es wichtig, dass du dein Bild im Voraus planst. Da die Aquarellfarben nicht deckend sind, ist es wichtig, stets mit der hellsten Farbe zuerst anzufangen. Weiße und helle Farbbereiche erhältst du nur, indem du diese Bereiche aussparst.

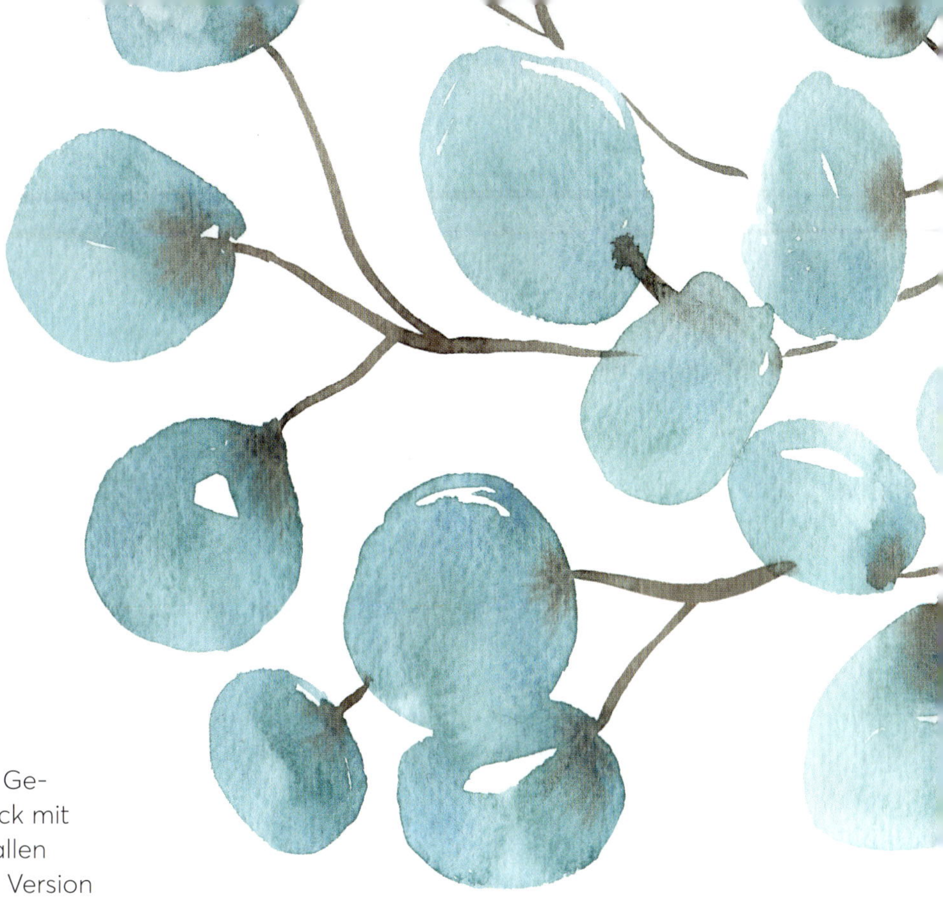

Papierliebe

Aquarellpapier kannst du mit verschieden Gebrauchseigenschaften kaufen: lose, im Block mit einfacher Leimung oder im Block, der an allen Seiten geleimt ist. Je nachdem, für welche Version du dich entschieden hast, gibt es weitere Möglichkeiten, dein Papier vorzubereiten. Bevor wir uns an unsere vierte Übung trauen, solltest du dich für eine Variante entscheiden. Welche du wählst, hängt ganz allgemein von deiner Erfahrung, Technik, Vorliebe oder Bildkomposition ab.

- *Du malst direkt auf dem Block und löst nach dem Trocknen das Papier ab.*
- *Du nimmst dein Papier, legst es einfach auf den Tisch und malst.*
- *Du befestigt dein Papier auf dem Tisch wahlweise an zwei oder vier Seiten mit Abklebeband.*
- *Du befestigt dein Papier auf einer dünnen Holzplatte. So kannst du dein Bild während der langen Trocknungszeiten besser bewegen.*

TIPP

Ist dein Papier im Block an allen vier Seiten geleimt, stellt sich die Frage, wie du das oberste Blatt von deinem Block löst. Bei einer Rundum-Leimung ist eine kleine Ecke stets ungeleimt, sie lässt sich mit dem Finger ertasten. In diese Öffnung kannst du nun einfach eine Kreditkarte oder das Ende eines kleinen Löffels stecken und vorsichtig am Rand entlangfahren. Schon löst sich das Papier von der Leimung.

ÜBUNG #4 Fantastic FOUR

Unterteile dein Aquarellpapier mithilfe zweier Bleistiftlinien in vier gleich große Felder

1 Im ersten Feld wenden wir die Verwaschtechnik an. Tunke deinen Pinsel in eine feuchte, möglichst stark pigmentierte Farbe deiner Wahl und ziehe mit der vollen Pinselfläche einen kräftigen Strich einmal waagerecht über das Papier. Wasche deinen Pinsel aus und fahre mit dem noch nassen Pinsel über den unteren Rand des nassen Striches. Du wirst sehen, dass die Pigmente aus dem Strich deinem Pinselverlauf folgen. Ziehe deinen Pinsel immer weiter nach unten, indem du deine Hand von links nach rechts und zurück bewegst. Sobald du merkst, dass dein Pinsel trocken wird, tauche ihn noch einmal in deinen Wasserbecher.

Verwaschtechnik

2 Im zweiten Feld geht es darum, einen wunderschönen Farbverlauf zwischen zwei verschiedenen Farben zu kreieren. Ähnlich wie bei 1 malst du einen dicken Strich mit einer kräftigen Farbe deiner Wahl. Nimm dann mit dem Pinsel eine andere Farbe auf und male etwa 5cm entfernt vom Ende deines ersten Balkens einen zweiten Strich. Wasche den Pinsel aus und verziehe jetzt die beiden Farben, bis sich beide Farbbalken berühren und sich ihre Pigmente miteinander mischen.

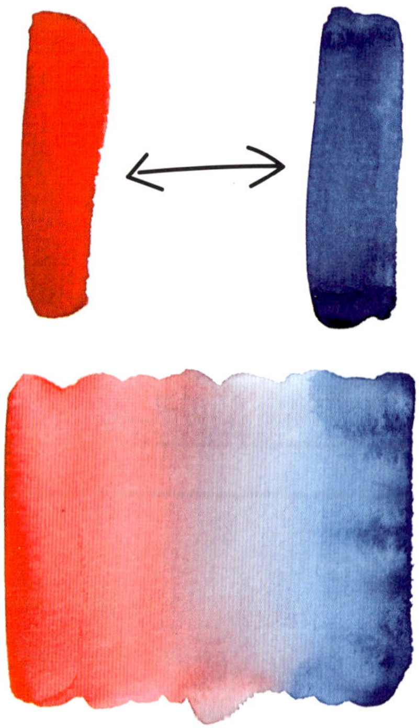

Farbverlauf

3 Male mit einer Farbe deiner Wahl ein Rechteck auf das dritte Feld. Während die Farbe noch nass ist, tropfst du mit deiner Pinselspitze Farbe auf die noch nasse, erste Farbschicht. AUFGEPASST: Die zweite Farbschicht sollte mit weniger Wasser verdünnt und gut pigmentiert sein, ansonsten bilden sich sehr schnell Pfützen!

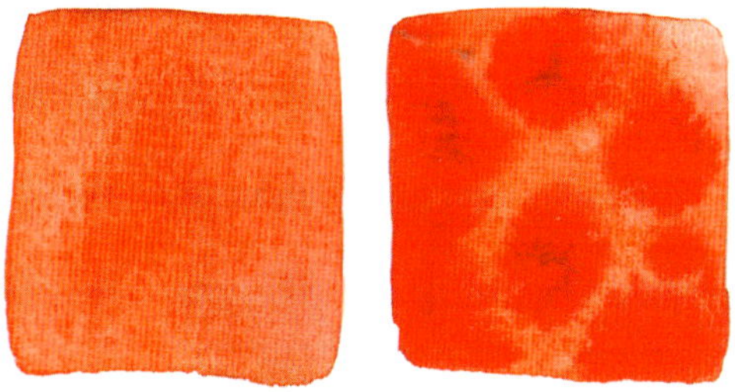

4 Male mit Blau eine fünfblättrige Blüte in das vierte Feld, indem du fünf Schlaufen um einen gedachten Mittelpunkt malst. Gib mit einem Pinsel die zweite Farbe (hier Grün) an den inneren Farbrand der Blüte. Die erste Farbe muss dazu noch etwas feucht sein, damit das Grün gut verläuft. Man nennt diese Technik auch Lavieren.

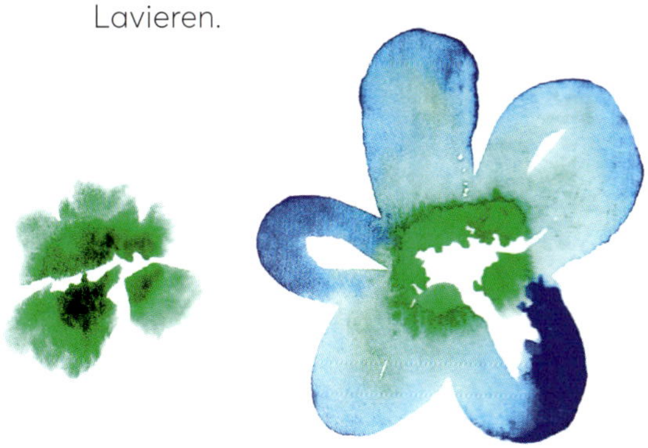

Lavieren

Diese Übungen sind fantastisch geeignet, um ein Gefühl für Pinsel, Wasser, Papier und Farbe zu bekommen. Du wirst merken, dass bei Nass-in-nass-Techniken die Farbe weniger fließt, je trockener deine erste Farb- bzw. Wasserschicht ist. Je feuchter dein Untergrund, desto mehr fließen die Farbpigmente auseinander.

Eine Frage des Papiers

Eine Frage, die ich oft höre, ist: „Muss ich für Watercolor-Farben wirklich Aquarellpapier verwenden?" Meine Antwort lautet: Ja. Unbedingt. Aquarellfarbe besteht vor allem aus Wasser. Wenn das Papier zu dünn ist, wellt es sich oder weicht einfach auf.

Aquarellpapiere haben besondere Eigenschaften, was die Farbe daran hindert, zu schnell in das Papier einzuziehen. Nur mit Aquarellpapier sind Farbverläufe wirklich möglich. Ich habe dafür verschiedene Qualitäten und Arten von Aquarellpapier zu Hause. Für wirklich fleckfreie, einfarbige Lasuren empfehle ich dir ein hochwertiges Papier, während du für nicht so stark wasserhaltige Illustrationen, bei denen du auf trockenem Papier malst, auch günstiges Aquarellpapier wunderbar nutzen kannst.

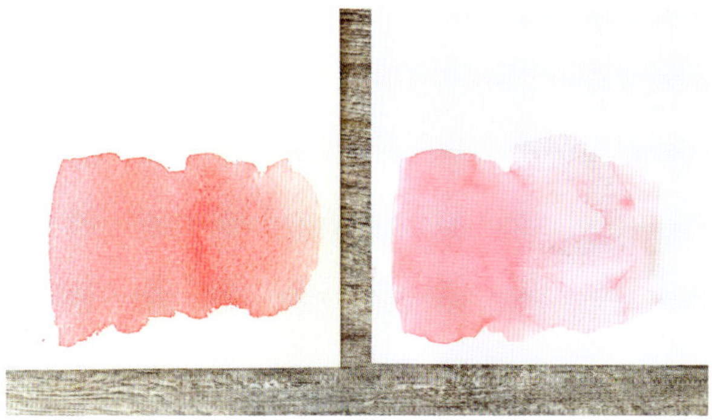

Links: Aquarellpapier | rechts: Kopierpapier

Watercolor Special für Fortgeschrittene: Aquarellpapier spannen

Vielleicht hast du dich auch schon gefragt, warum sich Papier beim Aquarellieren überhaupt wellt. Die Holzfasern im Papier nehmen Wasser auf, quellen auf und dehnen sich aus. Die Wasserstoff-brücken, die die Holzfasern chemisch zusammenhalten, werden zerstört. Beim Trocknen können diese Brücken nicht wiederhergestellt werden – das Papier wellt sich.
Das kannst du verhindern, indem du dein Papier vor dem Malen spannst oder qualitativ sehr hochwertiges Papier, am besten mit hoher Grammatur, verwendest. Hochwertige Papiere haben eine spezielle Oberflächenleimung, die verhindert, dass die Wasserstoffbrücken zerstört werden. Es gibt zig Möglichkeiten, Aquarellpapier zu spannen. Ich zeige dir einen Weg, der für mich sehr gut funktioniert.

1. Du brauchst eine Holzplatte, die etwas größer sein sollte als dein Papier, das du spannen möchtest. Es kann ein Stück Sperrholz oder Holzreststück aus dem Baumarkt sein. Streiche die Platte mit einem nassen Schwamm großzügig ein.

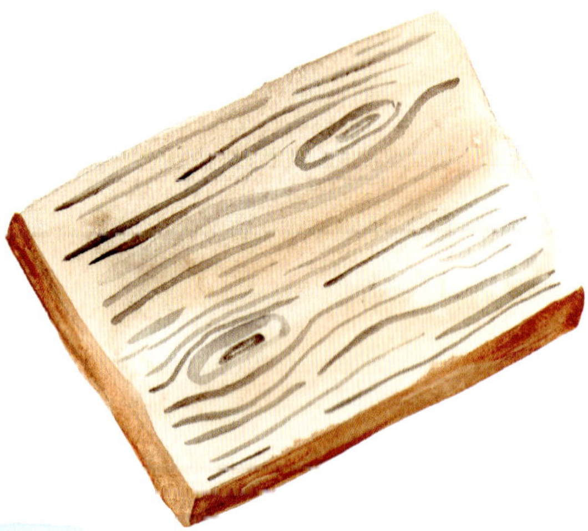

2. Besprühe die Rückseite des Papiers mit einem Wasserzerstäuber und lege dein Papier auf die Holzplatte. Sprühe nun auch die Vorderseite mit Wasser ein.

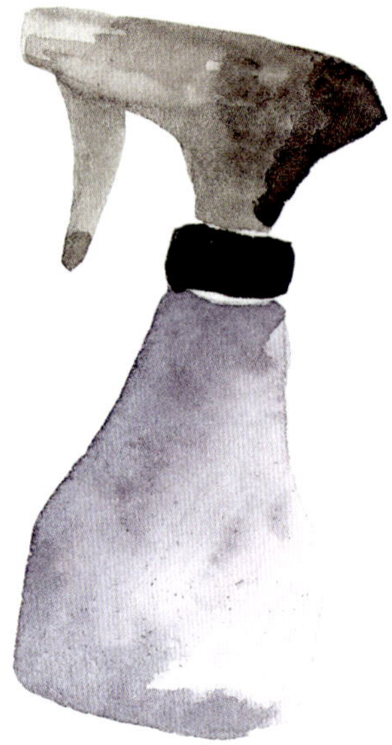

3. Streiche mit dem Schwamm mehrmals über dein Papier und verteile das Wasser gleichmäßig. So drückst du auch Luft zwischen Papier und Holzplatte heraus.

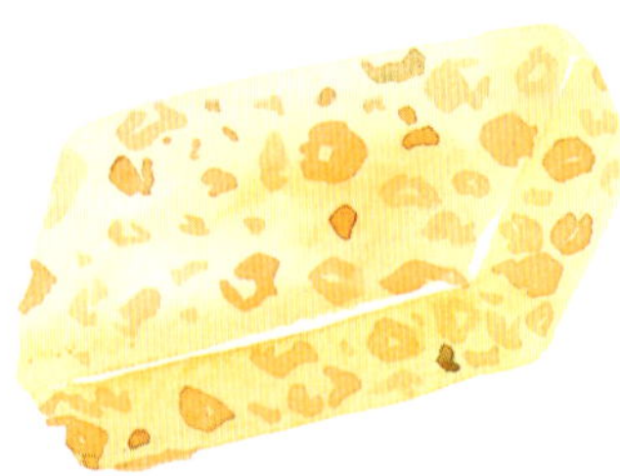

4 Nun feuchtest du dein Nassklebeband auf einer Seite an und klebst damit dein Papier an allen vier Seiten auf der Holzplatte fest. Nassklebeband wird auch Aquarellklebeband genannt. Es ist nicht teuer und in gut sortierten Bastelgeschäften zu finden.

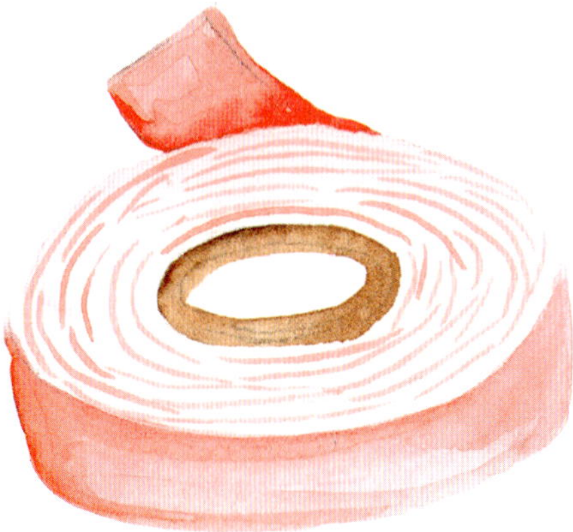

5 Jetzt kannst du dein Papier in die Sonne legen, trocken föhnen oder an der Heizungsluft trocknen lassen.

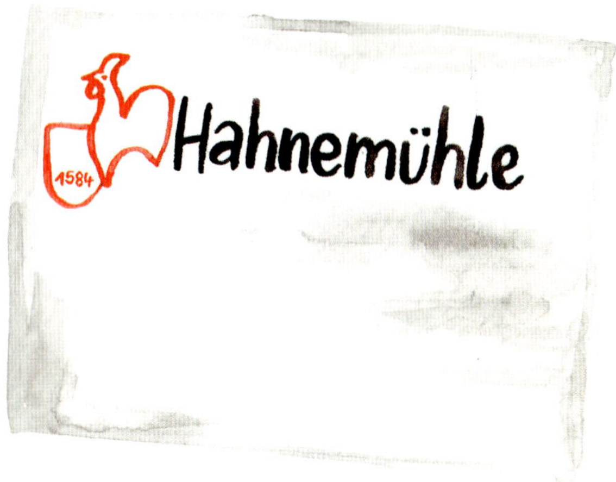

6 Ist das Papier getrocknet, ist es einsatzbereit. Du kannst darauf mit nassen Lasuren arbeiten, ohne unschöne Wellen befurchten zu mussen.

Diese Methode ist besonders für aufwendige und zeitintensive Watercolor-Arbeiten gut geeignet. Falls du deinen Tisch zwischendurch nutzen möchtest, kannst du die Holzplatte mit dem Aquarell einfach zur Seite legen.

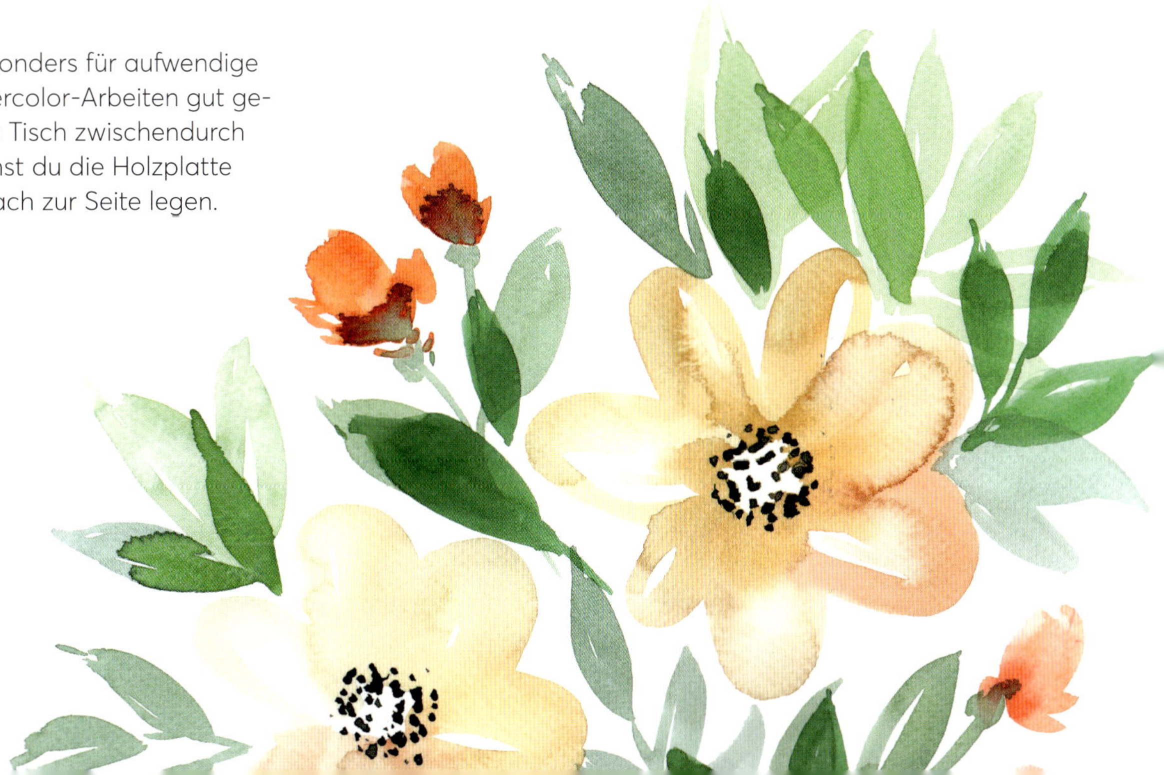

Farbenfroh

Wir haben es schon angesprochen: Im modernen Watercolor geht es nicht darum, naturgetreu abzubilden, sondern sich lediglich von der Natur inspirieren zu lassen. Das spiegelt sich auch im Farbausdruck wider. Moderne Illustrationen mit Watercolor strotzen nur so vor knalligen und lebhaften Farben. Lila Kakteen, eisblaue Blätter oder babyrosa Nadelwälder – alles ist möglich.

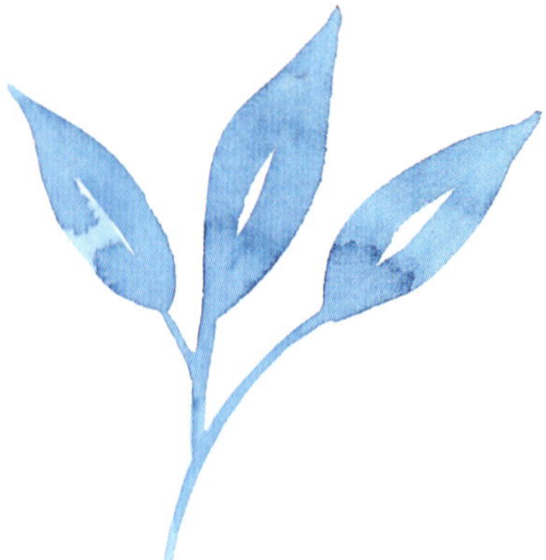

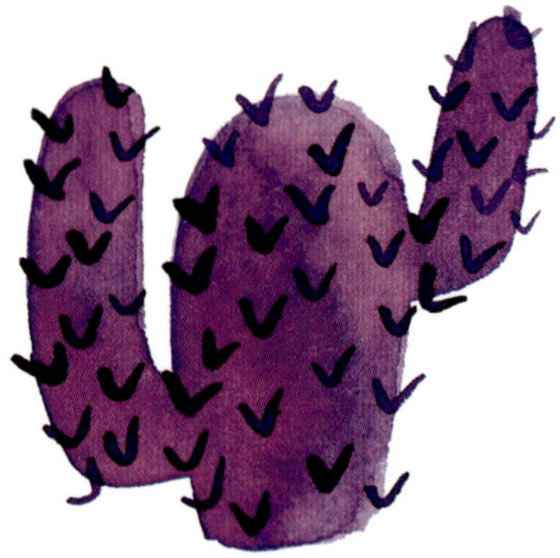

Du erinnerst dich doch sicher noch an die Farbtheorie aus dem Kunstunterricht? Die Lehre von den Farben ist nicht nur absolut wichtig, um ein Gefühl für Komposition und Gestaltung zu bekommen, sondern auch für das Mischen unserer modernen Farbtöne.

Es gibt genau drei Grundfarben: Blau, Rot und Gelb. Aus diesen Grundfarben – man nennt sie auch Primärfarben – können alle anderen Farben gemischt werden. Neben den Primärfarben gibt es weiterhin die drei Sekundärfarben Orange, Grün und Violett.

Sie entstehen, wenn zwei Primärfarben miteinander gemischt werden. Tertiärfarben entstehen aus der Mischung je einer Grundfarbe mit einer Sekundärfarbe. Je nachdem, wie groß der jeweilige Anteil im Mischungsverhältnis ist, erhältst du unterschiedliche Nuancen der Farbtöne. Es gibt sechs Tertiärfarben: Gelborange, Orangerot, Gelbgrün, Blaugrün, Blauviolett, Rotviolett oder Lila.

So sieht der Farbkreis aus, den du vielleicht noch kennst.

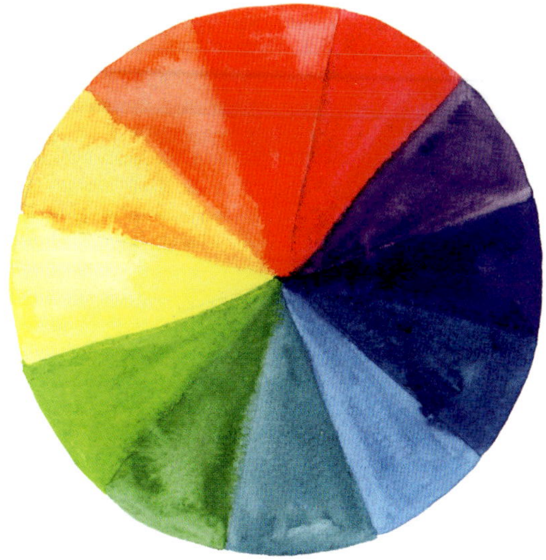

ÜBUNG #5 FARBIGER BLUMENKREIS

Im modernen Watercolor heißen die drei Grundfarben oft Cyan, Magenta und Yellow. Cyan ist ein sehr leuchtendes, helles Blau, Magenta ein eher knalliger Pinkton und Yellow ist einfach Gelb. Das sind übrigens auch die Grundfarben, mit denen unsere Drucker drucken. Die meisten Watercolor-Paletten enthalten schon die gleichnamigen Farbnäpfchen. Die Beschriftung findest du meist auf einer separaten Karte oder auf der Rückseite.

1. Zeichne mit Hilfe eines Untertellers und eines Bleistifts einen Kreis auf dein Aquarellpapier. Dieser dient als Orientierung. Stelle dir bitte für meine folgende Erklärung den Kreis als Uhr vor.

2. Male mit dem Farbton Cyan eine fünfblättrige Blüte auf vier Uhr. Für die Blüte malst du um einen gedachten Mittelpunkt im gleichmäßigen Abstand fünf Schlaufen.

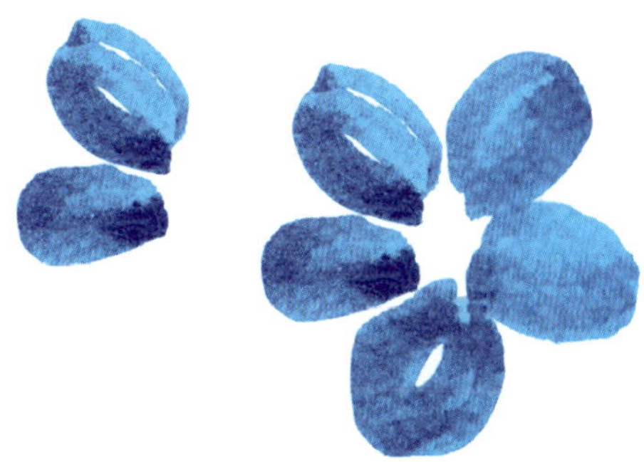

3 Wiederhole die fünfblättrige Blüte mit dem Farbton Magenta auf 12 Uhr und male mit Yellow eine Blüte auf acht Uhr.

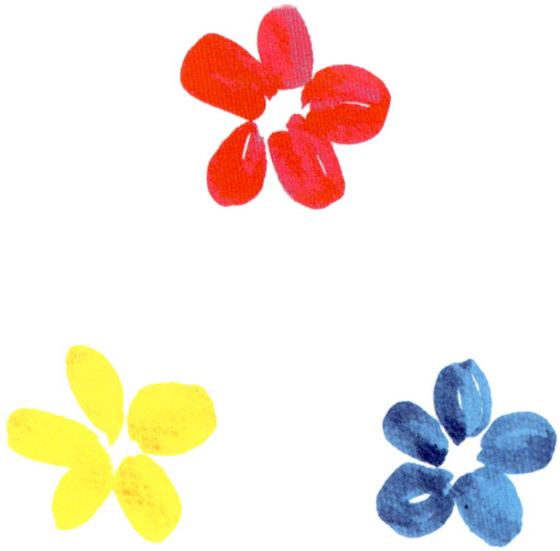

4 Nun mischen wir unsere Grundfarben zu gleichen Teilen. Aus Yellow und Cyan wird ein kräftiges Grün, das du in Form eines Blattes auf sechs Uhr aufs Papier bringst. Gestalte das Blatt in zwei Pinselstrichen. Beginne mit der Pinselspitze, setze die volle Pinselfläche auf, drücke sie nach links außen und ziehe den Pinsel vom Papier nach oben, sodass eine spitze Mandelform entsteht. Wiederhole dasselbe für die rechte Seite.

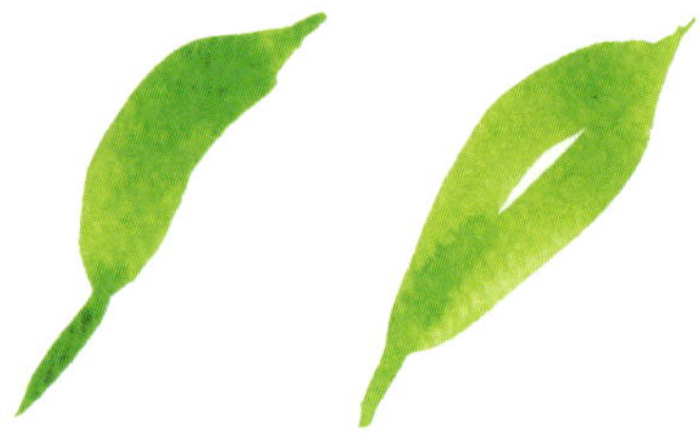

5 Mische nun Magenta und Yellow und male ein Blatt in Orange auf zehn Uhr.

6 Aus Magenta und Cyan wird Lila. Setze ein Blatt auf zwei Uhr – fertig ist dein Blumenfarbkreis aus Primär- und Sekundärfarben.

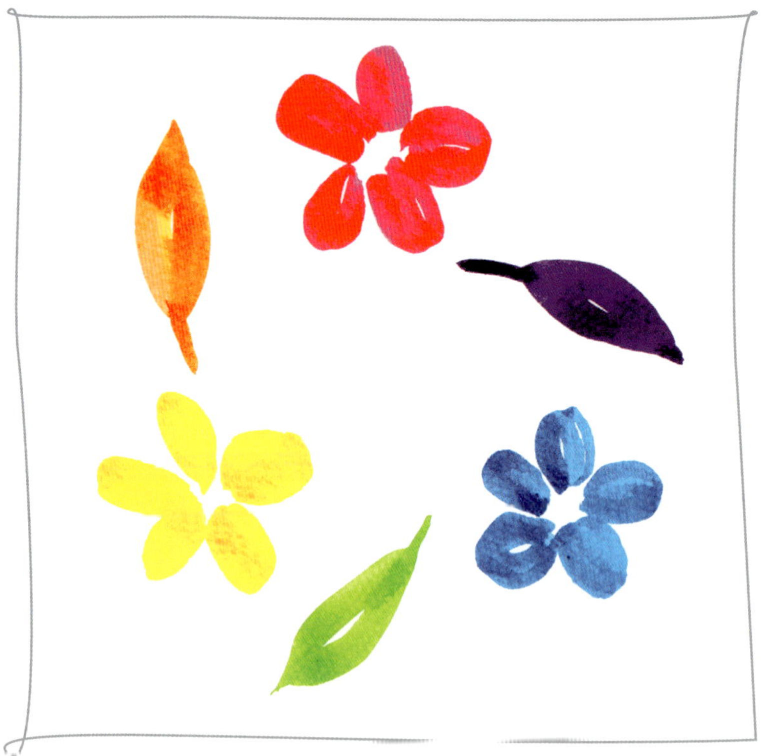

ÜBUNG #6 mix & match

Suche dir für unsere neue Mischübung zwei Farben aus deiner Palette aus.
Ich habe Rot und Blau gewählt.
Ganz links habe ich einen puren Rotton aus meiner Aquarellpalette aufgetragen. Rechts daneben habe ich einen ganz kleinen Teil eines Blautons beigemischt. In jedes weitere Farbkästchen habe ich ein bisschen mehr Blau beigemischt, bis zum Schluss mein Kästchen ganz rechts das pure Blau aus der Palette zeigt, welches ich nach und nach meinem Rot untergemengt habe.

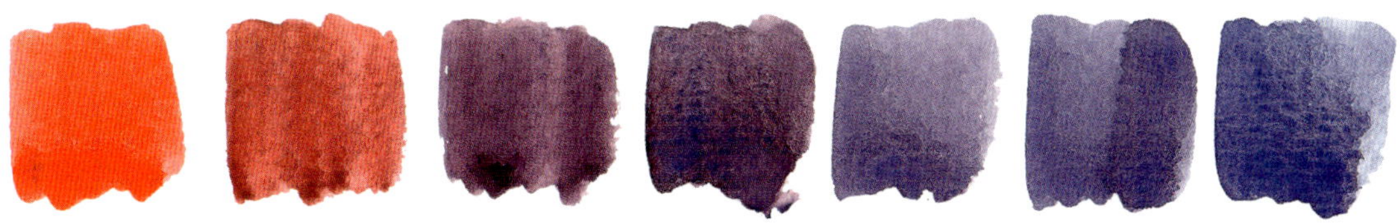

Entstanden sind dabei fünf Farbnuancen zwischen Rot und Blau.

Jetzt bist du dran! Vielleicht möchtest du es mit einer Abstufung von Gelb nach Grün versuchen? Mit dieser Übung möchte ich dir zeigen, dass es neben Primär-, Sekundär- und Tertiärfarben noch weit mehr Farbdimensionen gibt. Das Wissen darüber ist sehr wertvoll, damit du auch die gesamte Bandbreite deiner Farben nutzen und Variationen von Motiven schaffen kannst.

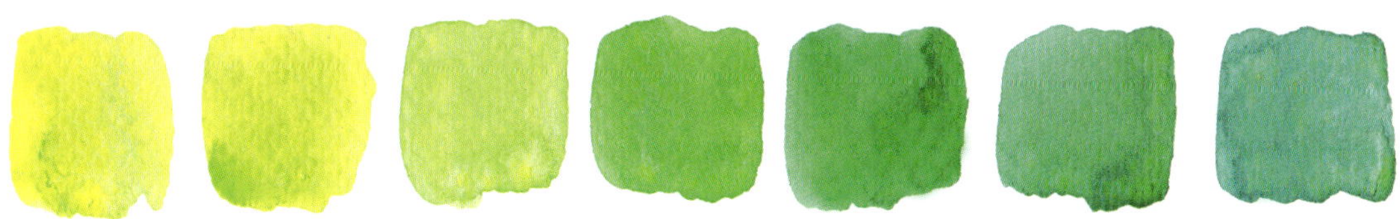

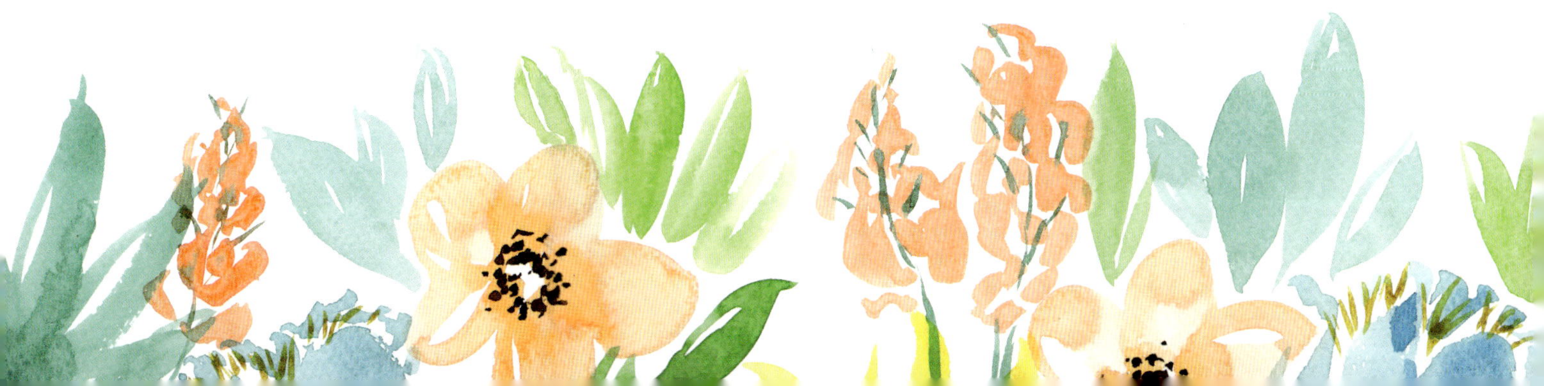

ÜBUNG #7 Fifty Shades of Green

Grüntöne verwende ich selten „pur" aus der Palette. Ich mische meist noch Gelb, Blau, Braun oder Rot hinzu, je nachdem, welchen Effekt oder welche Stimmung ich erzeugen möchte.
Grüntöne werden wir später noch viel für unsere Blätter und Stängel brauchen. Sie zu mischen macht einfach riesig Spaß! Hier möchte ich dir zeigen, wie viele unterschiedliche Grüntöne man aus den Grundfarben Gelb, Blau und Rot mischen kann.

Bereit zum Mitmachen? Die nächsten vier Grüntöne mischen wir gemeinsam und ich zeige dir, in welchem Verhältnis ich die einzelnen Töne mische. Damit du meine Übung gut nachvollziehen kannst und ein ähnliches Ergebnis bekommst, messe ich den Farbanteil in Pinselgrößen eines Pinsels der Größe 4. Das heißt, ein Teil Blau entspricht einem voll in blauer Farbe eingetauchten Pinsel der Größe 4. Die Farbe sollte nicht zu trocken angemischt sein, aber auch nicht mit zu viel Wasser verdünnt. Los geht's:

1 Wir mischen Gelb und Blau in gleichen Anteilen zusammen und erhalten ein sattes Grün.

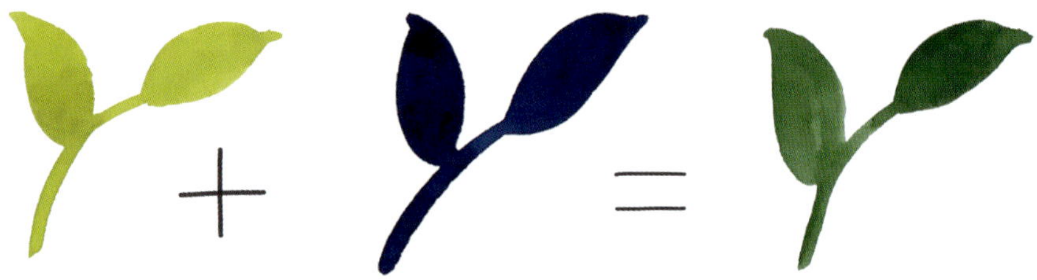

2 Mit zwei Anteilen Blau und einem Anteil Gelb entsteht Blaugrün.

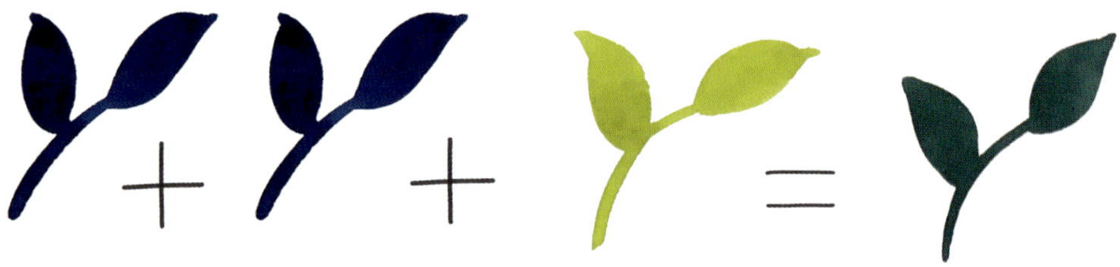

3 Für unser Gelbgrün vermischen wir einen Anteil Blau, zwei Anteile Gelb und eine Pinselspitze Rot.

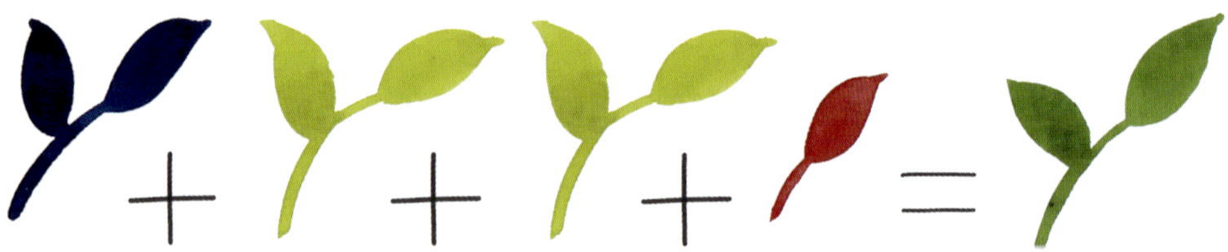

4 Mische nun schon vorhandene Grüntöne auf deiner Mischpalette zusammen mit ein bisschen Rot und du erhältst ganz neue Farbnuancen.

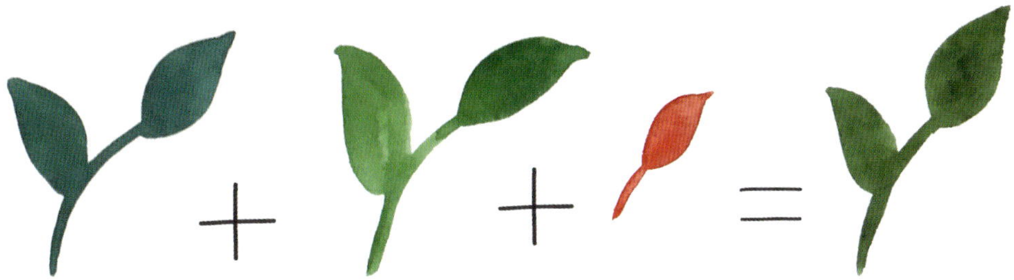

Je nachdem, welchen Blau-, Gelb- oder Rotton du als Basis verwendest, variieren die Grüntöne auch stark. In der Übung #7 habe ich ein dunkles Blau verwendet. Hier habe ich einen eher helleren Blauton gewählt.

ÜBUNG #8 warm oder kalt

Eine Eigenschaft, die wir Farben gerne zusprechen, ist ihre Unterteilung in kalt und warm. Das hat mit unserem Empfinden zu tun. Farben mit hohem Blauanteil empfinden wir als kühl, weil wir damit Wasser und Eis in Verbindung bringen. Farben mit einem hohen Rotanteil nehmen wir als warm wahr, denn sie erinnern uns an Sonne und Feuer.

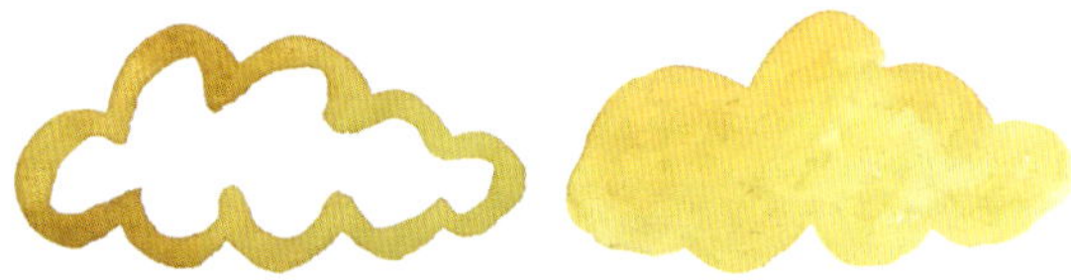

Du kannst die Wirkung von warmen und kalten Farben mit der folgenden Übung testen: Male ein und dasselbe Bild zweimal. Im ersten Durchgang verwendest du nur Töne, die wir als warm empfinden: Gelb, Rot, Rosa, warmes Violett, Beige, Braun. Im zweiten Durchgang malst du nur mit Farben, die wir als kalt empfinden: Blau, Grau, Blauviolett, Türkis. Ready? Go!

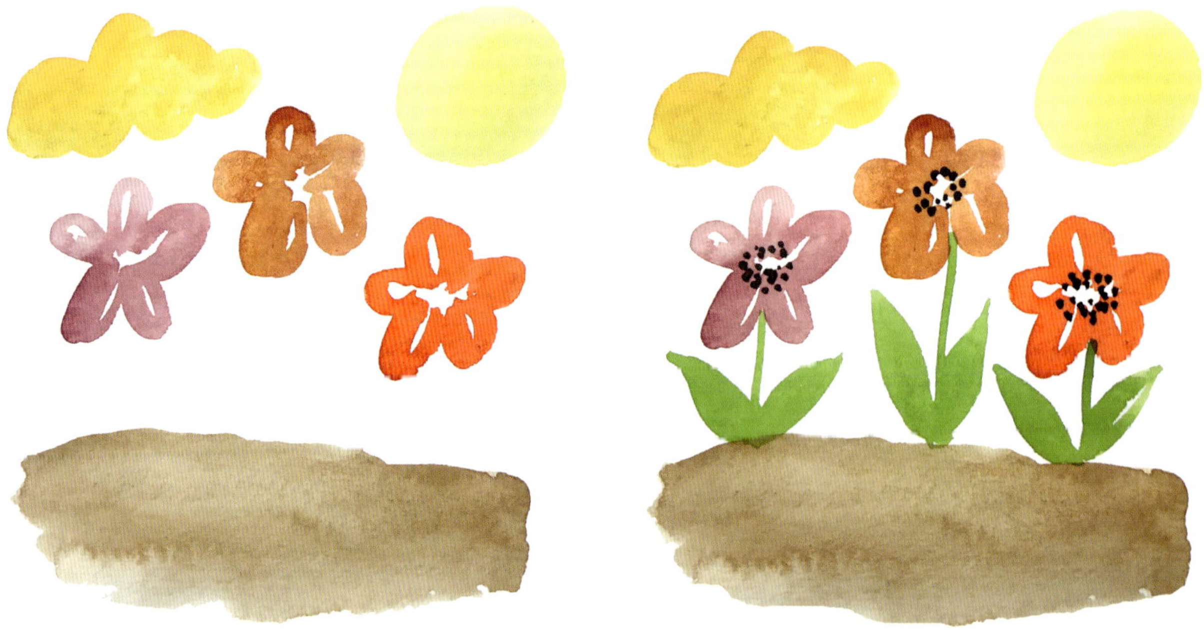

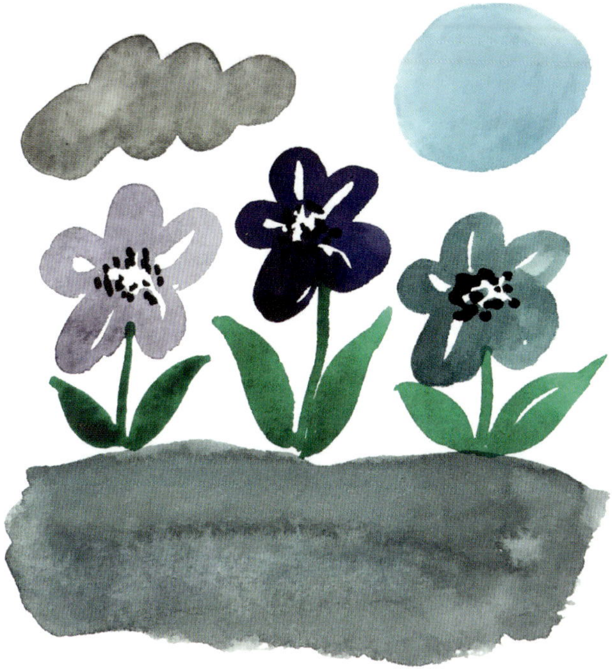

Wie wirken die beiden Bilder auf dich? Diese Übung ist wichtig, um zu erkennen, wie stark Gefühle durch Farben ausgelöst werden und wie du sie gezielt in deinen Bildern einsetzen kannst.

WISSENSWERTES

Übrigens ist es nicht ganz einfach, alle Farbtöne in warm oder kalt einzuordnen. So gibt es durchaus Grüntöne, die sowohl kalt als auch warm wirken können.

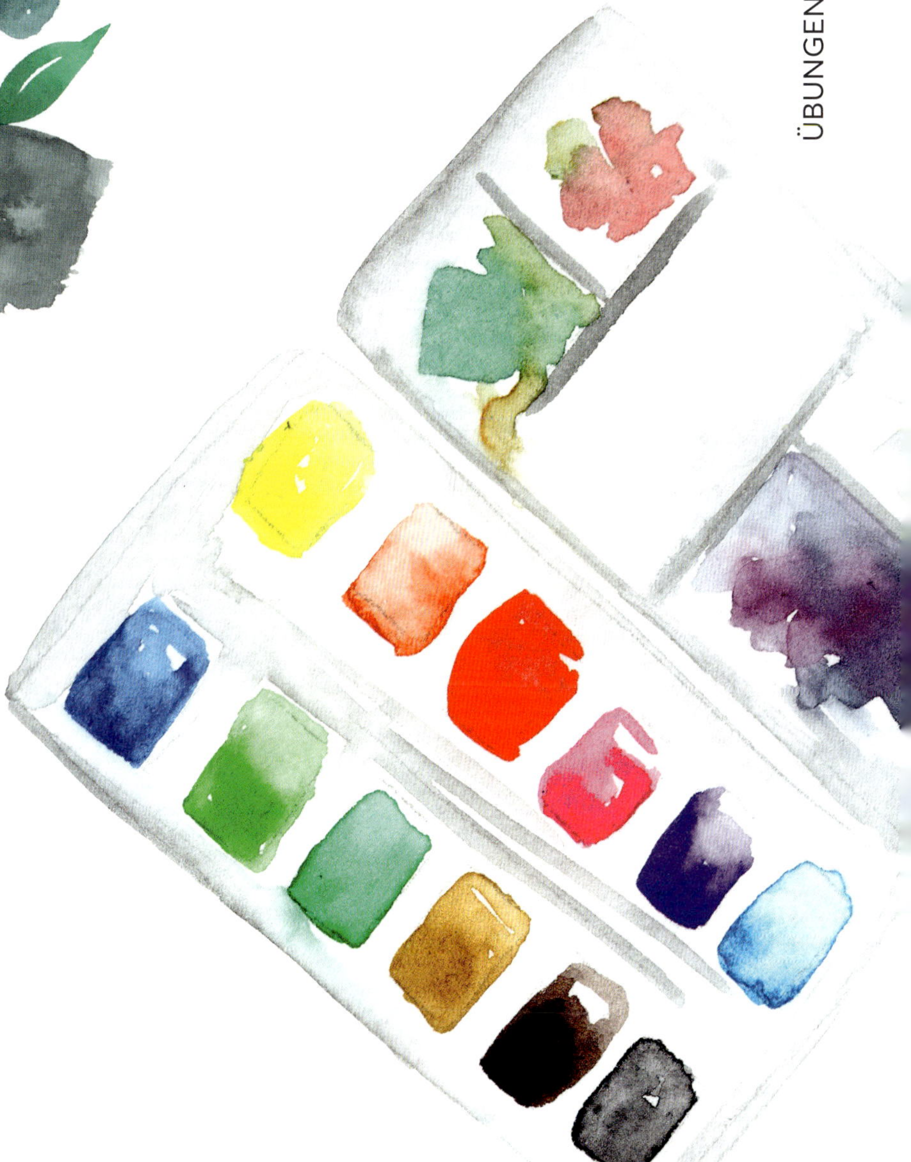

ÜBUNG #9 Gegensätze ziehen sich an

Komplementärfarben sind Farben, die sich im Farbkreis (siehe Seite 27) gegenüberliegen. Mit diesen „Farbpaaren“ lassen sich eindrucksvolle Kontraste in einem Bild erzeugen, denn sie steigern sich gegenseitig zu extremer Leuchtkraft. Die wichtigsten Komplementärpaare sind Rot und Grün, Gelb und Violett sowie Blau und Orange. Hier nun eine Übung zum Komplementärpaar Rot – Grün:

1

Für unsere Erdbeere malen wir in Magenta ein unförmiges Oval, das nach unten hin leicht schmaler wird.

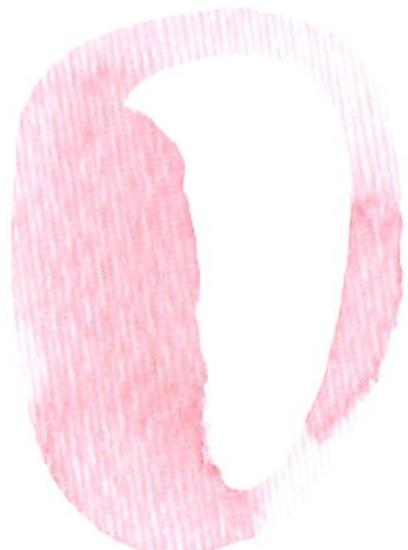

2

Male das Oval aus.

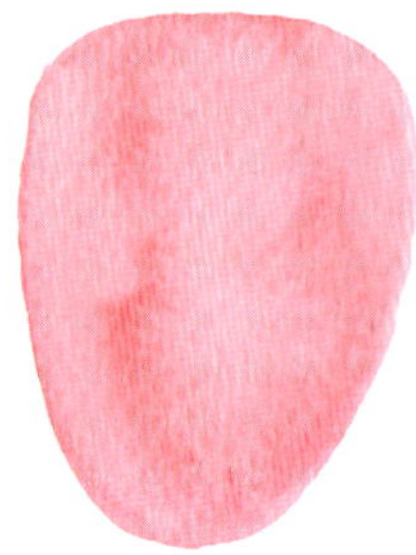

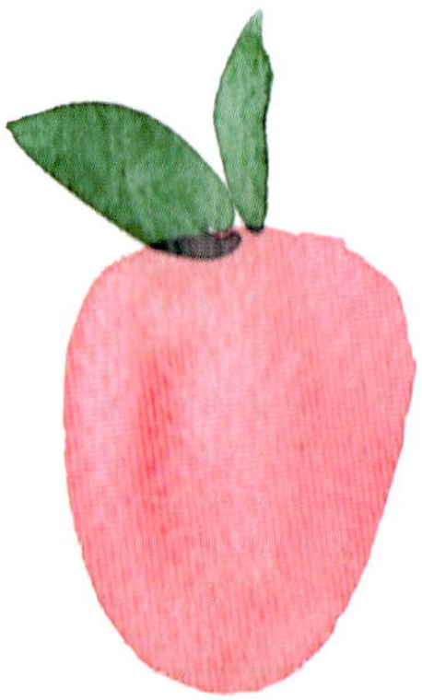

3

Setze auf das rosa Oval einfache grüne Striche, die den blättrigen Stiel nachahmen sollen.

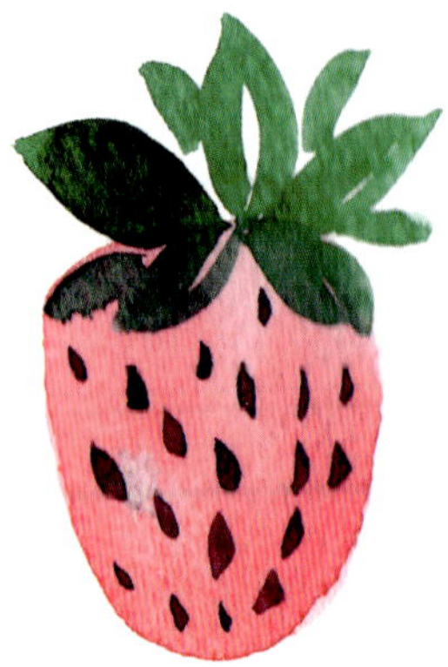

4

Ihr typisches Aussehen erhält unsere Erdbeere mit kleinen schwarzen Pinseltupfen, die du gleichmäßig auf dem Oval verteilst.

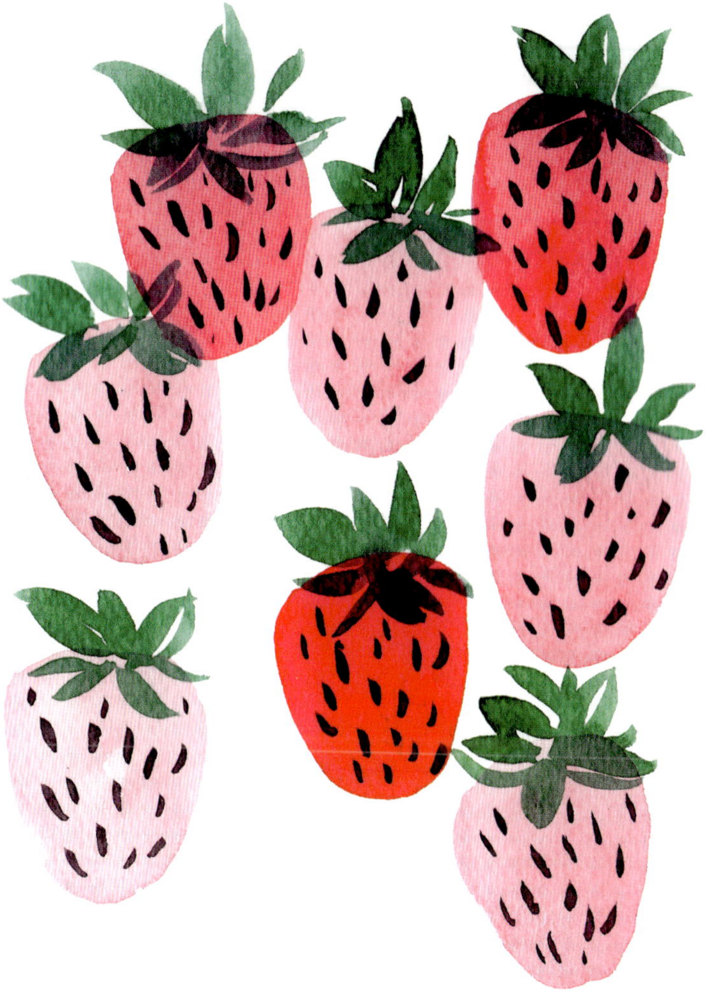

5

Mehrere Erdbeeren, in unterschiedlichen Farbnuancen aneinander gereiht, ergeben ein tolles Muster.

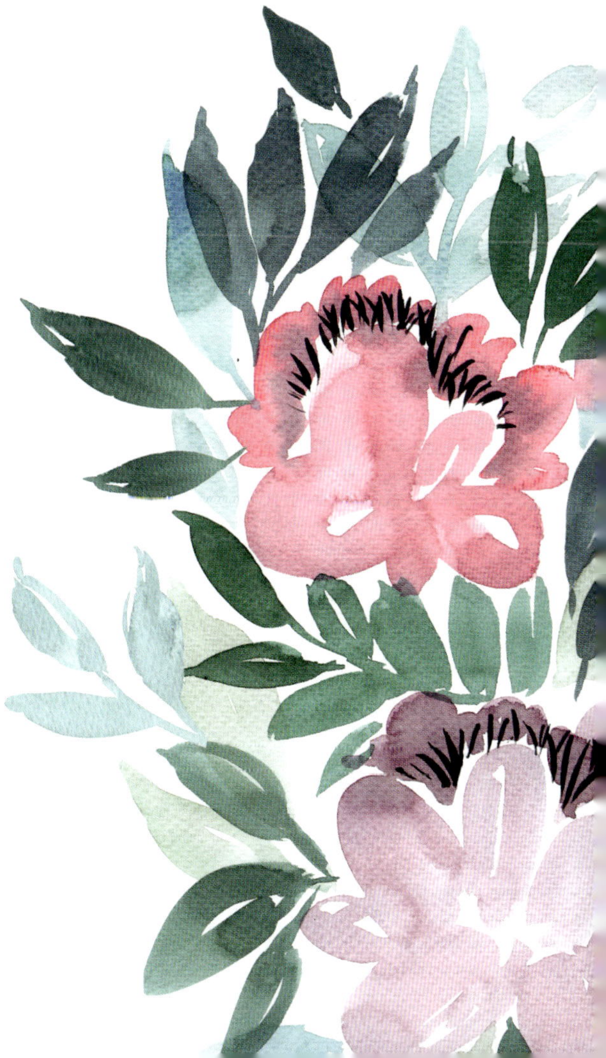

Komplementärfarben sehen übrigens fantastisch nebeneinander aus. Mischst du sie allerdings miteinander, kommen schmutzige Brauntöne heraus. Möchtest du keine Brauntöne haben, dann stelle sicher, dass sich die Komplementärfarben auf deiner Mischpalette und auf deinem Watercolor-Kunstwerk nicht zu sehr vermischen.

Tipps & Tricks

Bevor du jetzt richtig in die Arbeit mit Watercolor einsteigst, möchte ich dir noch einige Tipps und Tricks mit auf den Weg geben.
Wusstest du, dass deine Farbe, wenn sie auf dem Papier getrocknet ist, um bis zu 50 Prozent heller aussieht als im nassen Zustand? Weil das wichtig für deinen Malprozess ist, gibt es in diesem Zusammenhang schon den ersten Tipp von mir.

trockene Farbe

Da nicht nur die getrocknete Farbe auf dem Papier anders aussieht, sondern auch die Farbnäpfchen oft viel dunkler erscheinen, lege ich kleine Aquarellpapierstreifen für meine Farbstudien an. Die Zuschnitte bemale ich mit allen möglichen Farbkombinationen und packe sie dann zu meinen anderen Aquarellutensilien. Wenn ich für meine Illustrationen Farben wählen muss, nehme ich meine Farbstreifen zur Hand und kann sofort sehen, welche Farben zueinander passen.

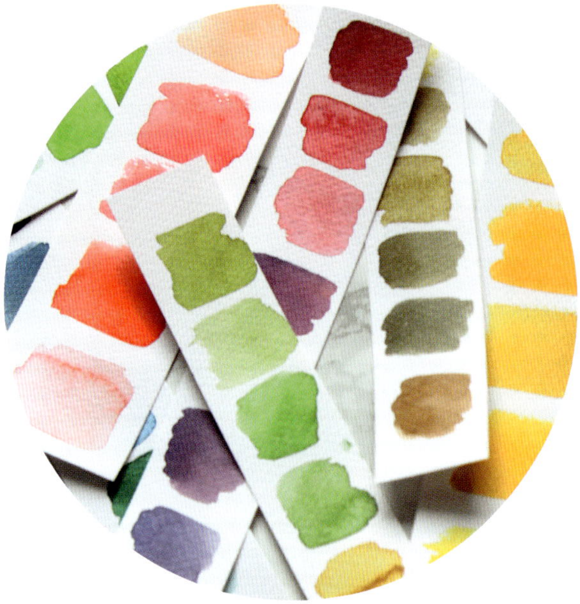

sauberes Wasser

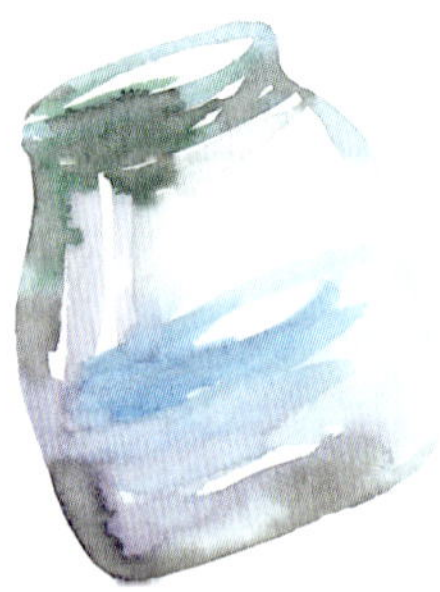

Damit deine Farbe im getrockneten Zustand leuchtet, müssen die Pigmente rein sein. Sobald du deine reine Farbe mit mehreren anderen Pigmenten vermischst, lassen Farbigkeit und Leuchtkraft nach. Die Aquarelle können dann fade und trüb aussehen. Deshalb: Benutze bei JEDEM Farbwechsel sauberes Wasser!

ÜBUNG #10 Pfützen sind schön

Genau abschätzen zu können, wie viel Wasser du für deinen Farbauftrag brauchst, ist reine Übungssache. Am Anfang geht es Vielen so: Entweder ist das Papier zu nass und du kannst die Farbe gar nicht mehr kontrollieren oder das Papier ist zu trocken und die Farbe vermischt sich nicht mehr mit anderen Farben.
Besonders Watercolor-Einsteiger haben häufig das Problem, dass sie sich nicht trauen, viel Wasser zu verwenden. So ist die zu bemalende Fläche letztlich zu trocken und es entsteht kein Farbverlauf.

Also: Je nasser, desto stärker der Farbverlauf, aber auch umso schwerer, die Farbe zu kontrollieren.

Pfützen entstehen besonders am Anfang komplett ungewollt. Für Strukturen auf deinem Farbauftrag oder spezielle Illustrationselemente können Pfützen tatsächlich eine absolute Bereicherung sein. Deshalb üben wir jetzt, Wasser und Pfützen zu kontrollieren.

1 Ein zu trockener Farbauftrag ist bei der Arbeit mit Watercolor ein häufig auftretender Fall. So ein trockener Kreis entsteht, wenn du einen leicht feuchten Pinsel in nur leicht feuchte oder trockene Farbe gibst und direkt losmalst. Auf dem Papier kann die Farbe vom Pinsel dann nur noch ungleichmäßig aufgetragen werden und es entstehen weiße Zwischenräume und Schlieren.

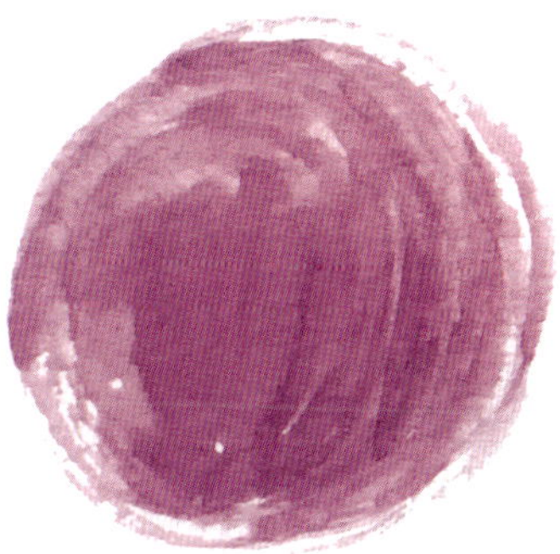

2 Dieser Farbauftrag ist zu nass gewesen. Auch wenn es auf den ersten Blick vielleicht nicht so erscheint, kann es im Malprozess doch zu Problemen mit Farbverläufen kommen. Schaust du genauer hin, kannst du sehen, dass ein farbiger Rand um den Kreis entstanden ist. Das ist ein Zeichen, dass die Pigmente zu sehr im Wasser auf dem Papier geschwommen sind und während des Trocknungsprozesses nach außen gedrückt wurden.

3 Dieser Farbauftrag ist ideal. Keine Schlieren, weiße Stellen oder farbigen Ränder.

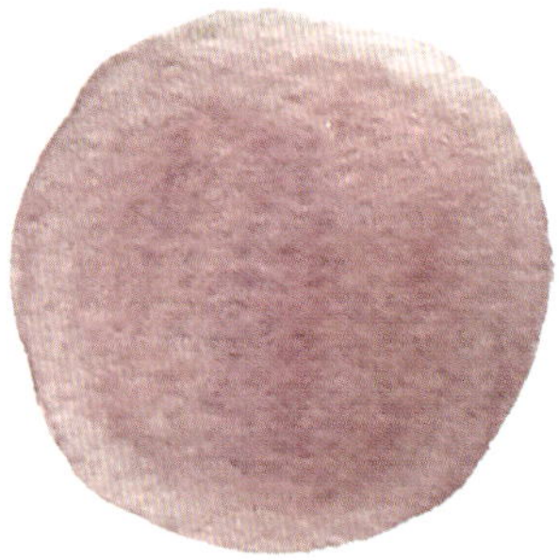

4

Hier haben wir unsere Pfütze – obwohl doch unser erster Farbauftrag ideal war. Wenn du die Farbe erst antrocknen lässt, ist die Oberfläche in der Regel ungleichmäßig trocken. Gehst du nun mit einer sehr feuchten zweiten Farbe hinein, werden nur Teile der Pigmente verdrängt und es entsteht ein ausgefranster Rand um den Farbtropfen. Das ist kein Farbverlauf.

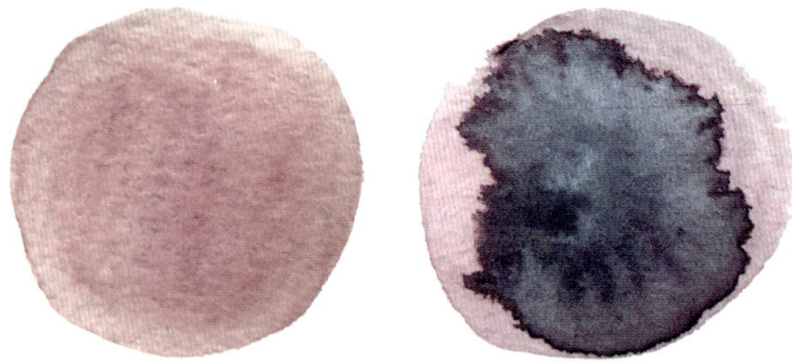

5

Jetzt zeige ich dir, wie du es richtig machst: Einen gleichmäßigen, farbigen Kreis malen. Mit einer leicht feuchten Farbe in den noch feuchten ersten Kreis gehen und der Magie des Verlaufs zuschauen. Ein idealer Farbverlauf sollte so aussehen, als würden die beiden Farben regelrecht ineinander verschmelzen. Um ein gutes Gefühl dafür zu bekommen, heißt es: üben.

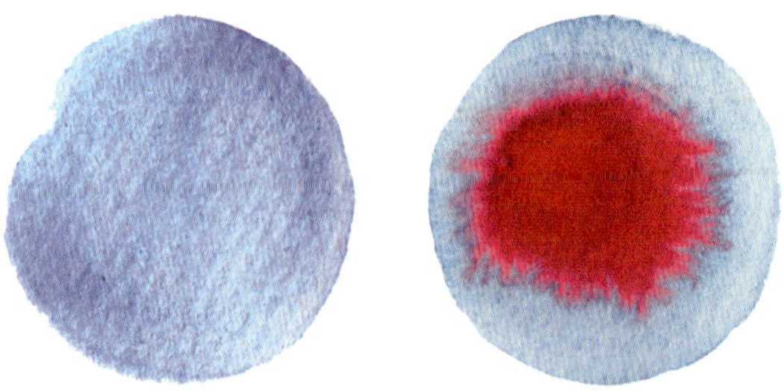

6 Wie gesagt, Pfützen müssen nicht nur ungewollt entstehen. Solche einfarbigen „Unfälle" kannst du ganz einfach selbst herbeiführen, indem du deinen ersten Farbauftrag etwas antrocknen lässt. Im zweiten Schritt gibst du auf deine leicht feuchte Farbe einfach einen sauberen Tropfen Wasser. Et voilà!

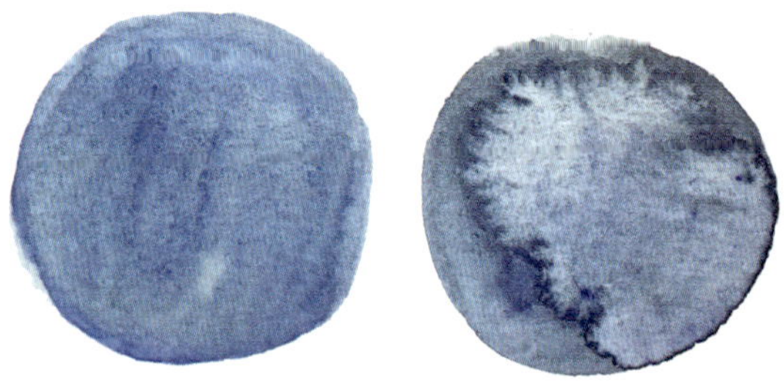

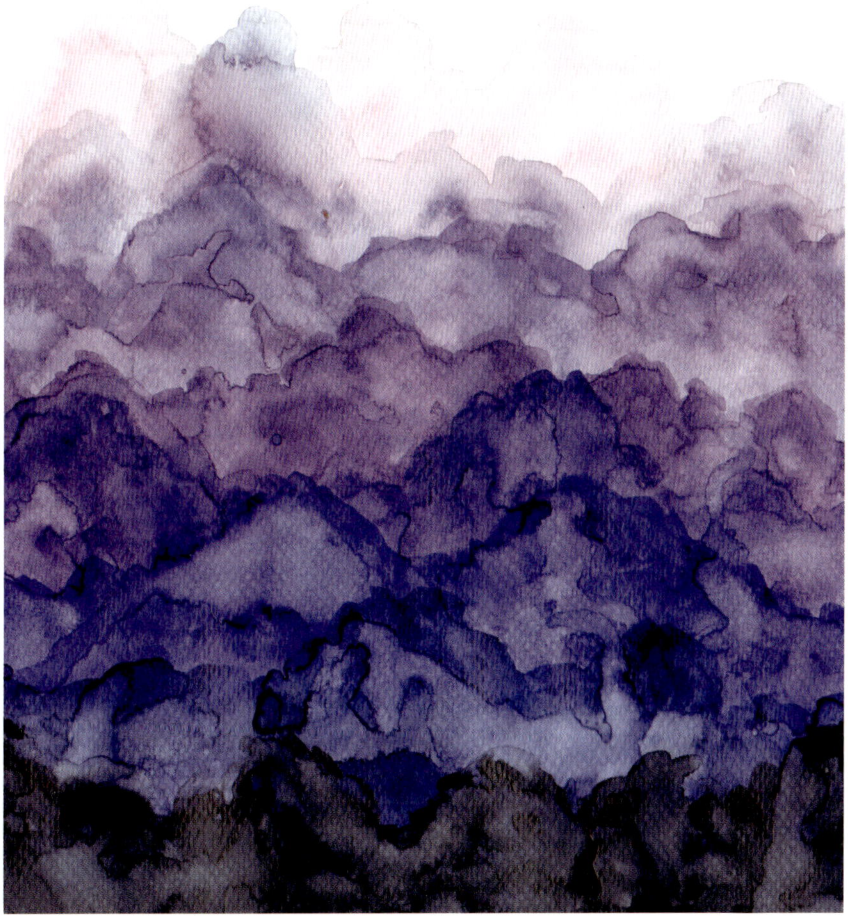

SO KANNST DU NOCH MEHR HERAUSHOLEN:

Traue dich, mit Wasser und Farbe zu experimentieren, bis du ein Gefühl für die richtige Wassermenge bekommst. Hier siehst du eines meiner „Pfützen-Werke".

WISSENSWERTES

Hilfe! Ich habe doch zu viel Wasser verwendet – was kann ich tun?

- Verteile mit einem trockenen Pinsel das Wasser auf dem Papier bis es leicht antrocknet, sodass keine Pfütze entsteht.
- Sauge mit einem trockenen Pinsel überschüssiges Wasser auf und streiche den Pinsel auf deinem Tuch ab.
- Sauge vorsichtig mit einem Papierküchentuch die wässrige Stelle auf.
- Lasse die Fläche komplett austrocknen und male noch einmal über dieselbe Stelle.
- Um den Farbverlauf zu kontrollieren, kannst du das Papier leicht hin und her schwenken.

ÜBUNG #11 Licht und Schatten

Licht und Schatten sind sehr wichtig für dein Bild. Sie rücken es in die Nähe der Realität und verleihen ihm Spannung und Leben. Aus diesem Grund solltest du dir vor dem Malen deines Bildes klar machen, wo Licht und Schatten auf deinen Gegenständen liegen.
Lichtreflexe im Bild müssen genau geplant werden, damit du die Flächen beim Malen aussparst. Am folgenden Beispiel der Kugel habe ich mich für einen Lichteinfall von rechts oben entschieden. Deshalb liegt dort die hellste Stelle. Die Kugel wirft einen Schatten nach links unten – genau entgegengesetzt.

Hier siehst du noch einmal die Unterschiede. Links eine einfarbige Kugel ohne Berücksichtigung von Licht und Schatten. Das Objekt wirkt nicht wie eine Kugel, sondern wie ein Kreis: flach und eindimensional. Bei der mittleren Kugel erkennst du den Lichteinfall von rechts oben, die Kugel wirkt bereits plastischer. Ganz rechts die Kugel mit Schattenwurf.
Um Schatten anzulegen, kannst du zwei Techniken nutzen: entweder, indem du mit der Verlaufstechnik Farbübergänge zwischen hellen und dunklen Farbtönen schaffst oder durch eine Lasur. Du malst an den betreffenden Stellen mehrere Schichten übereinander, bis die Flächen dunkler erscheinen.

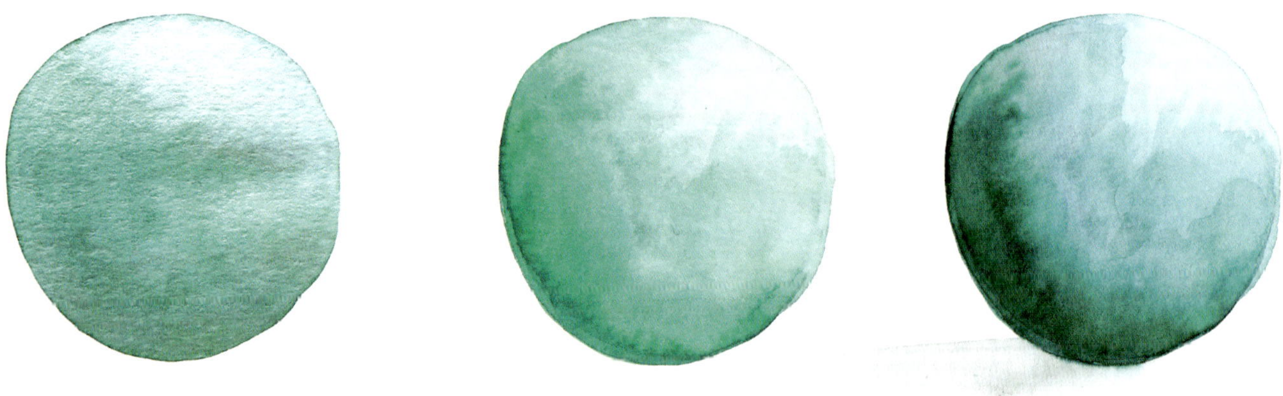

ÜBUNG #12 von allen seiten

Um Pflanzen, Blätter und Blüten malerisch erfassen zu können, ist es wichtig, ihre Grundform zu erkennen. Das ist manchmal gar nicht so einfach, weil wir von den wunderschönen Farben und fantastischen Details abgelenkt sind.

Sobald du die Grundformen der Blüten und Blätter sehen kannst, fällt es dir nicht nur leichter, sie zu malen, du kannst sie auch aus jedem erdenklichen Winkel gestalten. Denn eines ist sicher: Je nachdem, von welchem Punkt aus ich eine Blüte betrachte, sieht sie immer ein wenig anders aus.

Frontal

An diesem Beispiel einer Margarite kannst du sehen, dass unsere Blüte im Grunde nur aus zwei Kreisen besteht: einem kleineren und einem größeren. Der kleinere Kreis sitzt direkt in der Mitte und hat rundum einen gleichbleibenden Abstand zum zweiten Kreis.

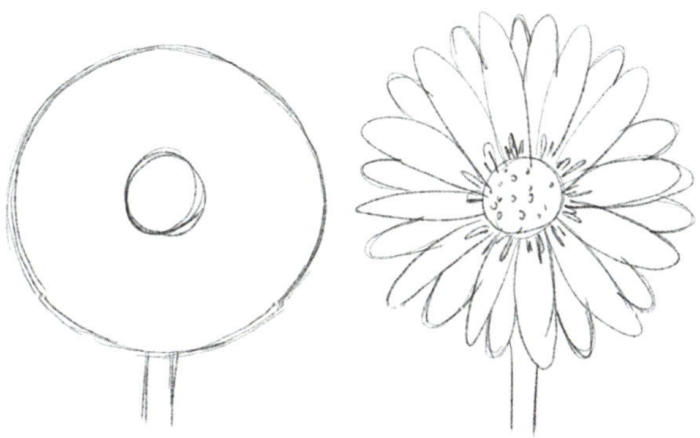

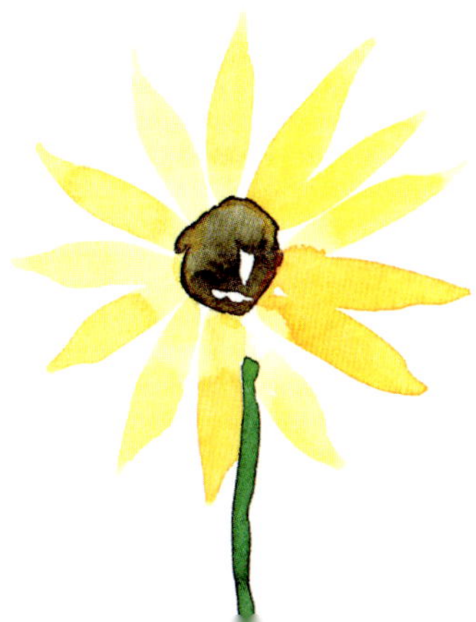

Schräg

Drehst du die Blüte nun ein Stück von dir weg, werden beide Kreisformen zu Ellipsen. Die Blütenblätter im Vordergrund sind dabei kürzer als diejenigen weiter im Hintergrund. Durch diese perspektivische Verkürzung erreichen wir eine Tiefenwirkung. Die innere Ellipse ist nicht mehr im Mittelpunkt, sondern in Richtung des Betrachters gerückt.

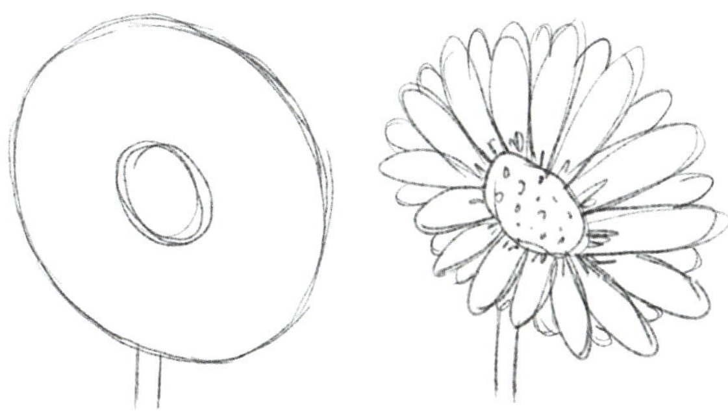

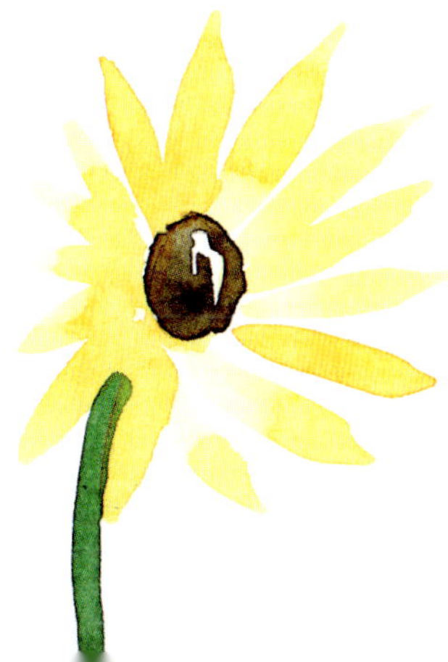

Halbschräg

Bei der halbschrägen Ansicht ist die Blüte noch weiter von uns weggeneigt und die vorderen Blütenblätter, die in Richtung des Betrachters zeigen, sind noch kürzer als in der schrägen Ansicht. Die innere Ellipse ist noch weiter zum Betracht gerückt und berührt fast die größere, äußere Ellipse.

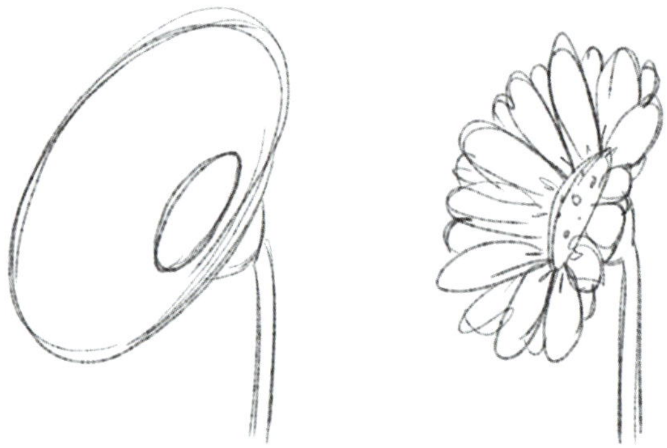

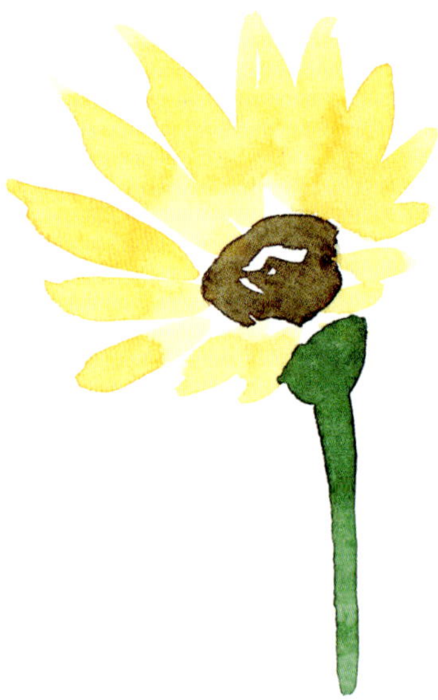

Seitlich

Die Seitenansicht des Gänseblümchen erinnert in der Grundform eher an eine Tasse. Erst mit den Details erwacht die Blüte zum Leben. Der innere Kreis ist in diesem Fall nicht zu sehen, dafür aber der Blütenansatz und das Stängelende.

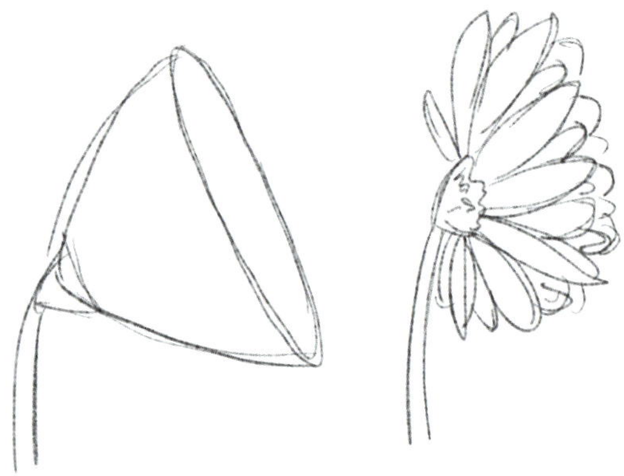

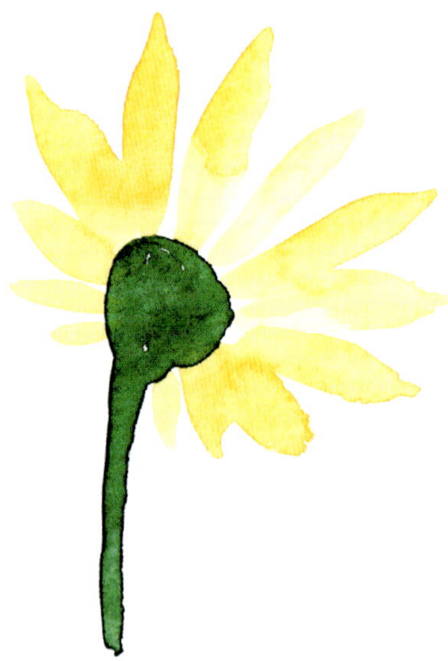

TIPP

Nimm ruhig echte Blumen zum Vorbild für deine Watercolorstudien. Im Sommer findest du in heimischen Gärten oder auf wunderschönen Blumenwiesen genug Inspiration. Wenn du Fotos machst, hast du auch in der kalten Jahreszeit tolle Beispiele zur Hand. Natürlich bietet auch das Internet eine unermessliche Zahl an Abbildungen von Blüten, Blättern oder Blumensträußen, die du als Anregungen für deine eigenen floralen Kunstwerke nutzen kannst.

SO KANNST DU NOCH MEHR HERAUSHOLEN:

Durch unsere Skizzen haben wir einen guten Eindruck davon bekommen, was es bedeutet, die Grundformen der Blumen zu erkennen. Trotzdem empfehle ich dir, Bleistiftskizzen nur für Studien anzulegen und deine Watercolor-Blumen dann ganz locker ohne Vorzeichnung nur mit Pinsel und Farbe zu malen.

Und nun wird es Zeit, die große Vielfalt der Blätterwelt kennen zu lernen.

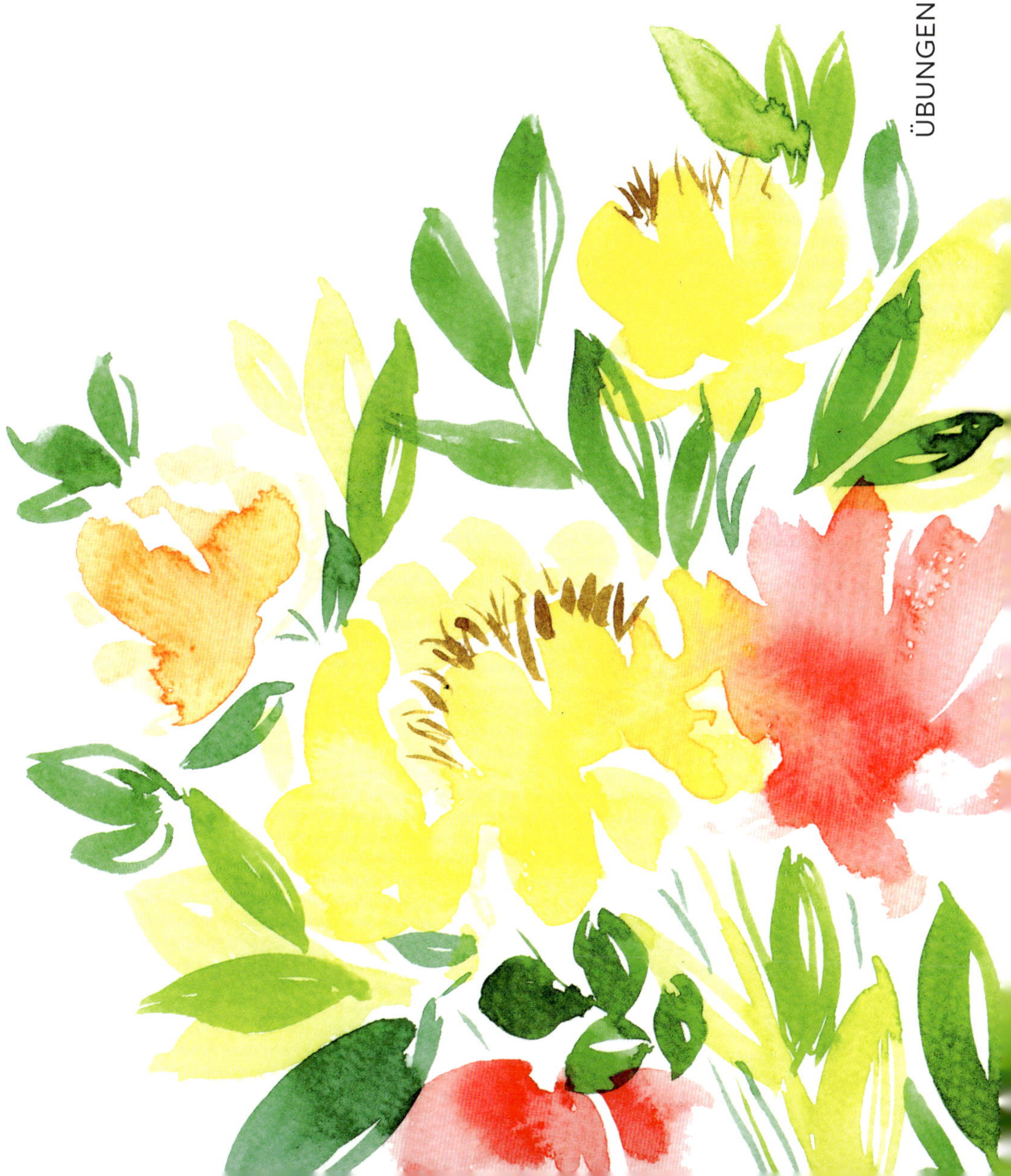

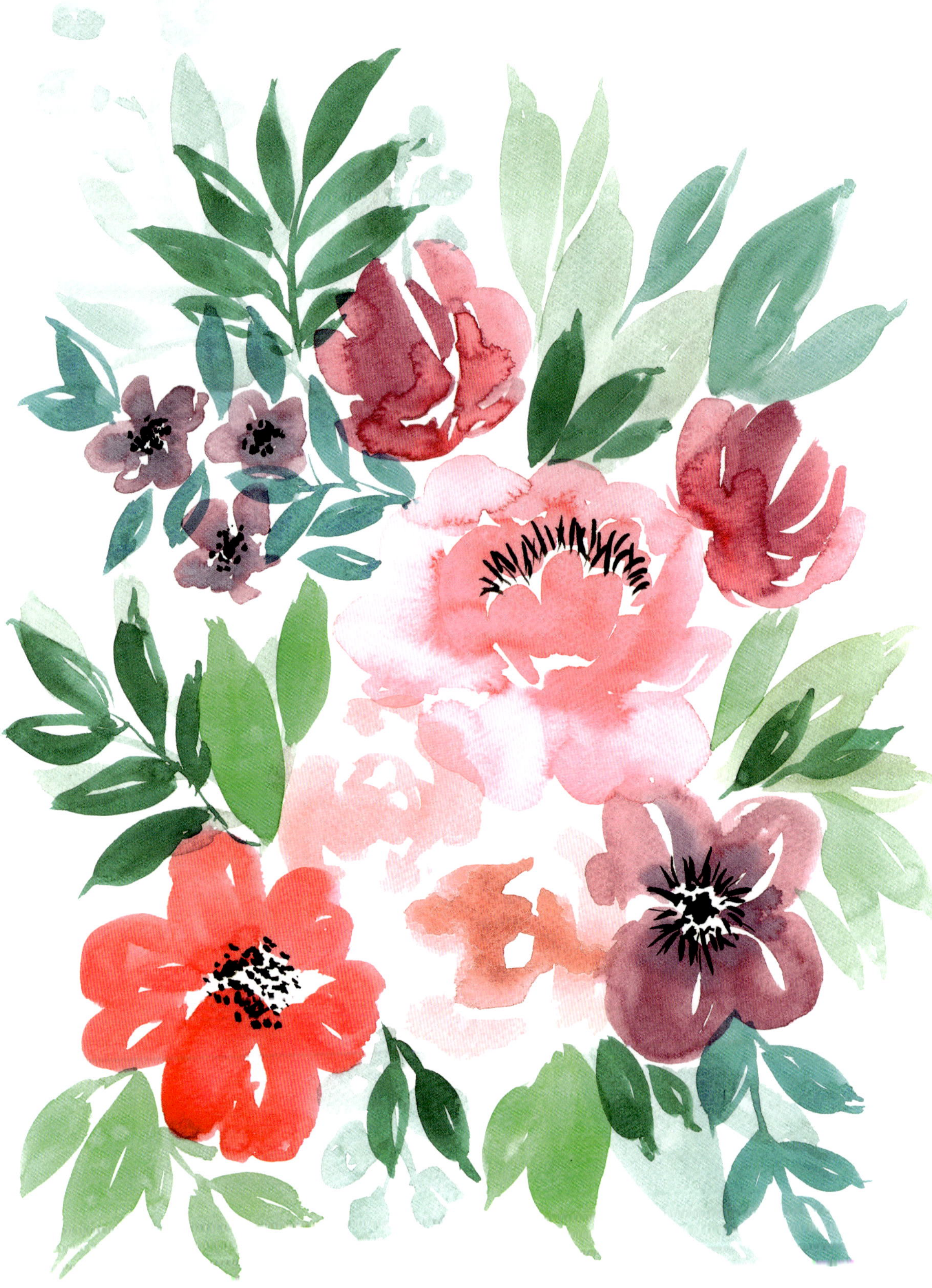

KAPITEL 3

ÜBUNGEN FÜR FORTGESCHRITTENE

Die Grundübungen haben wir hinter uns gelassen und sind nun in der Lage, das Gelernte an einer Vielzahl von floralen Elementen anzuwenden. Mit dabei sind Elemente, die dir wahrscheinlich ganz leicht fallen werden. Andere wiederum haben es in sich und erfordern viel Übung. Lasse dich nicht entmutigen und bleibe dran. In diesem Kapitel warten neben einzelnen Blüten- und Blätterelementen auch deren Kombination zu wunderschönen Blumen-Projekten auf dich.

Blätter

Blätter von Pflanzen gibt es in unzähligen Formen und Farben. Aber wir sind keine Botaniker, und deshalb ist es auch nicht Sinn der Sache, die Blätter mit jeder einzelnen Blattnarbe naturgetreu nachzumalen. Im Aquarell geht es eher darum, Formen auf ihre wesentlichen Merkmale zu reduzieren und ansonsten einfach mit der Aquarellfarbe Spaß zu haben.
Die folgenden Übungen kannst du ganz leicht mit deinem Pinsel der Größe 8 nachmalen.

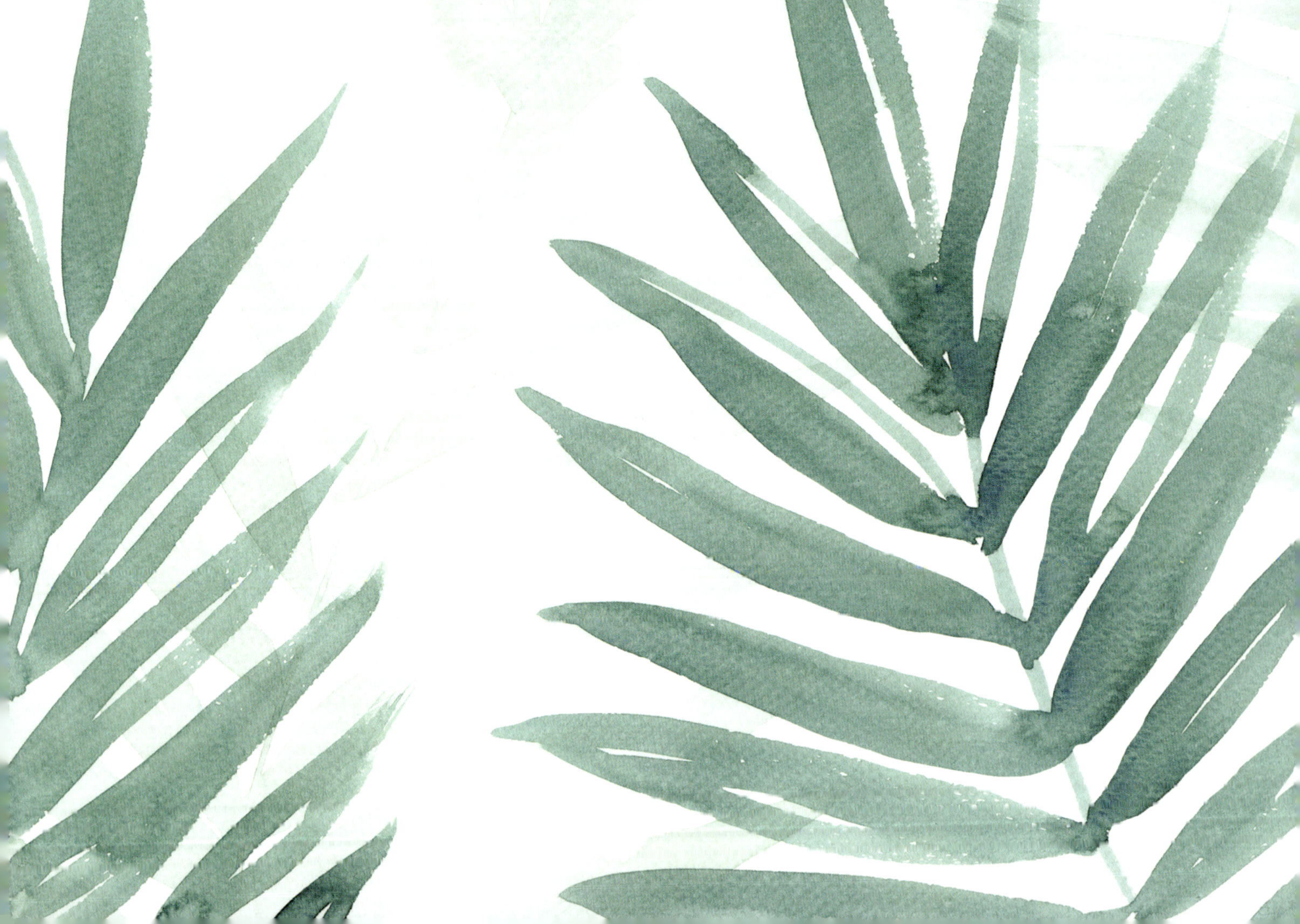

Basic-Blatt #1

Das Basic-Blatt #1 ist die einfachste Form, Blätter mit einem Pinsel zu malen. Spiele hier auch mit Farbe und verschiedenen Pinselgrößen.

1. Tippe mit der Spitze des Pinsels auf dein Papier und senke den Pinselkopf mit wenig, kontrolliertem Druck langsam auf dein Papier. Mit einer kleinen Bewegung ziehst du den Pinsel weg und hebst ihn dabei wieder an.

2. Auf diese Weise sollte eine mandelähnliche Form entstanden sein. Je nachdem, welche Größe du für deinen Pinsel verwendest, ändert sich auch die Größe deines Blattes.

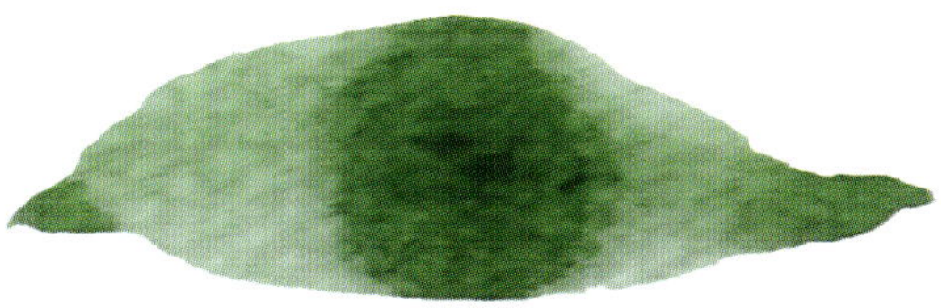

Ziehst du den Pinselstrich länger, kannst du wunderschöne, längliche Blattformen kreieren.

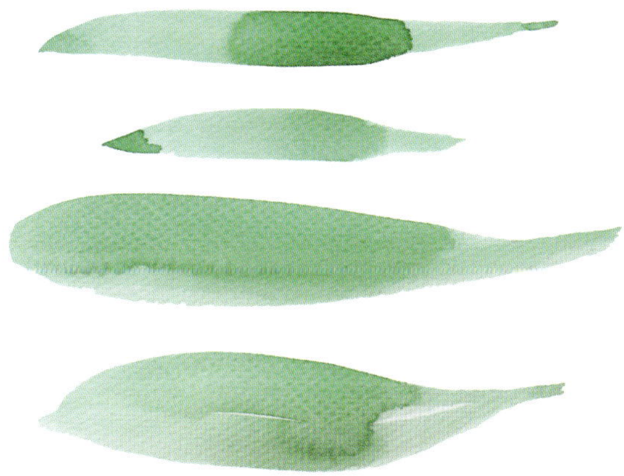

Blätter und Kräuter zeige ich dir auch im VIDEO

Basic-Blatt #2

Diese Basic-Blattform besteht aus zwei Pinselstrichen.

1. Denke dir eine Mittellinie. Du setzt den Pinsel links oberhalb deiner gedachten Mittellinie auf und malst einen Bogen, der wieder zur Mittellinie führt. Dabei sollte eine Art Halbmond entstanden sein.

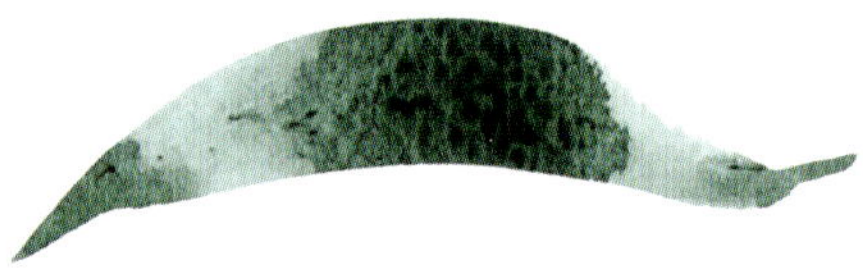

2. Dasselbe machst du nun unterhalb der Mittellinie. Lasse die gedachte Mittellinie frei, das wirkt wie eine Blattnarbe.

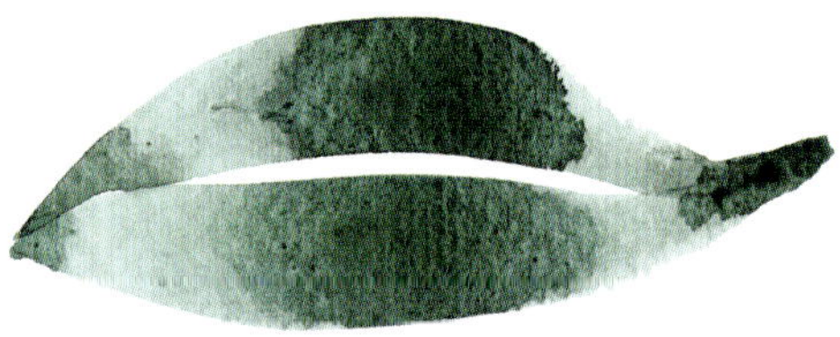

Füllst du dein Blatt komplett mit Farbe, ohne eine Blattnarbe, wirkt es voluminöser und größer. Gehst du mit deinem Pinsel vorsichtig nach oben, entstehen die typischen spitzen Blätter. Hebst du deinen Pinsel einfach nur von deinem Papier ab, endet dein Blatt rund.

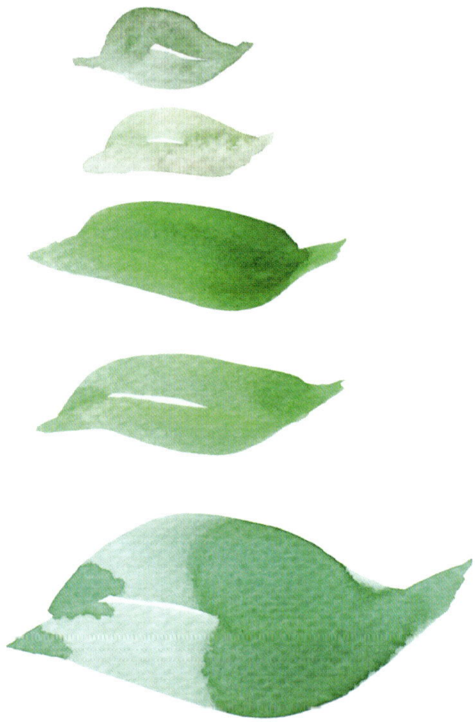

Palmenblätter

Palmenblätter sehen raffiniert aus, bestehen aber eigentlich nur aus einem Stiel und vielen Basic-Blättern.

1. Male einen gebogenen dünnen Strich.
2. Ähnlich wie das Basic-Blatt #1 male dünne Blätter entlang der Linie. Bei diesem Palmenblatt werden die Blätter nach oben hin kleiner.
3. Vervollständige die rechte Seite und wiederhole die Striche auf der linken Seite.

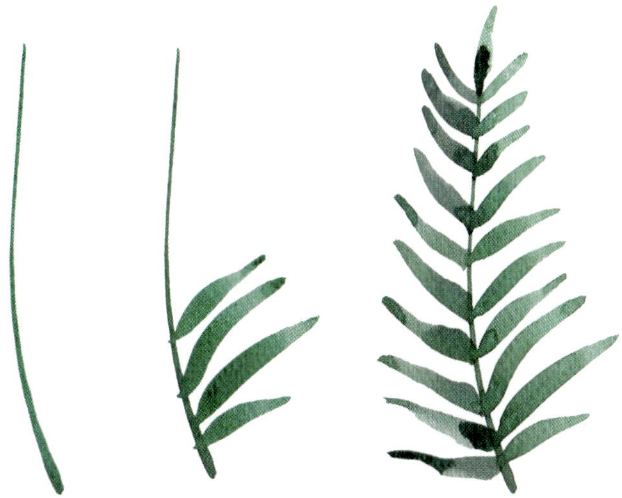

Beim Formenreichtum der Palmenblätter sind dir keine Grenzen gesetzt. Dünn oder dick, gereiht oder versetzt – probiere aus, was dir gefällt!

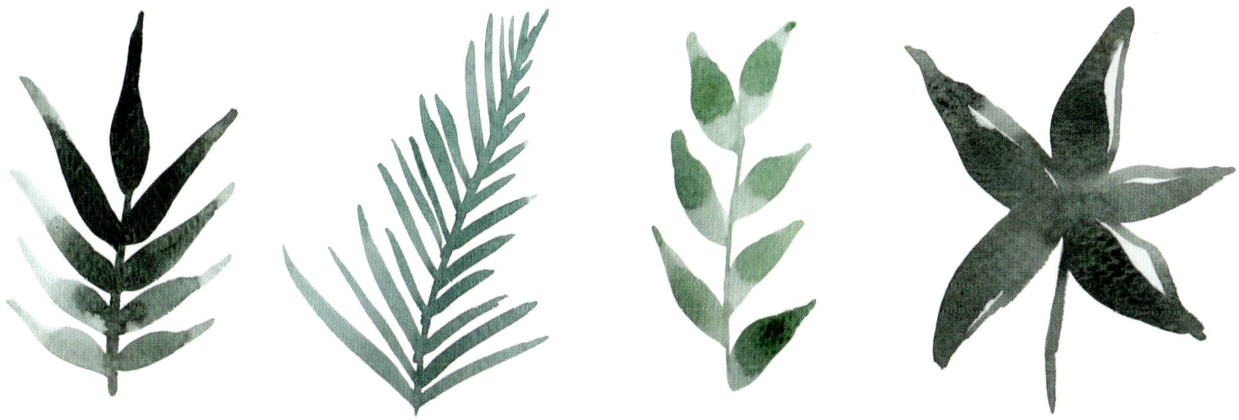

Rosenblätter

Rosenblätter sind sehr charakteristisch, weil die Blattform nicht ganz rund ist, sondern zur Spitze hin zackig und eckiger verläuft.

1 Die Grundtechnik orientiert sich am Basic-Blatt #2. Denke dir die Mittellinie. Drücke den Pinsel nach links und setze zu deinem Halbmond an. Wenn du den Pinsel jetzt wieder zurück zur Mittellinie führst, gestaltest du kleine Zickzacklinien.

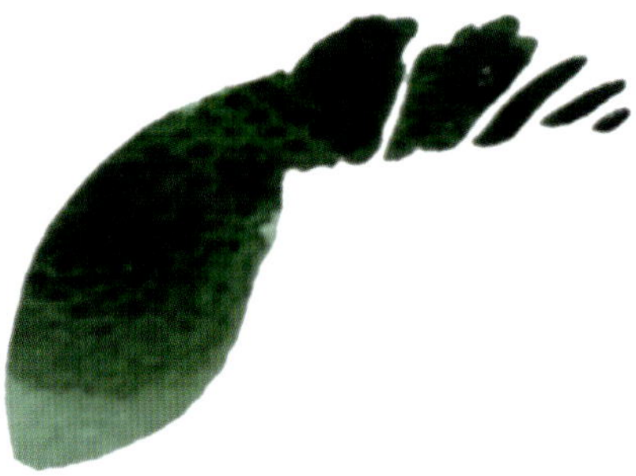

2 Vollende das Blatt, indem du auf der anderen Seite der gedachten Mittellinie genauso verfährst.

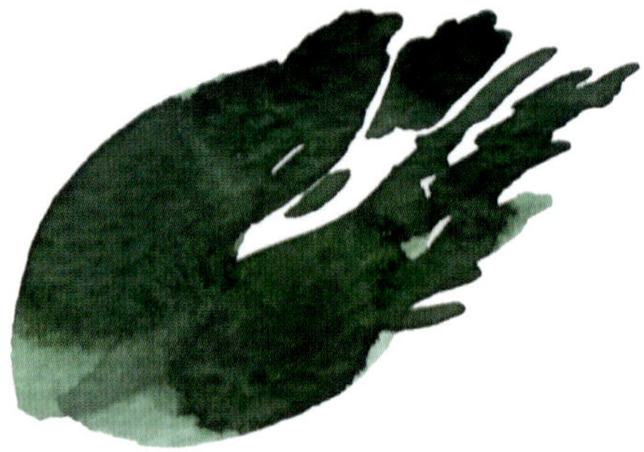

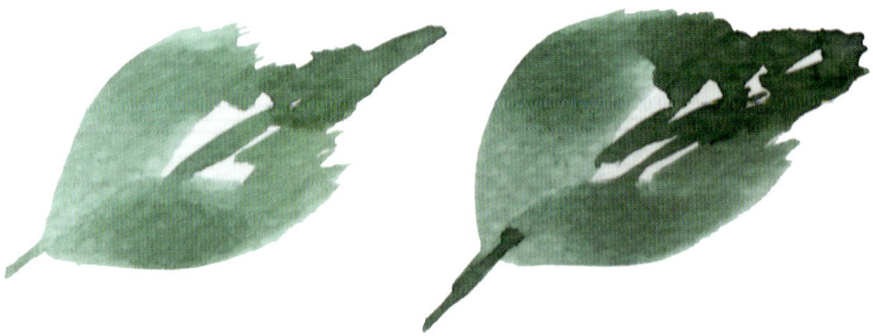

Auch hier kannst du dich wieder ausprobieren. Die Blätterform soll dir lediglich als Inspiration dienen. Du kannst das Blatt nach deinen Wünschen oder je nach Vorlage gestalten – schmaler, breiter, mit weniger oder mehr Zacken.

Eukalyptus

Eukalyptusblätter haben eine leicht erkennbare Form und sind deutlich runder. Farblich habe ich mich für ein Grüntürkis entschieden.

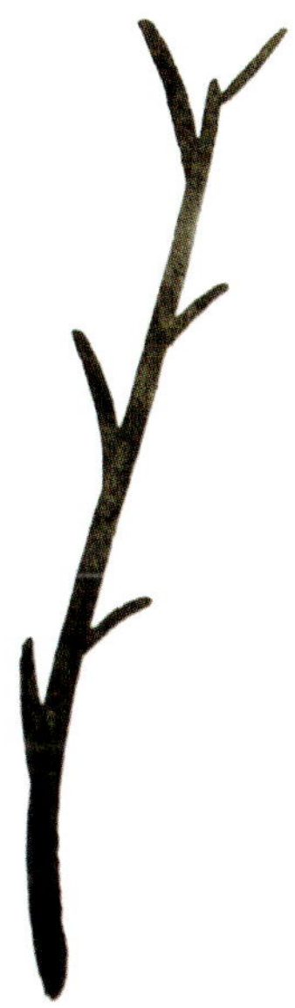

1 Male einen leicht gebogenen Stiel und füge, leicht versetzt, sechs kleine Äste an.

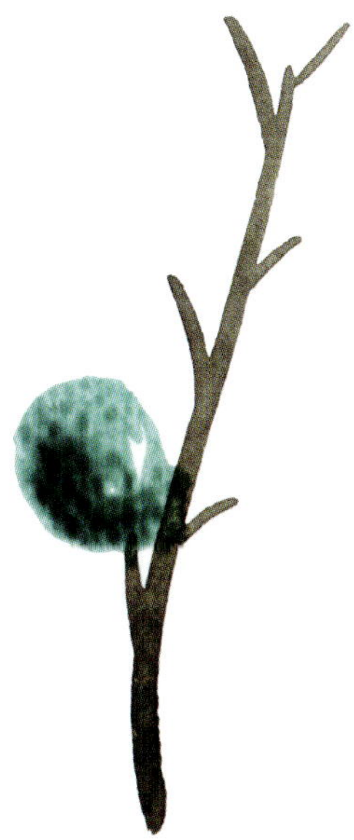

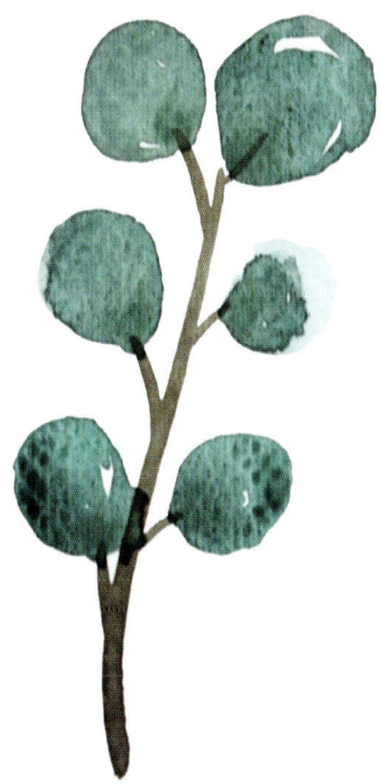

2 Die Äste gehen direkt in das Blatt über. Male die Eukalyptusblätter wie die Basic-Blätter #2, nur deutlich runder. Das gelingt, indem du den Pinsel weit nach links und rechts drückst.

Olivenzweige

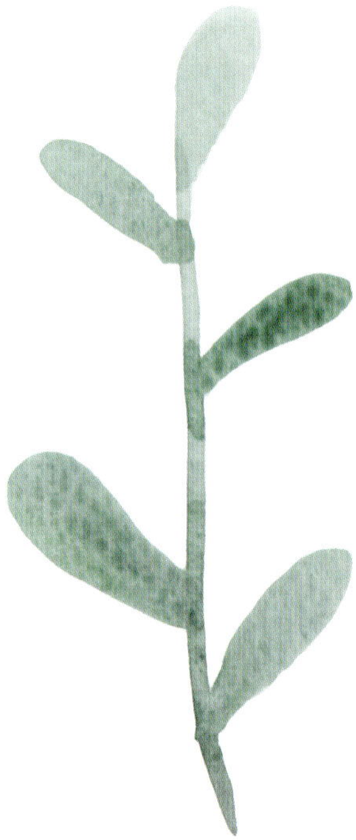

1

Die Olivenblätter gehen sehr unregelmäßig vom Zweig ab und überlappen sich an vielen Stellen. Dafür malen wir die hinteren Blätter deutlich transparenter. Vom Zweig gehen fünf Blätter in einer langen, ovalen Form ab. Lasse die Farbe trocknen.

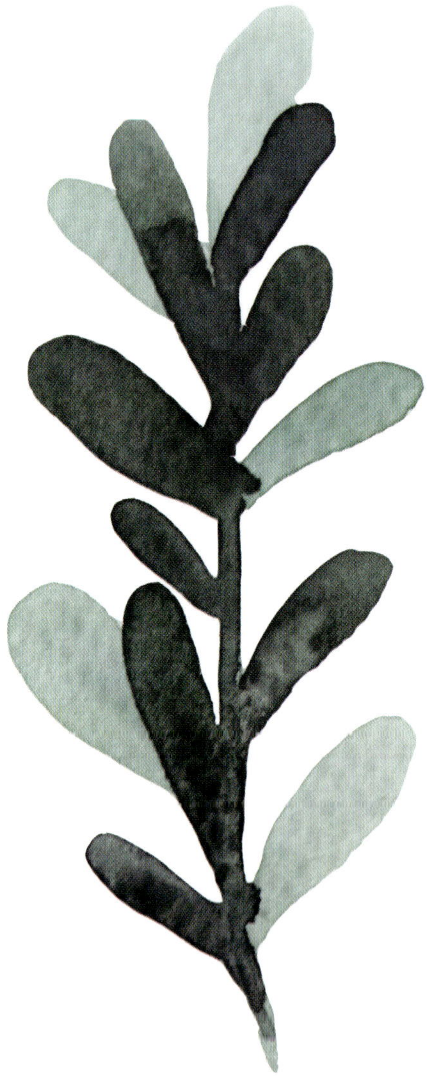

2

Die zweite Schicht Blätter wird sehr ähnlich gemalt. Mische einen dunkleren Ton und male teilweise die dunklen Blätter über die hellen. Variiere die Größe der Blätter.

Knospen und Triebe

Mit diesen einfachen und schönen floralen Elementen kannst du deine Blumen-Kompositionen wunderschön auflockern.

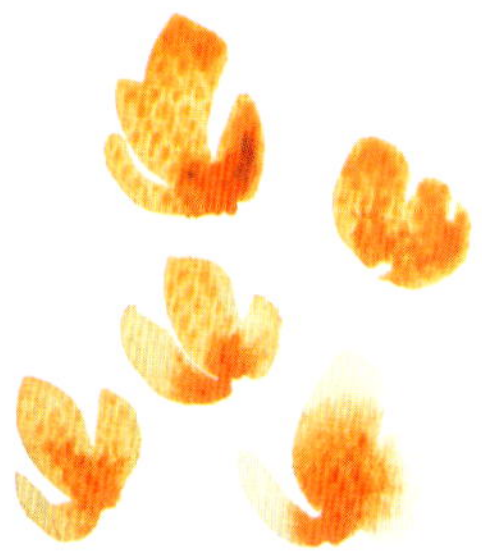

1 Male eine Knospe, indem du drei kleine Pinselstrichen zu einem Punkt hin verbindest. Der Strich in der Mitte ist dabei länger als die anderen beiden. Wiederhole alles für vier weitere Knospen.

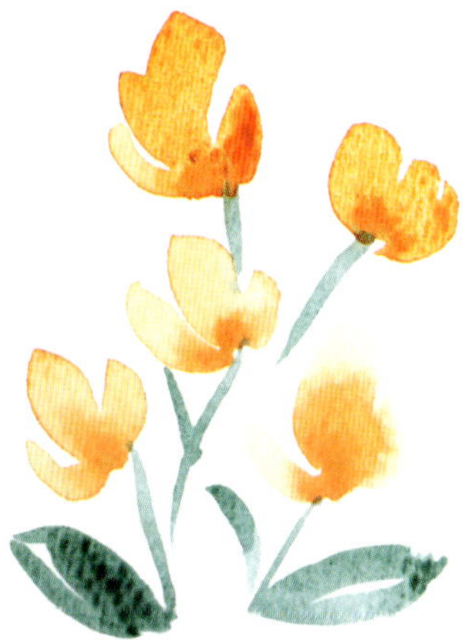

2 Male von einer gedachten Mittellinie aus kleine Stängel zu den Knospen.

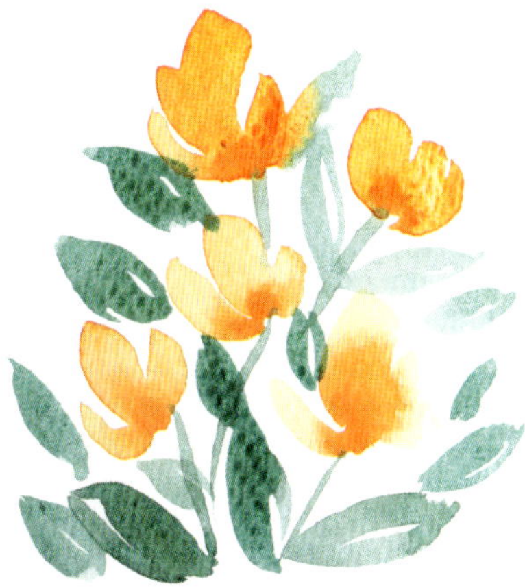

3 Fülle leere Stellen mit kleinen Basic-Blättern #2 (Seite 48).

Male dafür einfach einen kleinen Stiel mit zwei Abzweigungen. Auf die Abzweigungen setzt du jeweils einen kleinen Kreis in der Farbe deiner Wahl.

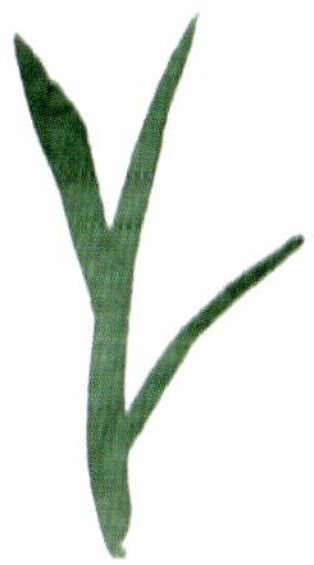

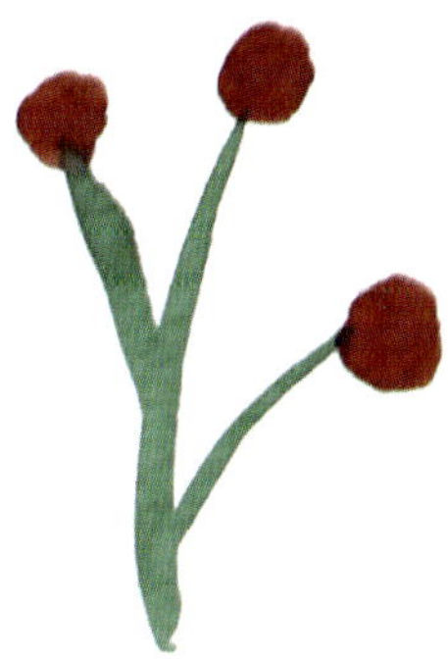

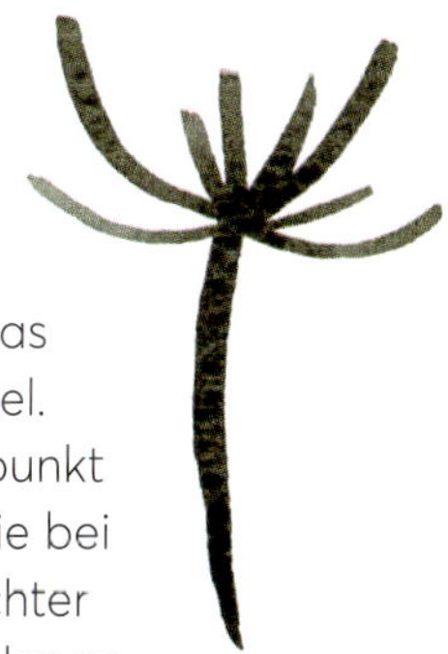

Male einen etwas längeren Stängel. Füge vom Endpunkt des Stängels wie bei einem Kronleuchter ungleichmäßig lange Arme an. Setze kleine runde Kreise auf die gemalten Arme.

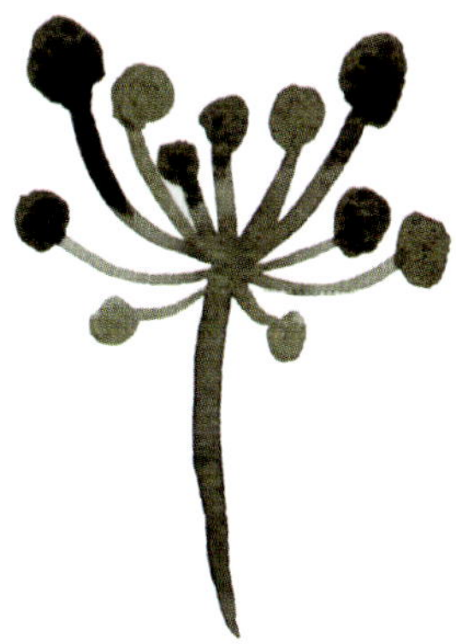

Kräuter

Nicht nur Blätter, auch Kräuter kannst du mit nur wenigen Pinselstrichen selbst malen. Auch hierfür empfehle ich wieder einen Rundpinsel der Größe 8. Möchtest du etwas kleiner malen, entscheide dich für Größe 6.

Schnittlauch

1

Male einen leicht gebogenen, dünnen Strich.

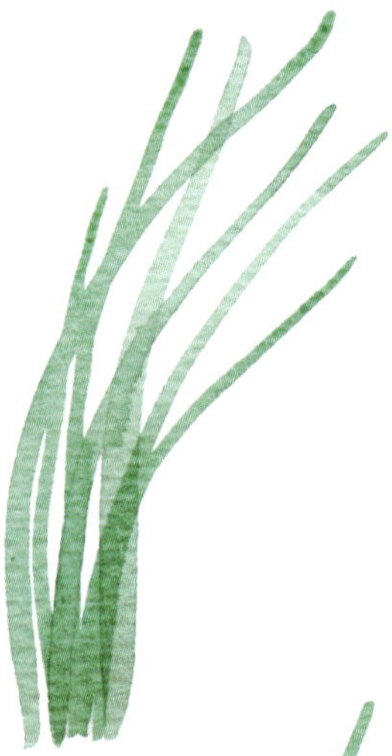

3

Male fünf weitere Striche in verschiedenen Höhen. Einige davon dürfen sich auch wieder überkreuzen.

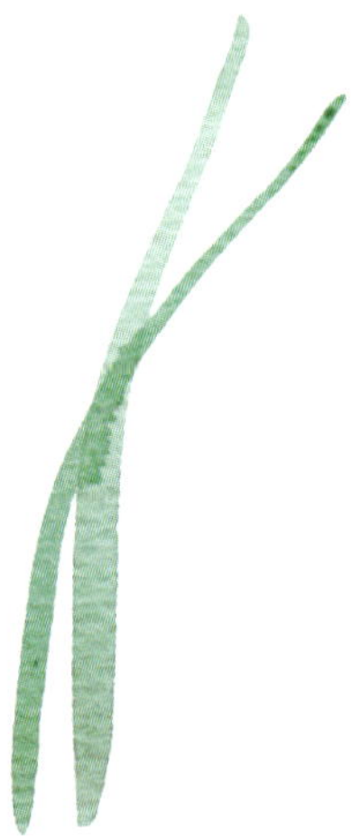

2

Ziehe einen zweiten Strich, der den ersten kreuzt.

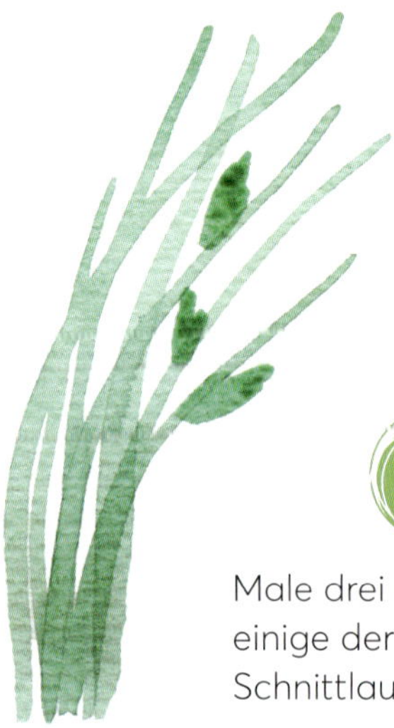

4

Male drei kleine Blättchen an einige der Striche, um deinen Schnittlauch zu vollenden

Petersilie

1 Male einen gebogenen Stängel mit zwei Abzweigungen.

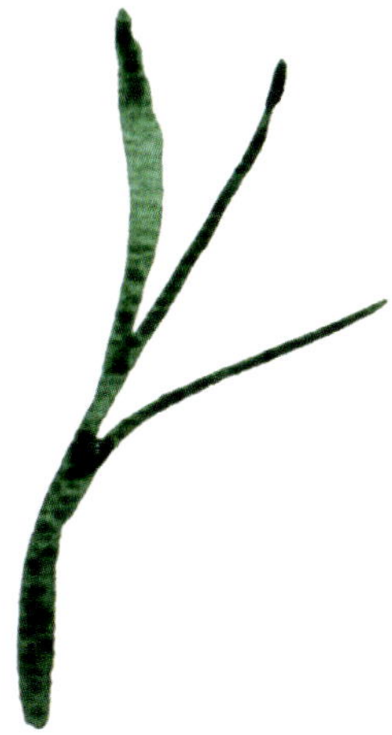

2 Beginne am ersten Abzweig des Stängels und male drei Blätter in verschiedenen Größen. Hier kannst du dich an den Formen der Rosenblätter von Seite 50 orientieren.

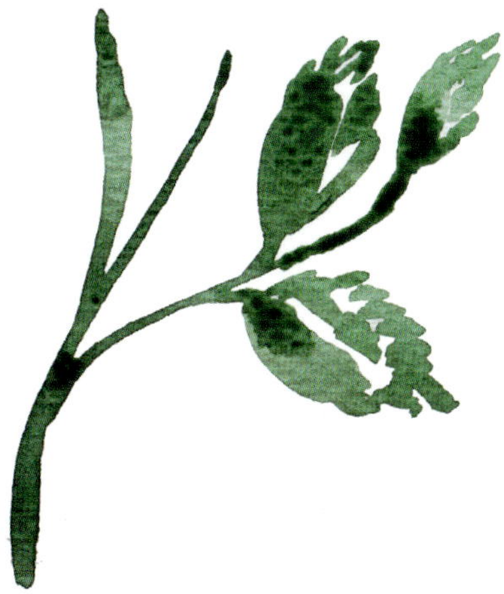

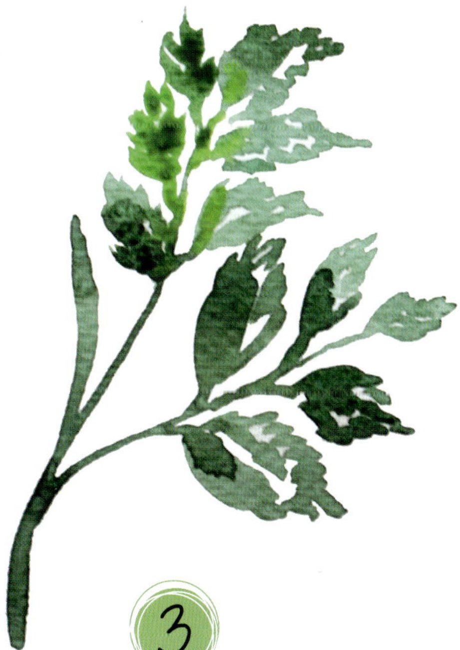

3 Füge nun sechs weitere Blätter an den zweiten Abzweig des Stängels. Wenn du magst, gib in deine noch feuchte Farbe einen weiteren Grünton. Das erzeugt mehr Räumlichkeit.

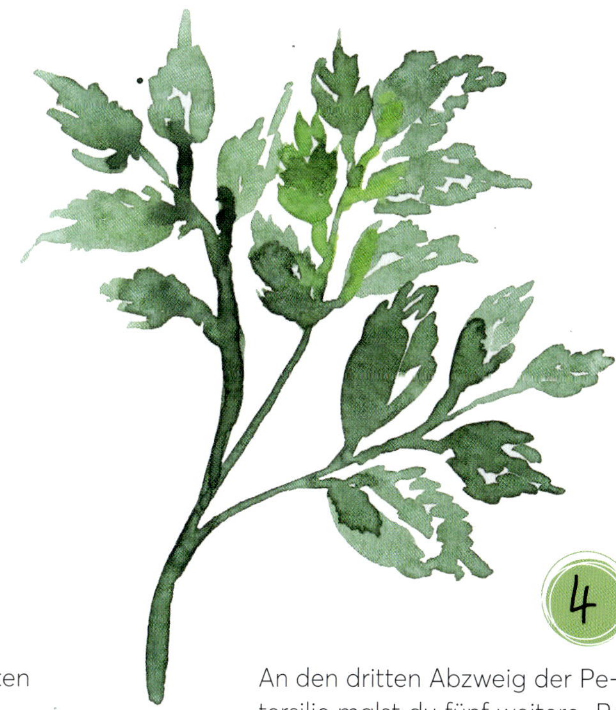

4 An den dritten Abzweig der Petersilie malst du fünf weitere „Rosenblätter", sodass deine Petersilie wunderbar buschig aussieht.

Rosmarin

Rosmarin ist ein beliebtes Kraut aus dem Mittelmeerraum mit einem typischen Geruch und Geschmack. Zudem wird ihm eine heilsame Wirkung nachgesagt.

1. Beginne mit einem ganz leicht gebogenen, langen Stiel. Wir arbeiten uns mit der Wuchsrichtung des Rosmarins von unten nach oben vor. Füge mit dem Pinsel versetzt zwei nach oben zeigende, kleine Farbtupfer an den Stiel. Drücke dafür die Pinselspitze ein wenig auf. Das wiederholst du ungefähr bis zur Hälfte des Stängels.

2. Nach oben hin werden die kleinen Abzweigungen des Rosmarins länger und du kannst nun mit deiner Pinselspitze größere Ovale malen, die am Stiel wieder zu einem Punkt zusammenlaufen.

3. Nun kannst du noch ein helleres Grün anmischen und weitere Blätter einfügen.

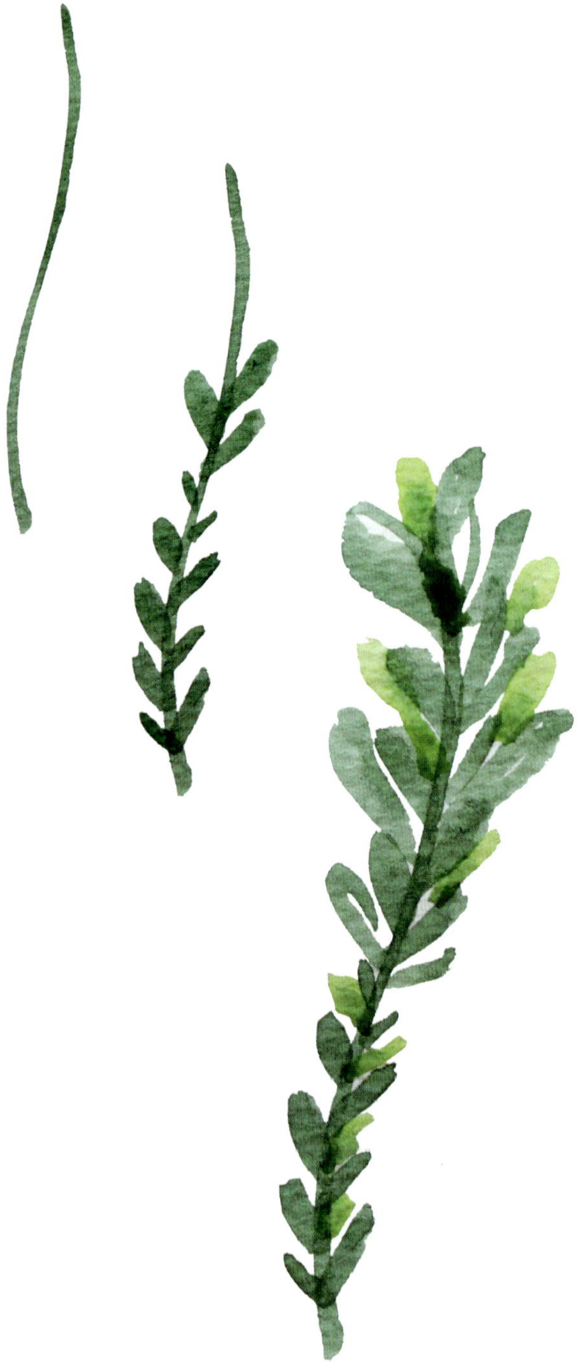

Salbei

1

Den Anfang bildet ein leicht geneigter Stängel mit einer Abzweigung. Von diesem Abzweig geht ein etwas längeres Basic-Blatt #2 ab (Seite 48).

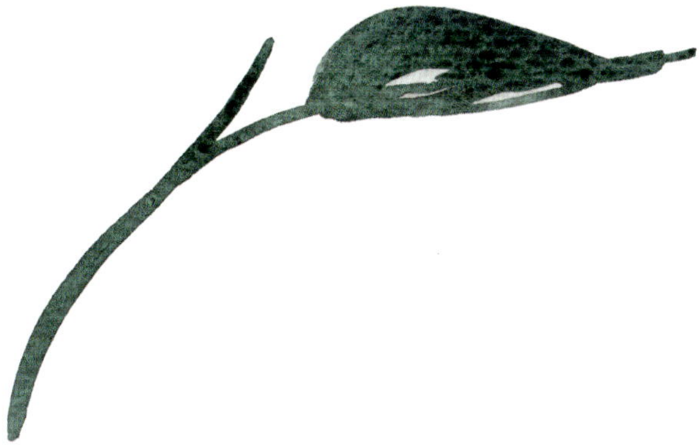

2

Füge an das Ende des Mittelstiels ein weiteres längliches Basic-Blatt #2 an.

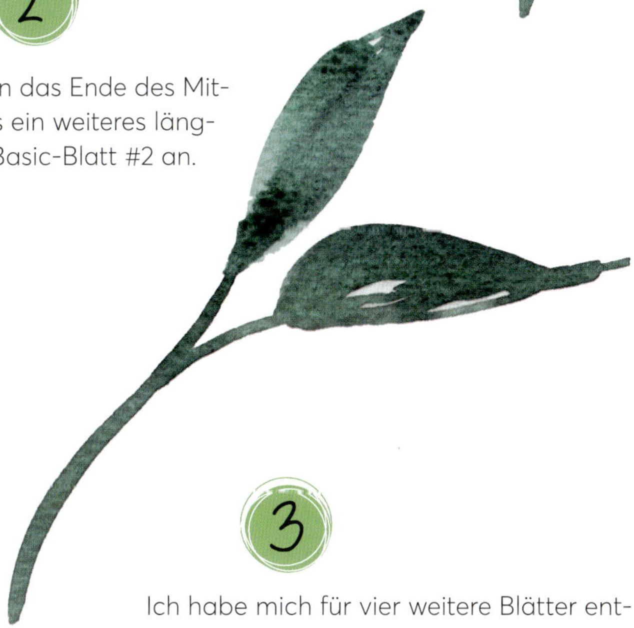

3

Ich habe mich für vier weitere Blätter entschieden, die separat vom Mittelstiel abgehen. Ein kleines Knospenblatt im unteren Teil lässt den Salbei natürlicher wirken. Dem Grünton des Salbeis habe ich noch ein wenig Blau beigemischt. Das entspricht dem Farbton des Krautes in der Natur, der durch die sogenannten hellen Drüsenhaare auf den Blättern entsteht.

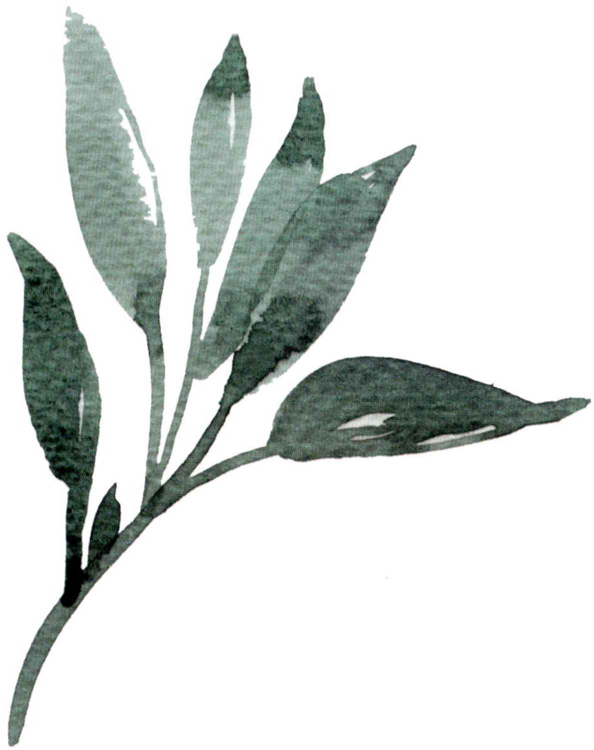

DiLL

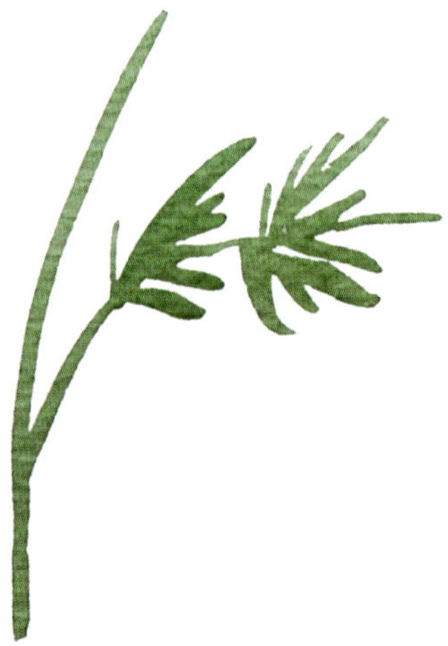

1

Wir orientieren uns auch hier wieder an der natürlichen Wuchsrichtung. Male einen leicht gebogenen Stängel mit einem Abzweig im unteren Drittel. Füge an zwei Punkten deines Abzweigs drei bis fünf ungleichmäßig lange, dünne Striche zu beiden Seiten des Stieles an. Die kleinen Dill-Arme bilden die Form eines kleinen Fächers.

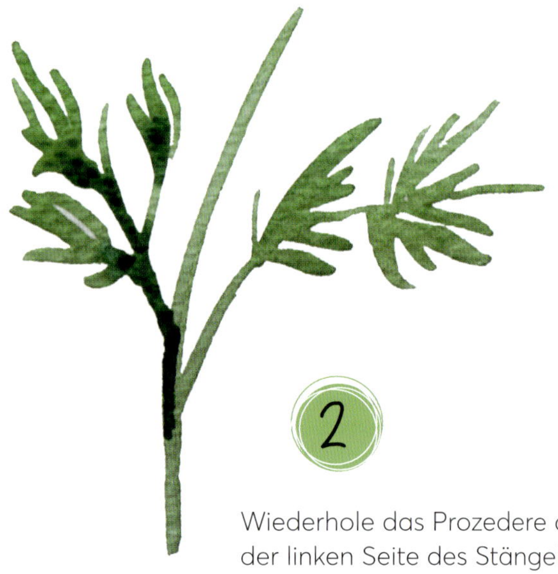

2

Wiederhole das Prozedere auf der linken Seite des Stängels. Hier kannst du noch einen dritten „Fächer" an der Spitze des zweiten Dill-Arms hinzufügen.

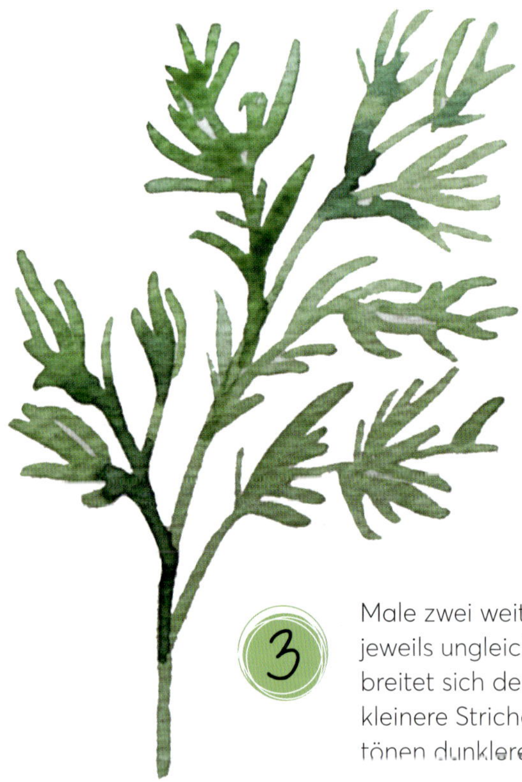

3

Male zwei weitere Dill-Arme an den mittleren Stängel und füge jeweils ungleichmäßig lange Striche zum Stiel hinzu. Nach oben hin breitet sich der Dill weiter aus und du kannst zwischen den „Fächern" kleinere Striche an deinen Stiel malen. Füge zu deinen helleren Grüntönen dunklere hinzu, damit deine Illustration mehr Tiefe bekommt.

Basilikum

Basilikum ist gar nicht so einfach zu malen. Hier habe ich mit verschiedenen Transparenzen gearbeitet, um der Blattfülle des Basilikums gerecht zu werden. Die Blätter sind eher rund und nicht ganz einfarbig. Mehrere helle und dunkle Nuancen im Blatt unterstreichen die natürliche Erscheinungsform.

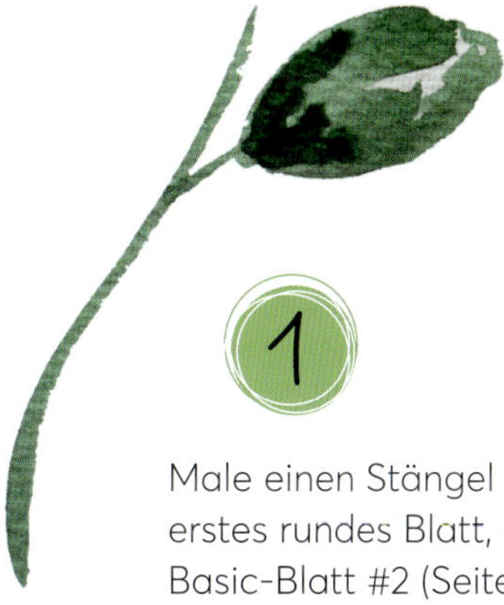

1

Male einen Stängel und ein erstes rundes Blatt, ähnlich dem Basic-Blatt #2 (Seite 48). Gib einen kleinen Klecks dunkles Grün auf das noch feuchte Blatt.

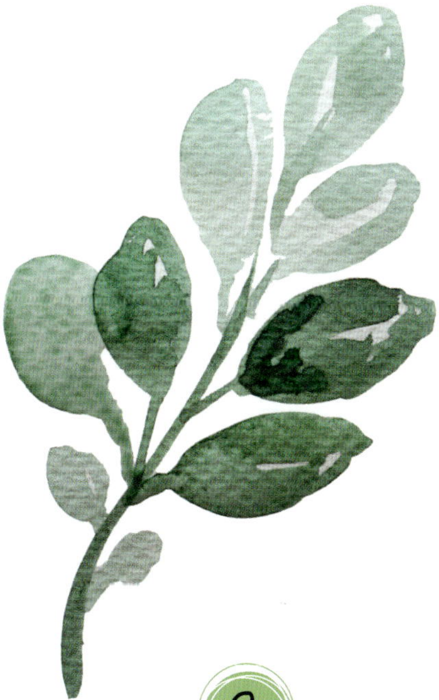

2

Male noch zwei Blätter mit derselben Farbe, die du noch auf dem Pinsel hast. Ab jetzt nimm nur noch Wasser auf und male mit den restlichen Pigmenten auf deinem Pinsel transparente Blätter entlang des Stängels. Lasse die Farbe trocknen.

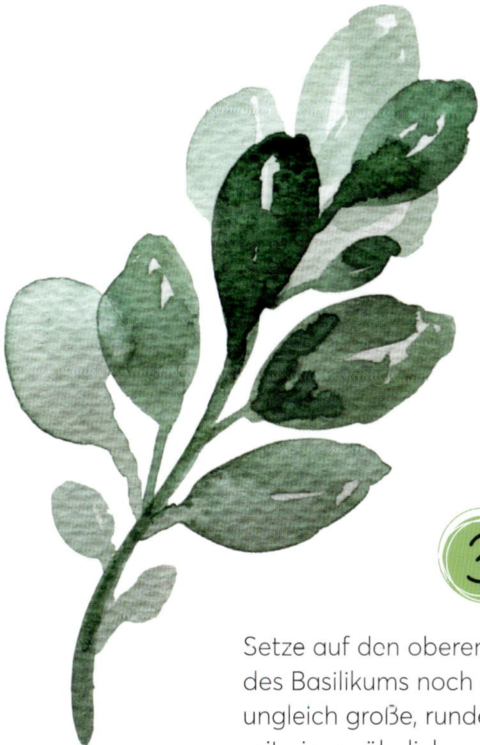

3

Setze auf den oberen Teil des Basilikums noch drei ungleich große, runde Blätter mit einem ähnlichen Farbton wie in Schritt 1.

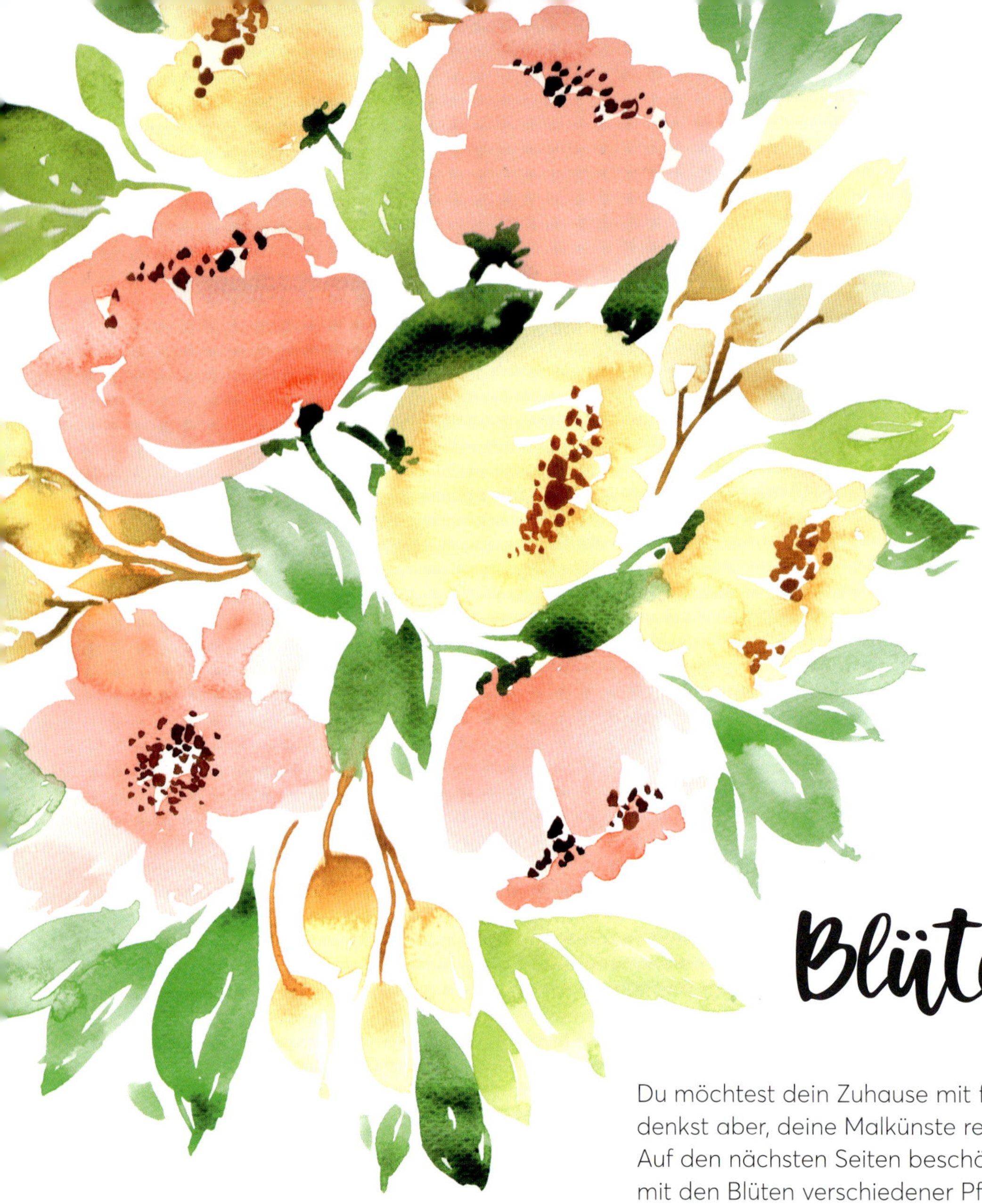

Blüten

Du möchtest dein Zuhause mit floralen Bildern schmücken, denkst aber, deine Malkünste reichen dafür nicht aus? Unsinn! Auf den nächsten Seiten beschäftigen wir uns Schritt für Schritt mit den Blüten verschiedener Pflanzenarten, die wir später zu wundervollen Kunstwerken zusammensetzen.
Du wirst sehen, Blumen zu malen bringt nicht nur jede Menge Freude ins Haus, der Prozess sorgt auch für viel Entspannung, malerisches Wachstum und kreative Zufriedenheit.
Lasse dich von der Natur und ihrer Farbenpracht inspirieren. Du kannst auf dem Computer einen Foto-Ordner anlegen, in welchem du Blumenfotos von Reisen oder Gärten sammelst und bei Gelegenheit aufrufst.

Auch hier habe ich für dich ein VIDEO mit allen Blumen

Rose

Wenn du das Foto der Rose betrachtest, kannst du sehen, dass der Farbton in der Mitte der Blüte deutlich kräftiger und pigmentierter ist. Je mehr ich zu den äußeren Blütenblättern komme, desto transparenter trage ich meine Farbe auf. Das gibt der Blüte Tiefe und Dreidimensionalität.

Für die Form der Rose stelle ich mir einen Kreis vor, bei dem ich in der Mitte anfange zu male und nach und nach darum herum meine Blütenblätter kreiere. Je nachdem, wie die Rose positioniert ist, denke ich mir meinen Mittelpunkt an die jeweilige Stelle.

Denke deswegen daran, für deine Rosen genügend Platz zu lassen, damit die Blütenblätter schön ausladend werden können.

Die Rosenblätter in der Mitte sind deutlich schmaler. Je mehr die Blätter nach außen treten, umso größer werden sie. Zwischen den Rosenblättern lasse ich schmale Linien weiß, damit das Papier durchschimmern kann und meine Rose ihren typischen Look erhält.

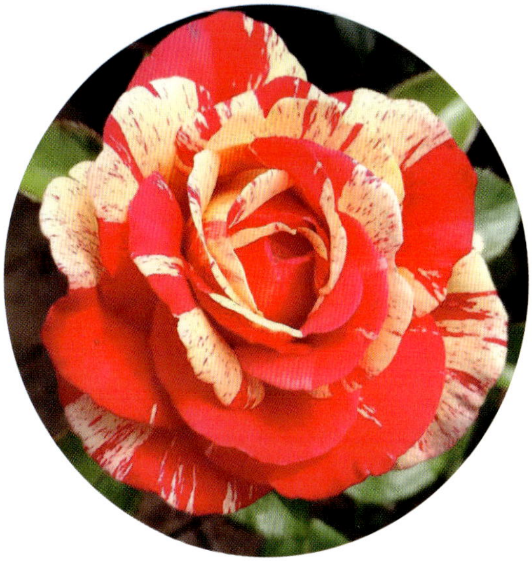

MATERIAL

Farben: Rot, Rosa, Grün
Rundpinsel: Größe 12

1

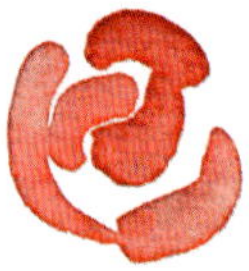

Beginne in der Mitte deines gedachten Kreises mit kleinen, halbrunden, dünnen Strichen, indem du wenig Druck auf die Pinselspitze ausübst. Die dünnen Striche dürfen sich an einigen Stellen berühren, bedenke aber die weiß bleibenden Linien zwischen deinen Pinselstrichen.

Je mehr du mit der Gestaltung deiner Blütenblätter nach außen vorgehst, desto länger werden deine Striche und desto höher der Druck auf die Pinselspitze. Für die äußeren Blütenblätter verwende mehr Wasser, um die Rose naturgetreuer zu gestalten.

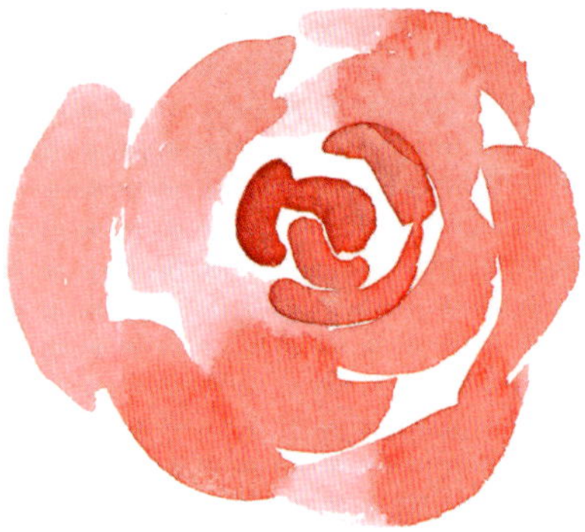

2

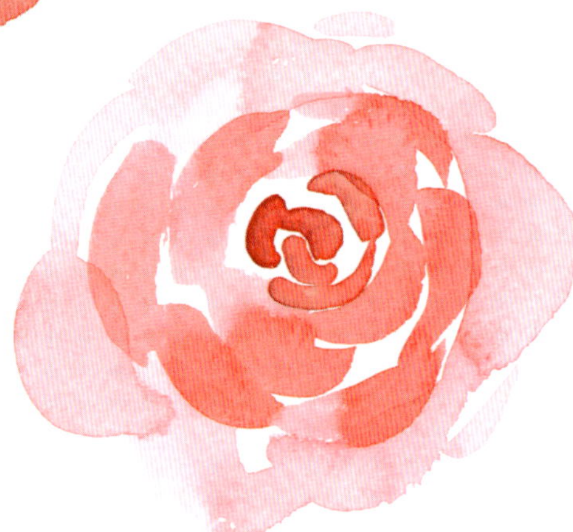

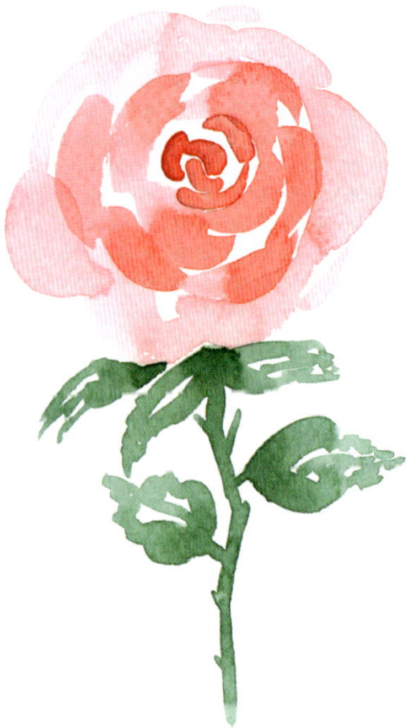

3

Füge zum Schluss noch den Stängel und Blätter hinzu. Wie man die Rosenblätter gestaltet, kannst du auf Seite 50 nachlesen.

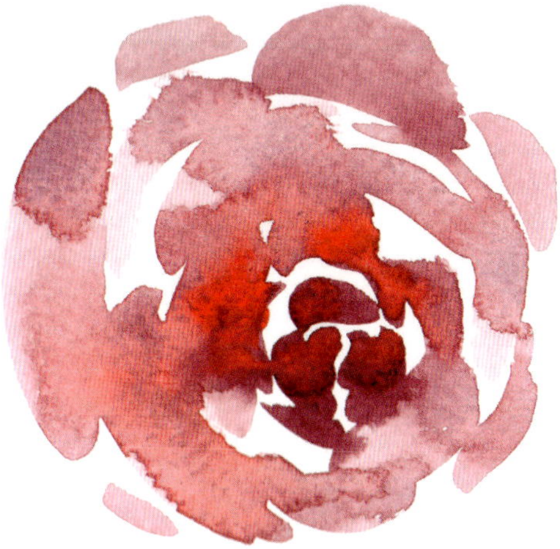

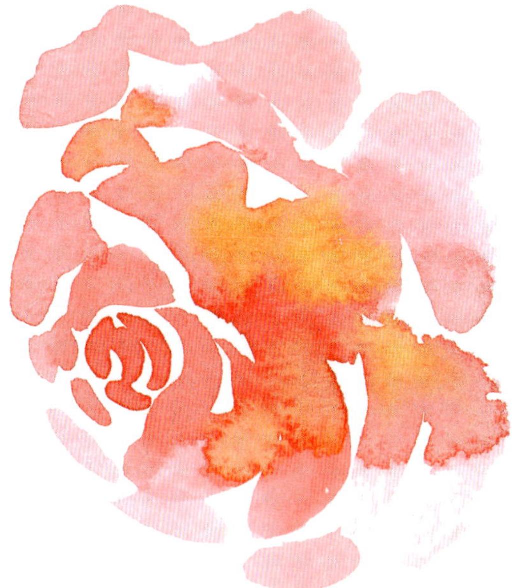

SO KANNST DU NOCH MEHR HERAUSHOLEN:

Experimentiere bei den Rosen mit vielen verschiedenen Farben. Du kannst der roten Farbe in der Mitte der Rose auch noch dunklere Brauntöne beimischen oder zu deinen äußeren Blütenblättern Gelb oder Orange hinzufügen. Solange die Farbe noch feucht ist, kannst du auch nach der Fertigstellung deiner Rose weitere Farbpigmente hinzugeben und der Magie des Aquarells seinen Lauf lassen.

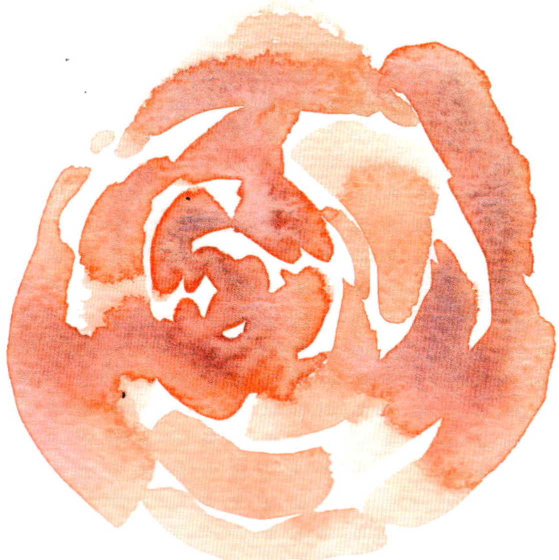

Lavendel

Lavendel ist eine tolle Blume für Anfänger, weil die Formen der Lavendelknospen und -blüten sehr einfach sind und im Gesamtpaket ein tolles Kunstwerk ergeben.

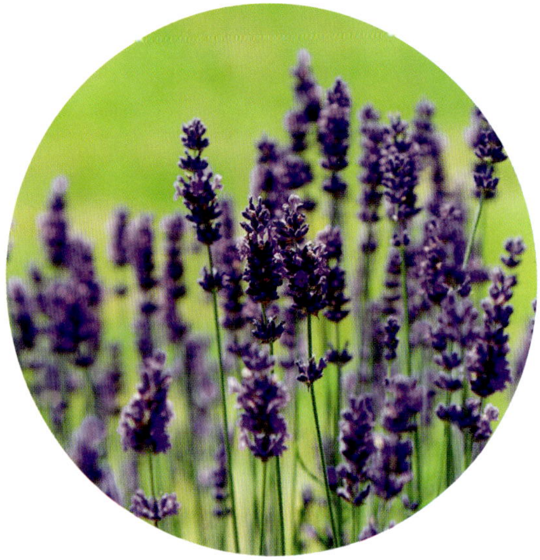

1

Den Anfang bildet der Stängel des Lavendels. Das ist die Linie, an der du dich orientierst, um die einzelnen Lavendelknospen anzulegen.

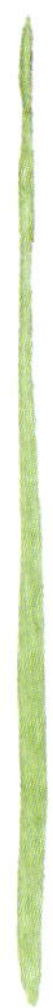

MATERIAL

Farben: Violett, Pinkviolett, Gelbgrün
Rundpinsel: Größe 8

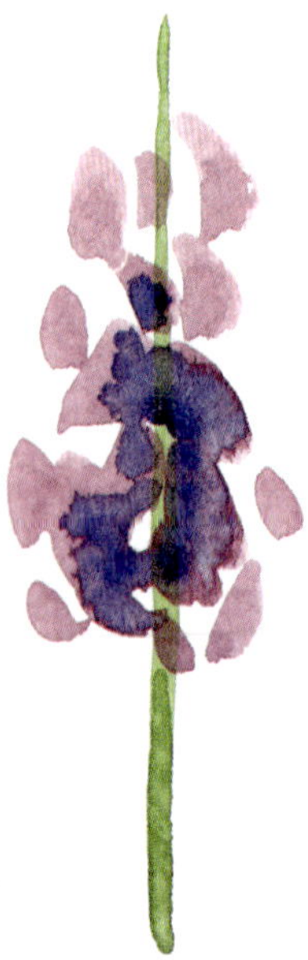

2

Lasse den Stängel ein paar Zentimeter komplett frei stehen und beginne dann, mit einem transparenten Violettton große Punkte am Stängel hinauf aufzutupfen, indem du Druck auf deinen Pinsel ausübst.

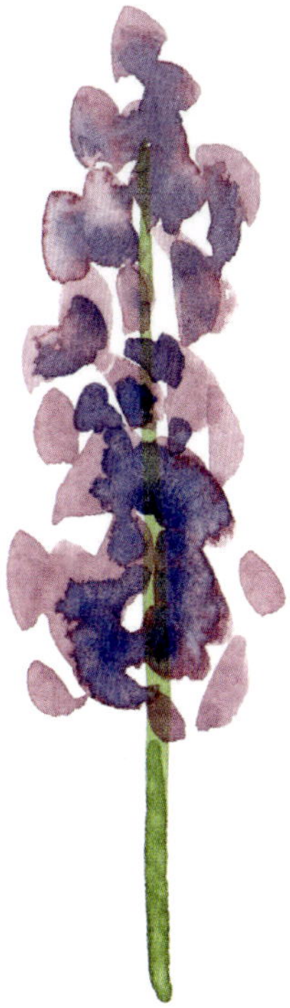

3

Je höher du dich vorarbeitest, umso weniger Druck gibst du auf den Pinsel. Dadurch werden deine Punkte immer kleiner und laufen letztendlich zu einer Spitze zusammen.

4

Solange die Farbe noch feucht ist, kannst du ein kräftiges Blau oder Blauviolett auf vereinzelte Punkte geben. Das erzeugt Tiefe und Textur. Male zum Schluss noch schmale Blätter im gleichen Farbton des Stiels.

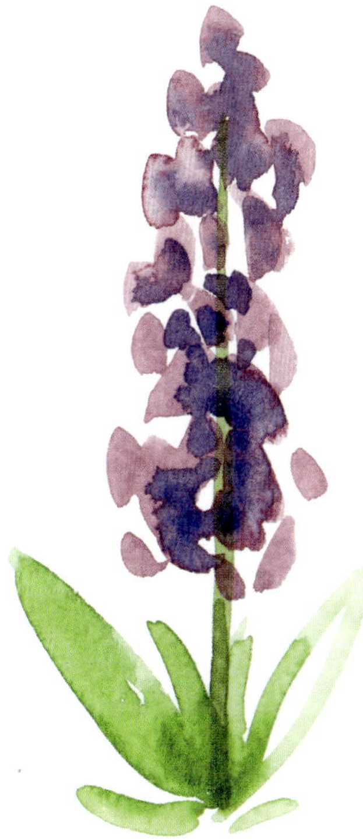

SO KANNST DU NOCH MEHR HERAUSHOLEN:

Probiere dich hier an warmen und kalten Violetttönen aus. Ich bringe oft sehr unterschiedliche Violett- und Blautöne in meine Lavendelblüten ein. So kann ich Licht und Schatten imitieren, und die Blüten wirken sehr natürlich. Das macht das Bild spannend und für den Betrachter ästhetisch ansprechend. Probiere neue und einzigartige Lavendel-Kompositionen aus: hängend, in einer Vase, auf einem Feld, in einem Kranz …

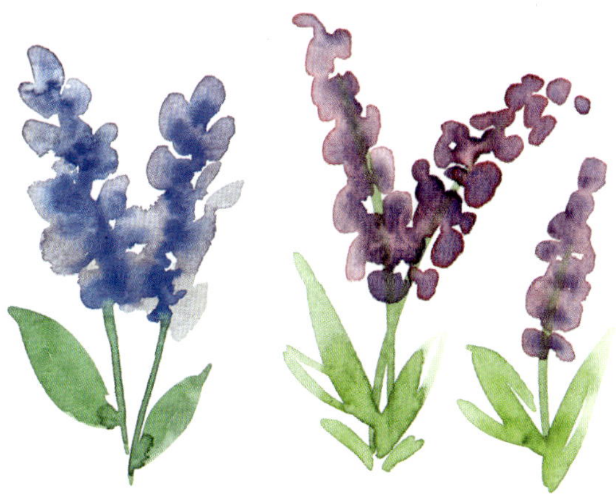

Seerose

Seerosen inspirieren seit jeher Künstler und Illustratoren. Ich zeige dir in wenigen einfachen Schritten, wie du deine eigenen Seerosen malen kannst.

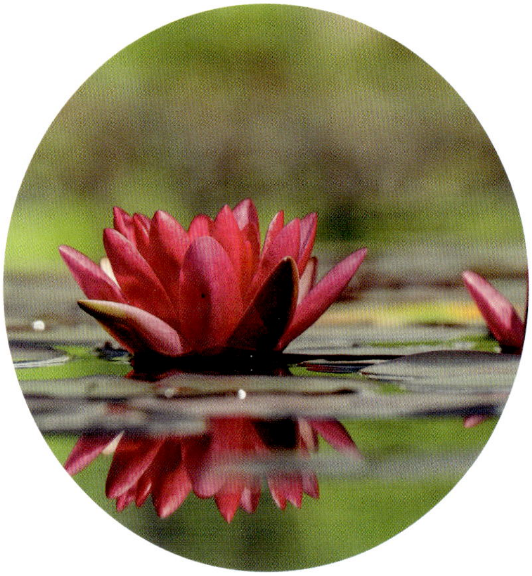

MATERIAL

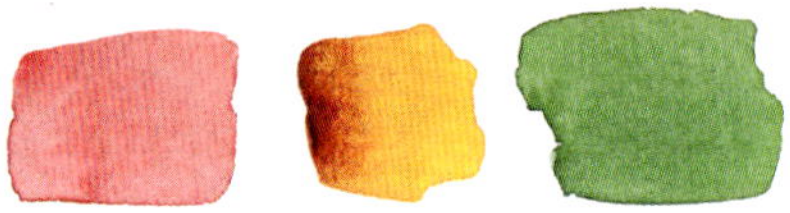

Farben: Pink, Gelb, Grün
Rundpinsel: Größe 8

1

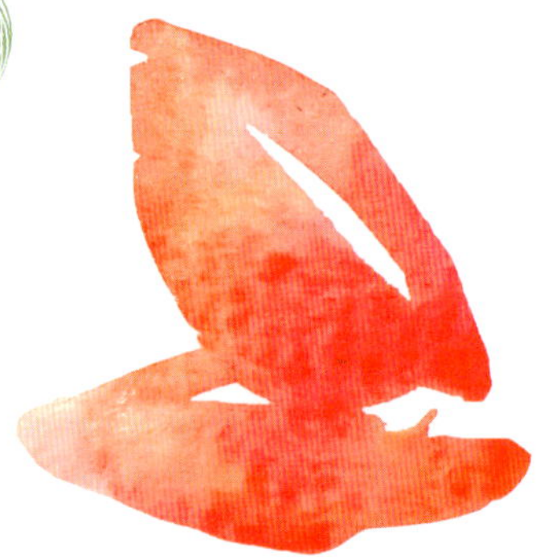

Mische Pink mit viel Wasser, sodass du ein ganz transparentes Rosa erhältst. Halte außerdem einen Gelbton auf deiner Mischpalette bereit. Nimm beide Farben auf deinen Pinsel auf und male zwei spitze Blütenblätter um einen gedachten Mittelpunkt.

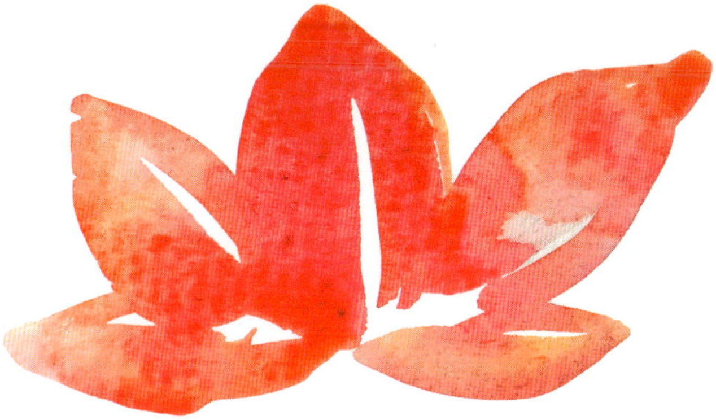

2

Male drei weitere Blütenblätter und lasse zwischen deinen Pinselstrichen kleine weiße Stellen stehen.

3

Unsere Seitenansicht der Seerose ist fast fertig. Wir bilden die hinteren Blüten der Seerose ab, indem wir kleinere, spitze Blätter auf unsere erste Blattreihe setzen. In die noch feuchte Farbe der zweiten Blütenblattreihe habe ich noch ein kräftigeres Pink gegeben, um Tiefenwirkung zu schaffen. Mit einem Grünton malst du zum Schluss einen kleinen Stängel und große, abgerundete Blätter.

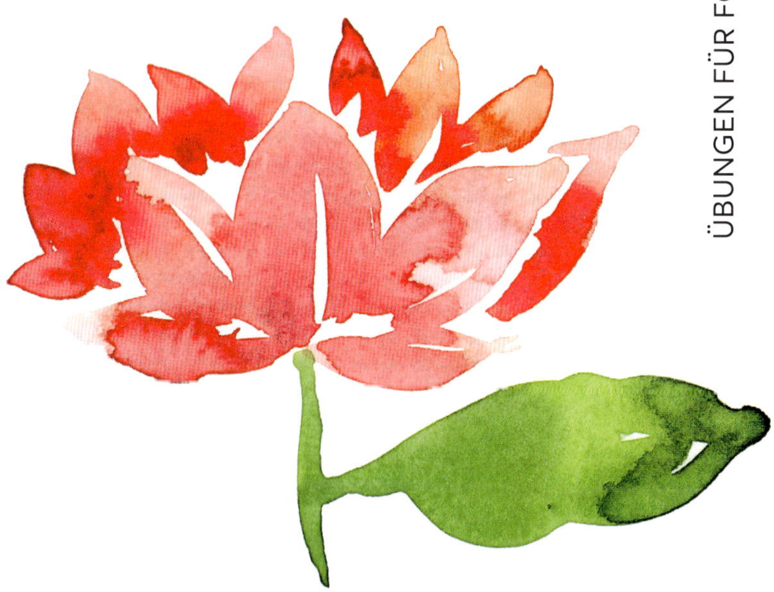

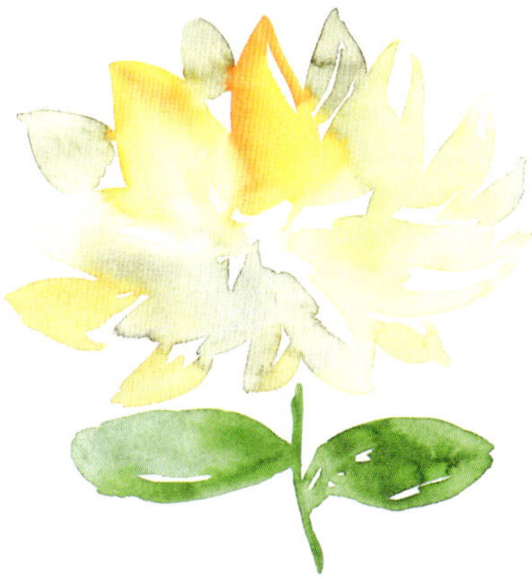

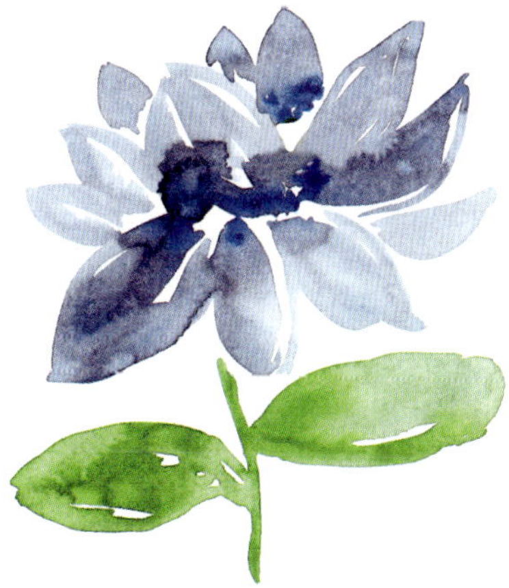

SO KANNST DU NOCH MEHR HERAUSHOLEN:

Die Farbvielfalt der Seerosenblüten ist endlos. Wenn ich unterhalb meines gedachten Mittelpunktes ebenfalls spitze Blütenblätter male, wirkt die Seerose offener und voller.

Chrysantheme

Auf den ersten Blick wirkt es ein wenig beängstigend, Chrysanthemen zu malen, weil sie aus ganz vielen einzelnen Blütenblättern bestehen. Ich zeige dir meinen Weg, wie eine wunderschöne Chrysantheme entsteht. Ähnlich wie bei der Rose arbeite ich die Chrysanthemen aus der Mitte ihrer Blüte heraus zu den äußeren Blütenblättern hin.

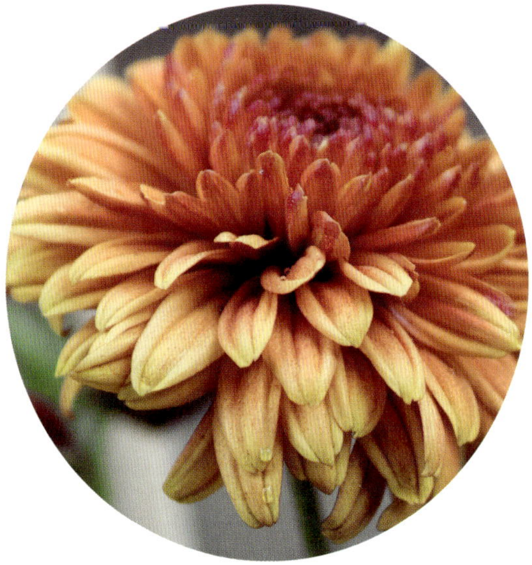

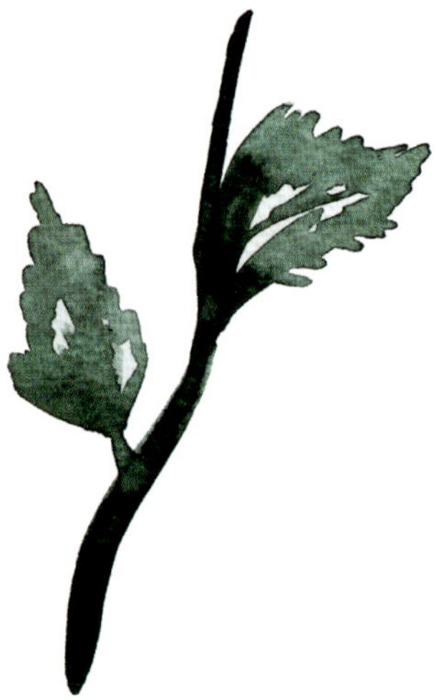

MATERIAL

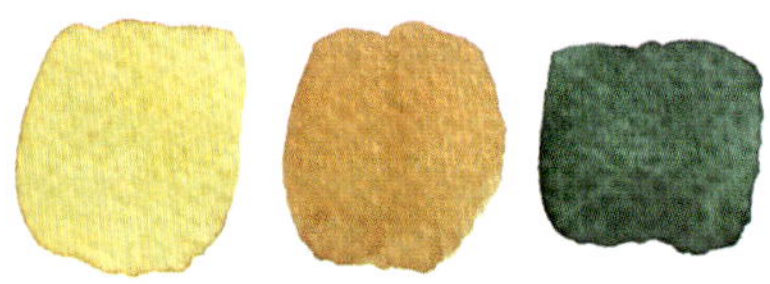

Farben: Gelb, Orange, Grün
Rundpinsel: Größe 8

1

Starte mit dem Stängel. Er ist nicht ganz gerade, sondern ein bisschen schräg. Die Blätter der Chrysantheme sind sehr charakteristisch und ähneln denjenigen der Rose (Seite 50). Male dafür einen grünen Strich. Setze rechts vom Strich bis zur Hälfte einen ausladenden Bauch, der nach vorne hin in zackigen Wellenlinien zur Blattspitze wird. Wiederhole das Ganze für die linke Seite. Lasse einen kleinen weißen Spalt stehen, der die Blattnarbe vorgibt.

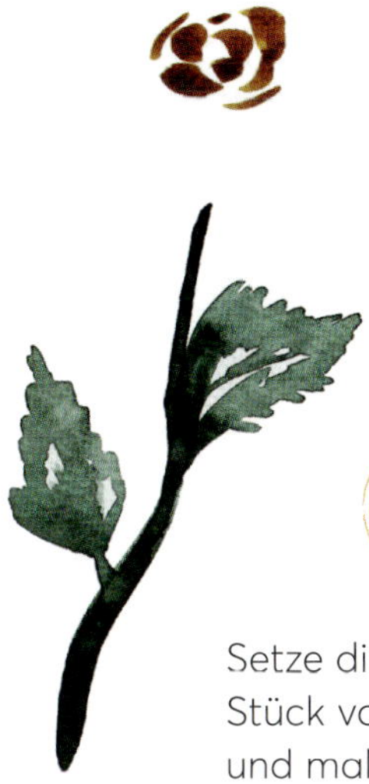

2

Setze die Mitte der Blüte ein Stück vom Stiel entfernt an und male einen kleinen Halbkreis. Füge davon ausgehend abgerundete Striche an, wie bei einer Sonne.

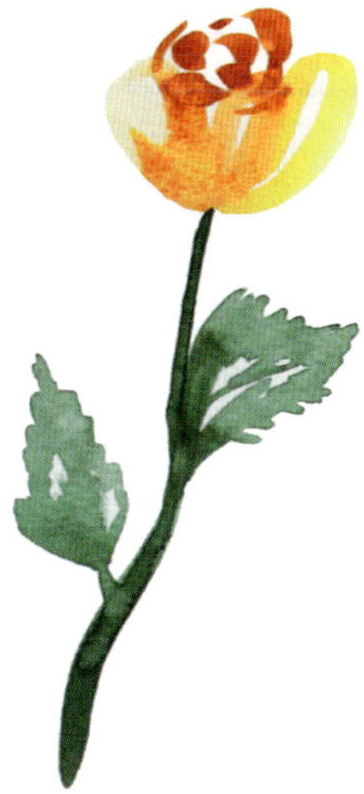

3

Male vom Stielende zur Blütenmitte längliche Tropfenformen. Die äußeren Tropfen sind dabei runder und länger, weil sie weiter außen sitzen.

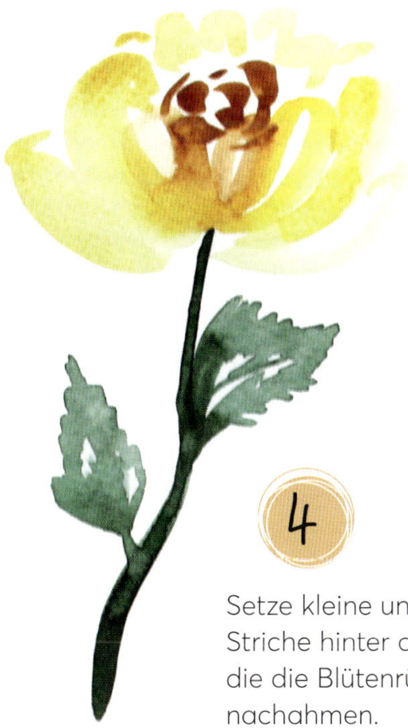

4

Setze kleine und kurze Striche hinter die Mitte, die die Blütenrückseite nachahmen.

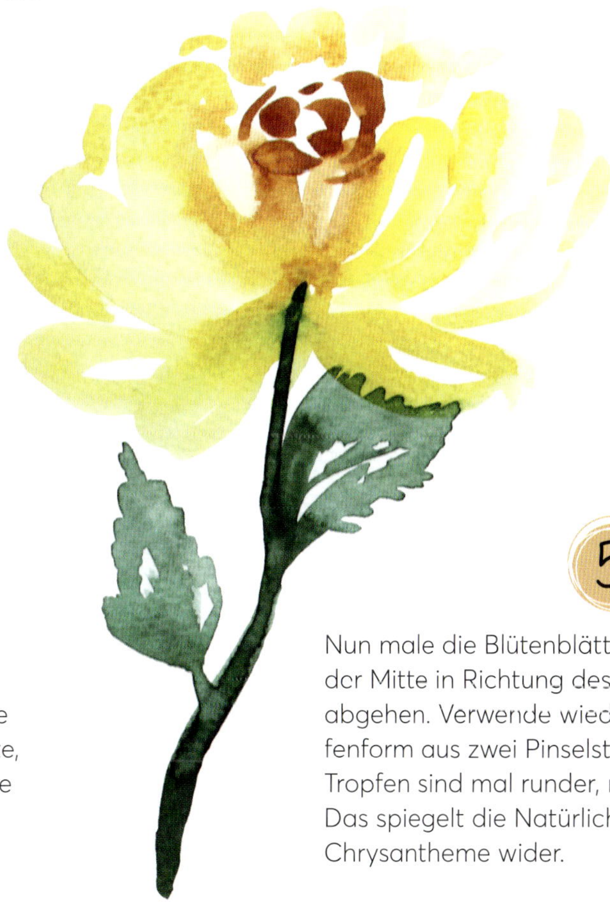

5

Nun male die Blütenblätter, die von der Mitte in Richtung des Stängels abgehen. Verwende wieder die Tropfenform aus zwei Pinselstrichen. Die Tropfen sind mal runder, mal spitzer. Das spiegelt die Natürlichkeit der Chrysantheme wider.

tULPe

Tulpen sind einfach großartig, weil sie in so vielen verschieden Farb- und Formkombinationen anzutreffen sind. Da kannst du deiner Lust am Farbenmischen einfach freien Lauf lassen und ganz viele neue Kompositionen ausprobieren.

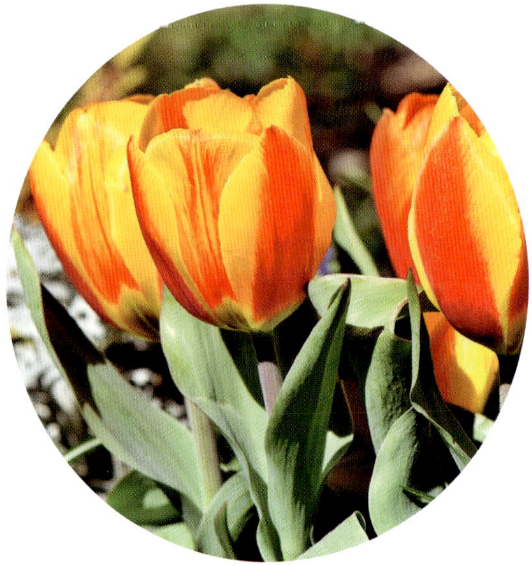

1 Male zuerst den Stängel der Tulpe, damit du eine Richtung für die Tulpenblüte bekommst. Die Blätter am Tulpenstiel sind lang und schmal.

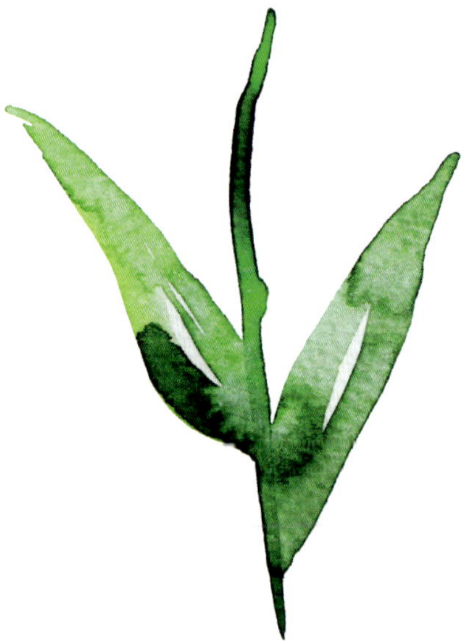

MATERIAL

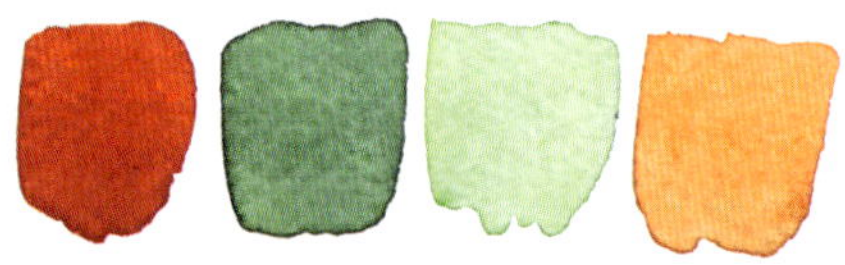

Farben: Rot, Grün, Gelbgrün, Orange
Rundpinsel: Größe 10

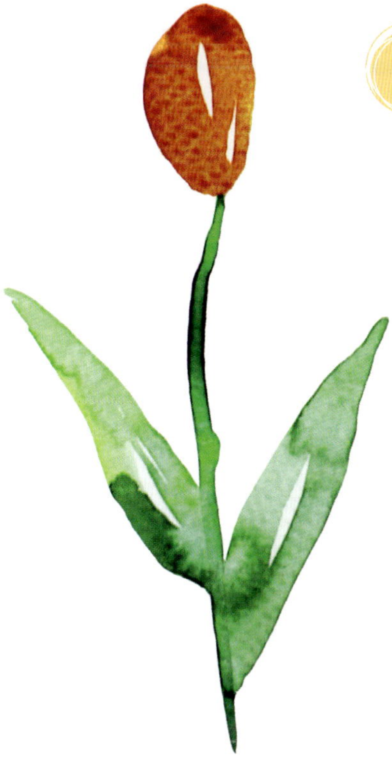

2

Setze den Pinsel für die Blüte mit roter Farbe am Ende des Stängels an. Gib viel Druck auf die Pinselspitze, um eine breite Tropfenform zu malen, die etwa 4 bis 5 cm lang ist.

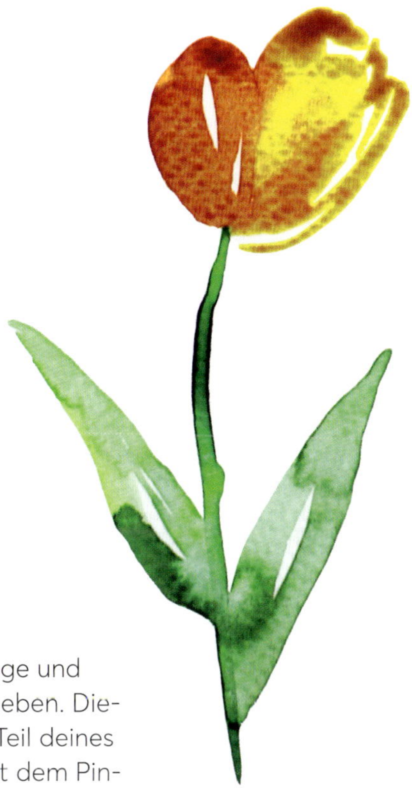

3

Mische in dein Rot etwas Orange und setze dieselbe Form direkt daneben. Dieses Mal kannst du am oberen Teil deines Tropfens kleine Wellenlinien mit dem Pinsel erzeugen. Wiederhole einen schmalen Tropfen für das äußerste Blütenblatt.

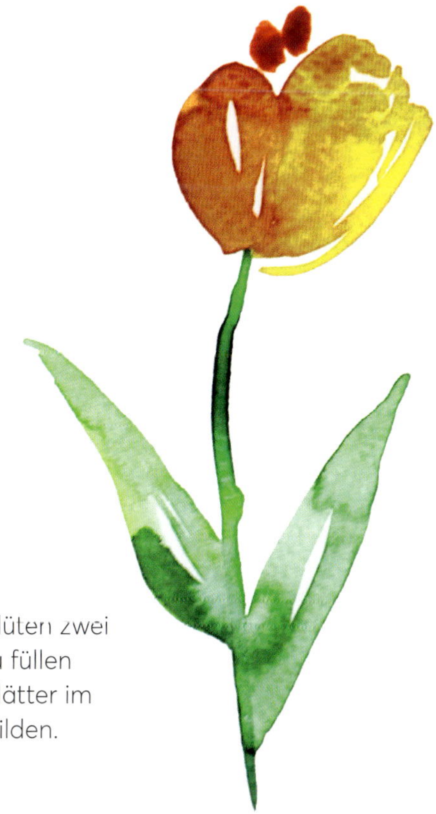

4

Male am oberen Ende der Blüten zwei kleine Ovale, um die Blüte zu füllen und kaum sichtbare Blütenblätter im Hintergrund der Blüte abzubilden.

Dahlie

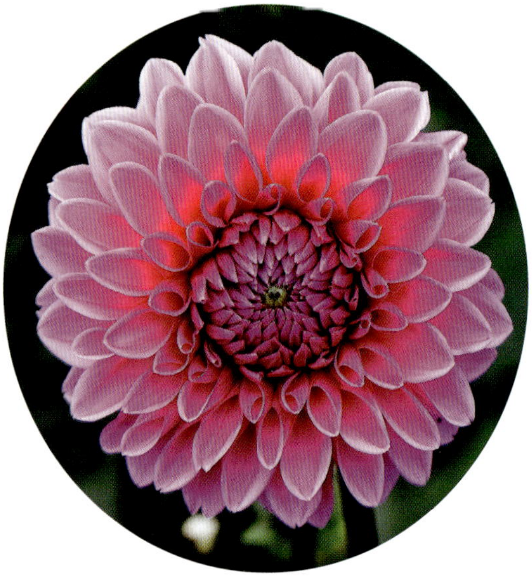

Die Dahlie ist eine echte Herbstblume und nicht nur ein Klassiker in Gartenbeeten, sondern auch in Vasen auf dem Kaffeetisch.

MATERIAL

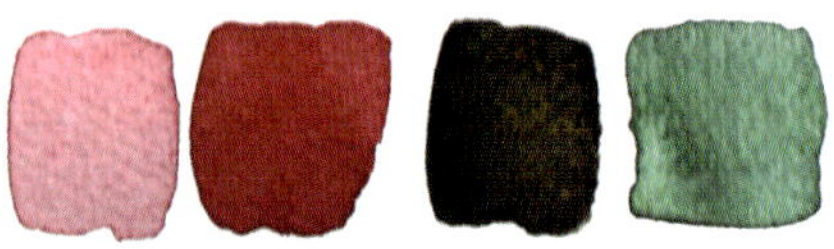

Farben: Hellviolett, Dunkelviolett, Grün, Hellgrün
Rundpinsel: Größe 8

1

Der Stiel ähnelt derjenigen der Chrysantheme. Male an den Stiel zwei Blätter, ähnlich den zackigen Rosenblättern (Seite 50).

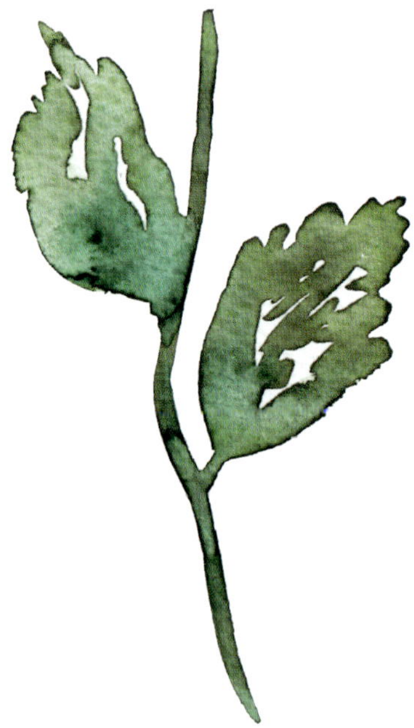

2

Beginne in der Mitte der Blüte mit leichtem Auftippen deines Pinsel im Farbton Dunkelviolett. Dabei sollten ovale, mandelförmige Formen entstehen.

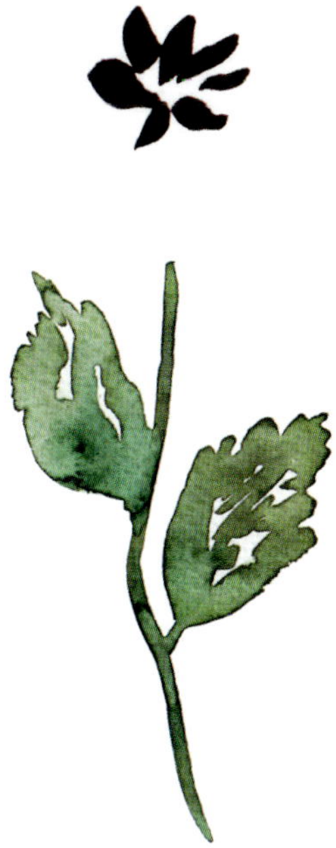

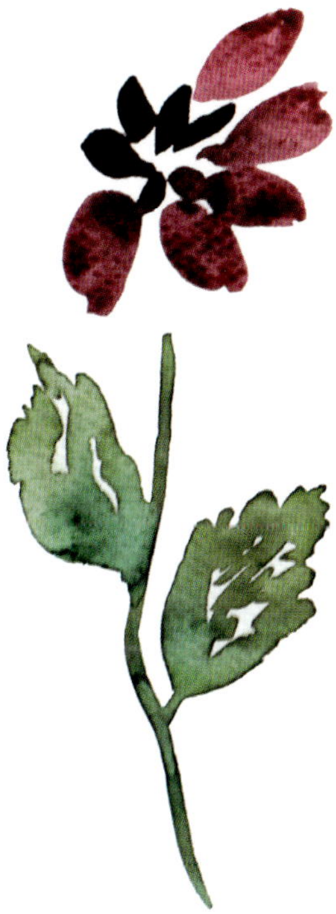

3

Nach außen hin werden die Blütenblätter immer größer und heller. Auch hier imitierst du die größeren Blüten mit den mandelförmigen Formen, übst aber mehr Druck auf den Pinsel aus.

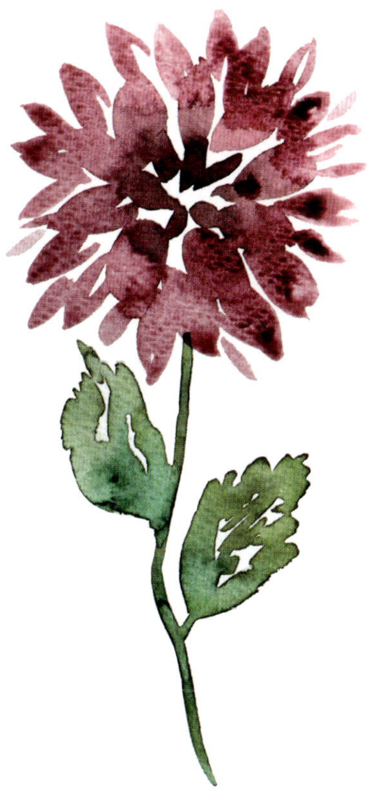

4

Die äußersten Blütenblätter der Dahlie laufen spitz zusammen. Orientiere dich hierbei an der Form der Basic-Blätter #2 (Seite 48).

Pfingstrose

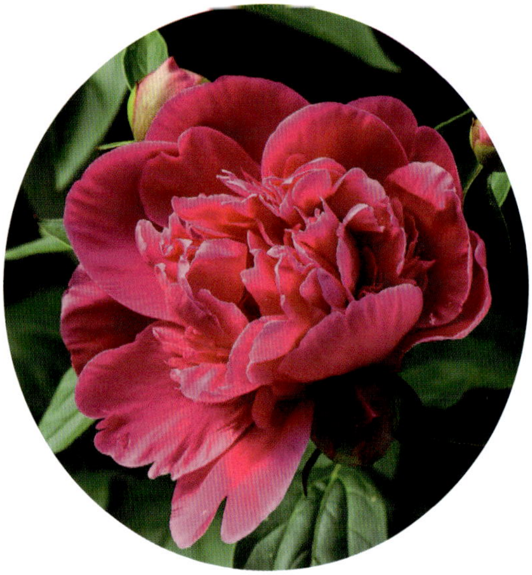

MATERIAL

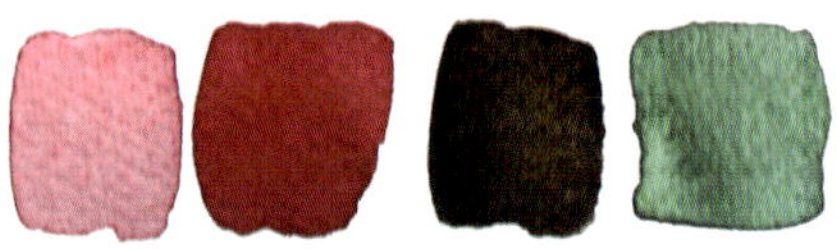

Farben: Rosa, Pink, Braun, Grün
Rundpinsel: Größe 10

Hier geht es nicht darum naturgetreue Pfingstrosen zu malen und jedes einzelne Blütenblatt hervorzuheben. Ich zeige dir hier lediglich ein Beispiel, wie du sie malen kannst. In der Variation sind dir keine Grenzen gesetzt und ich empfehle dir, ganz viel auszuprobieren.

1

Den Anfang bildet ein grüner Stängel mit zwei abgehenden Blättern.

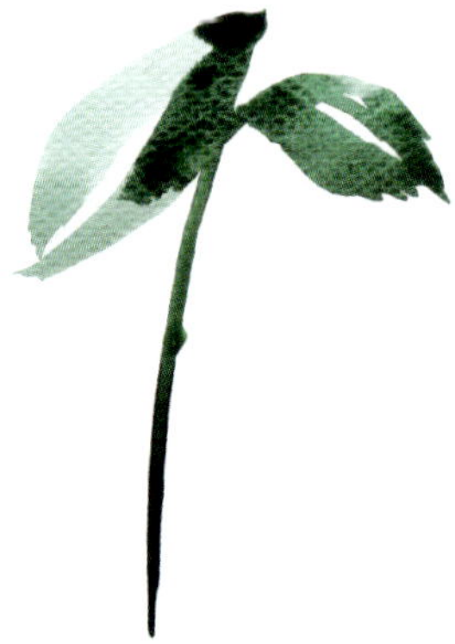

2

Male anschließend ein dreiblättriges, großes Blütenblatt um einen gedachten Mittelpunkt. Setze ein zweites Blütenblatt daneben, nur deutlich kleiner. Spare den Zwischenraum aus – das definiert deine Blütenblätter. Diese Blüten sind deine kräftigsten in der Farbe, hier in Pink. Nach außen hin wird die Pfingstrose deutlich heller bis zu einem hellen Rosaton.

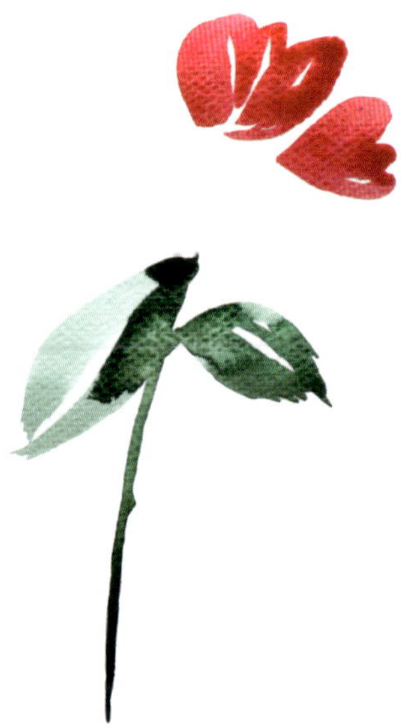

3 Die großen Blütenblätter im Vordergrund verdecken den gedachten Mittelpunkt und liegen leicht schräg im Bild.

4 Mit kleinen und großen welligen Pinselstrichen deute die Blüten weiter im Hintergrund an. Lasse das Bild trocknen. Male zwei kurze, dicke, grüne Striche in die Mitte der Pfingstrose. Erneut trocknen lassen.

5 Mit einem Braun kannst du nun dünne, ungleichmäßige Striche aus dem Mittelpunkt heraus malen.

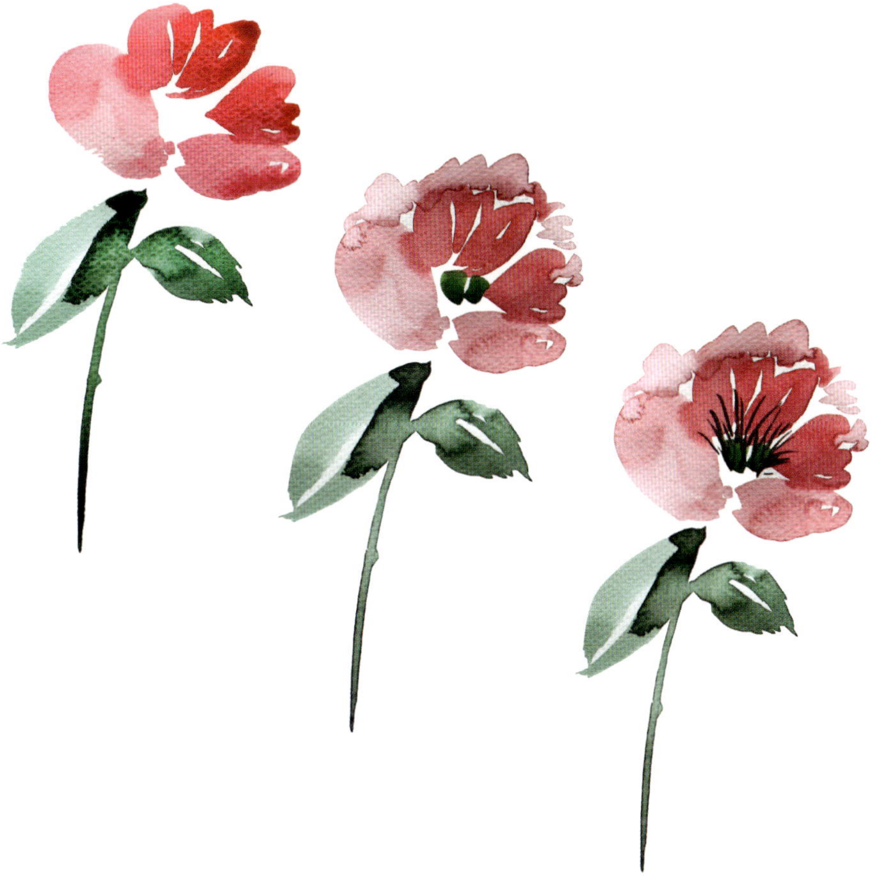

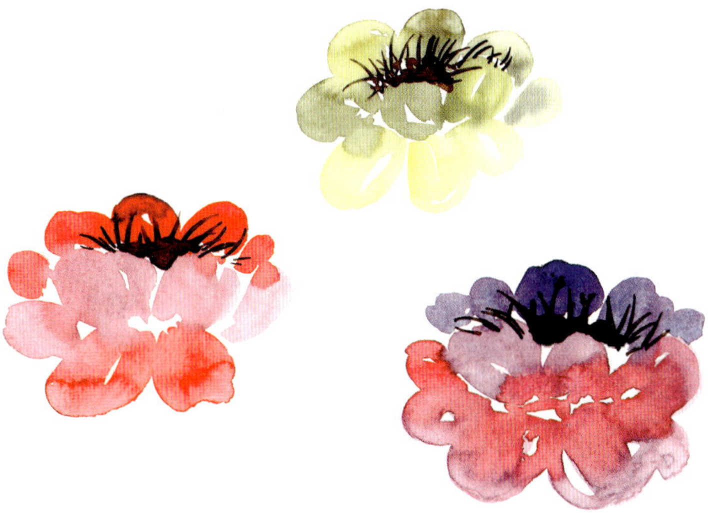

SO KANNST DU NOCH MEHR HERAUSHOLEN:

Das ist nur eine Möglichkeit, Pfingstrosen zu malen. Aber nicht alle Pfingstrosen müssen genauso aussehen. Du kannst die Blütenanzahl und -positionen verändern, mehr oder weniger Farbe hinzugeben und so deinen ganz eigenen floralen Stil entwickeln.

Hyazinthe

Hyazinthen bestehen aus ganz vielen kleinen Blütenblättern. Du kannst diese ganz leicht nachahmen, indem du deinen Pinsel einfach auf das Papier drückst. Wir wollen nicht die allerkleinsten Details malen, sondern die Form und Farbe der Hyazinthe zu einem Gesamtwerk verbinden.

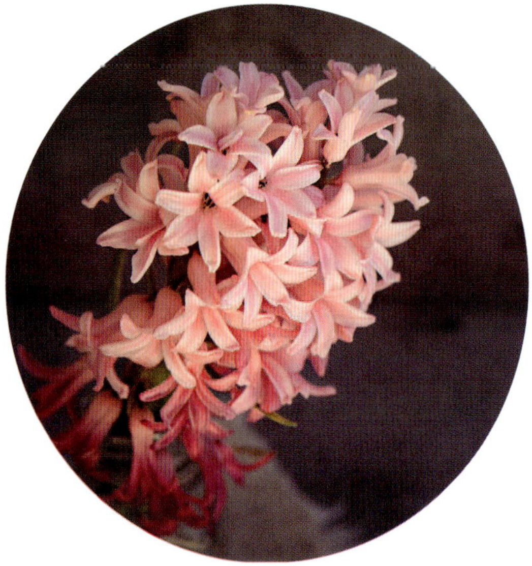

MATERIAL

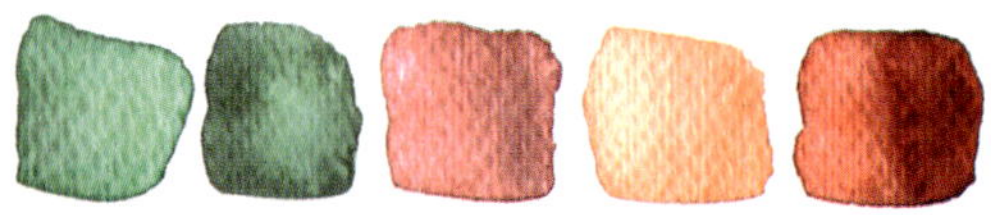

Farben: Hellgrün, Grün, Rosa, Apricot, Rot
Rundpinsel: Größe 10

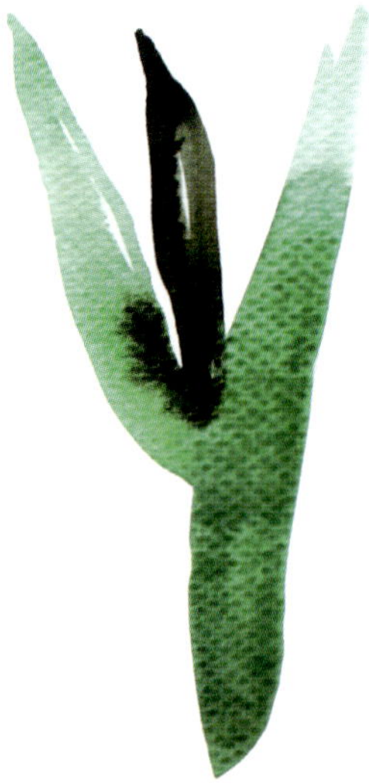

1

Starte wieder mit dem Stängel und zwei ganz schmalen Blättern.

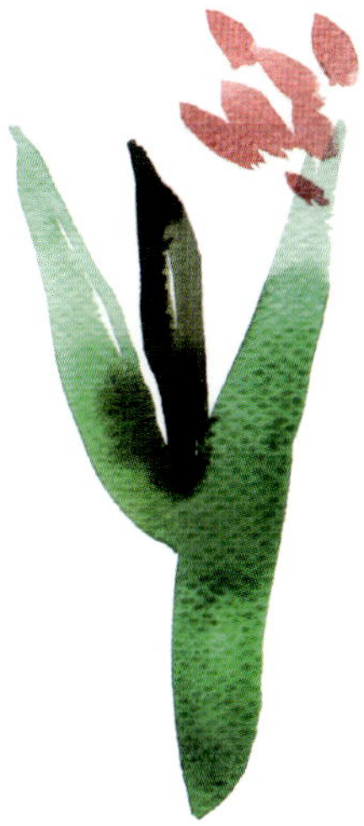

2

Setze an das obere Ende des Stängels längliche Pinseltupfer in Pink, die ganz leicht nach außen verlaufen.

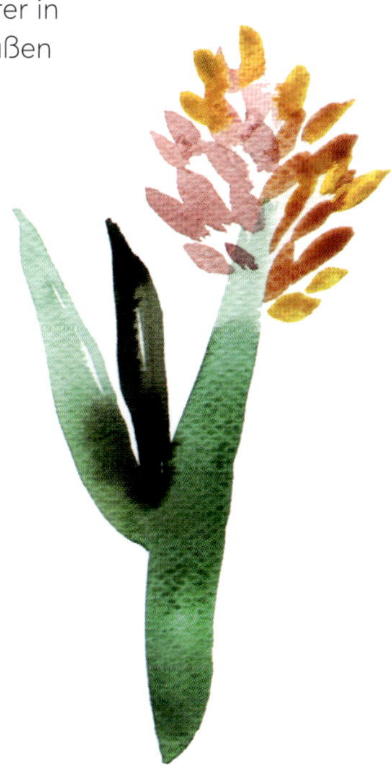

3

Hyazinthenblüten werde nach oben hin breiter. Je weiter du dich mit den Tupfen nach oben arbeitest, desto mehr kannst du andere Farbtöne wie Orange und Gelb in deine Tupfen einarbeiten.

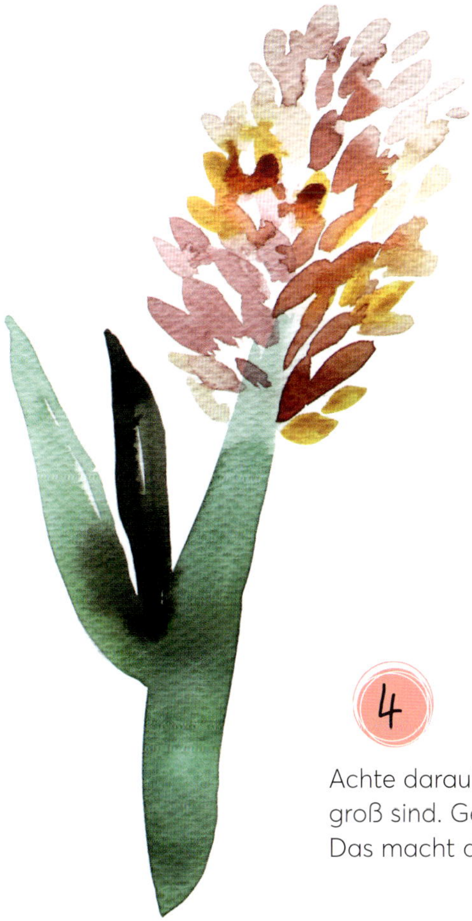

4

Achte darauf, dass deine Tupfen nicht alle gleich groß sind. Gestalte sie mal kleiner und mal größer. Das macht dein Bild spannender und lebendiger.

hiBiSKUS

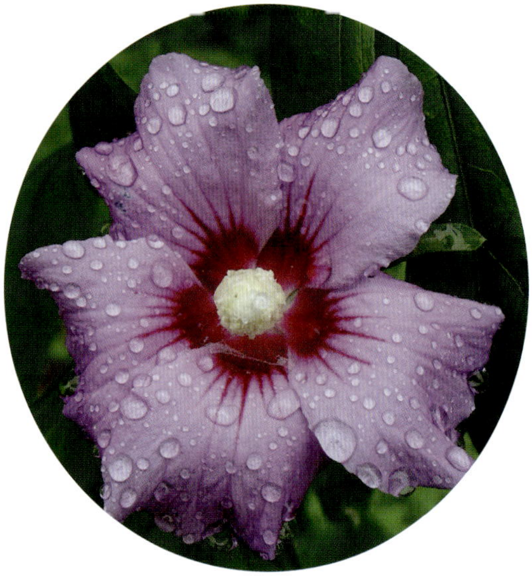

Eine Hibiskusblüte verbreitet wahrlich Urlaubsfeeling – und das nicht nur aufgrund ihrer exotischen Form, sondern weil sie besonders in tropischen und subtropischen Regionen beheimatet ist.

MATERIAL

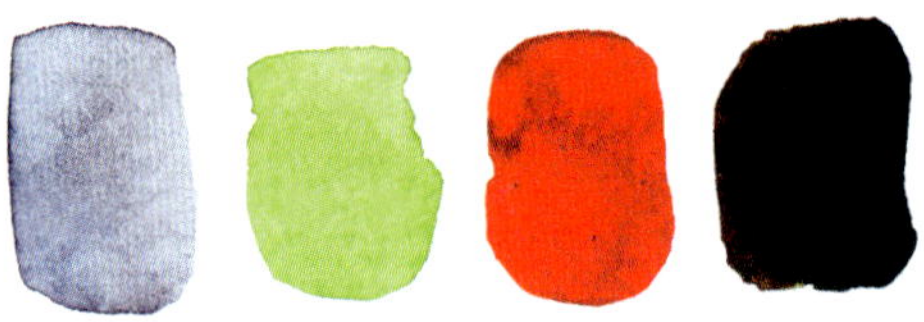

Farben: Blau, Gelbgrün, Rot, Schwarz-
Rundpinsel: Größe 10

1

Den Anfang bilden dieses Mal zwei breite Blütenblätter, die am äußeren Rand wellig sind und zu einem Mittelpunkt führen.

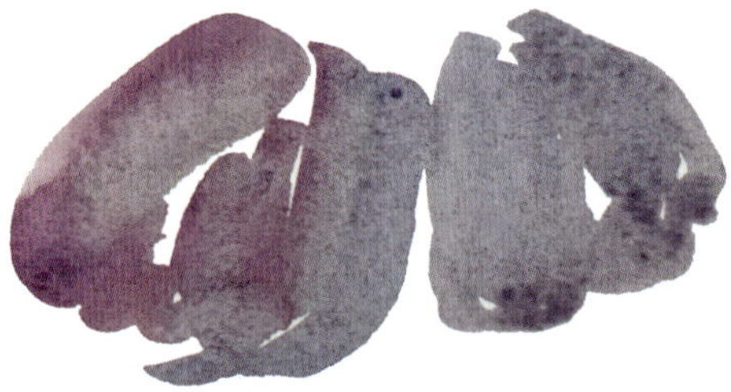

2

Vollende die Blüte zu einer Kreisform, indem du weitere Blütenblätter anfügst. Achte darauf, weiße Stellen stehenzulassen. Das gibt der Blüte ihr natürliches Aussehen.

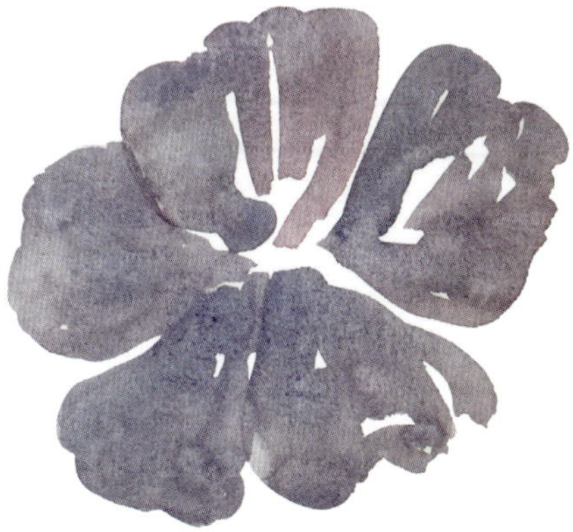

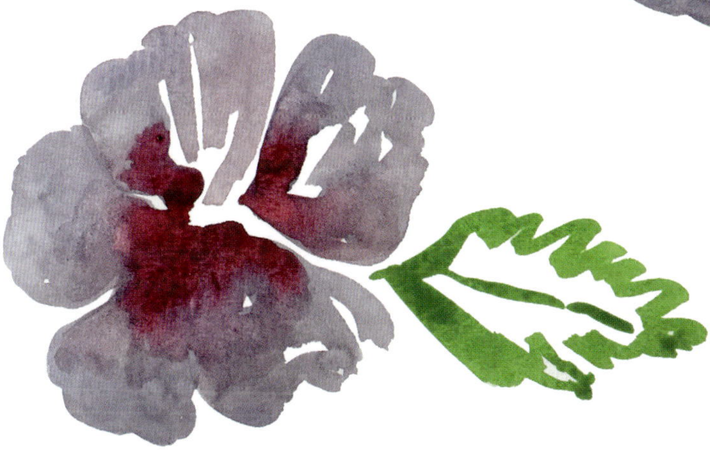

3

Wenn du schnell arbeitest, ist die Farbe noch feucht und du kannst einen kräftigen Rotton in die Mitte deiner Blüte geben. Füge mit einem Grünton die Umrisse eines Blattes an und male sie aus.

4

Ist die Farbe getrocknet, kannst du mit Schwarz den Stempel malen, der aus der Kreismitte der Hibiskusblüte wächst. Tupfe am Ende des Stempels 10 bis 15 kleine, schwarze Punkte um die Blütennarbe herum.

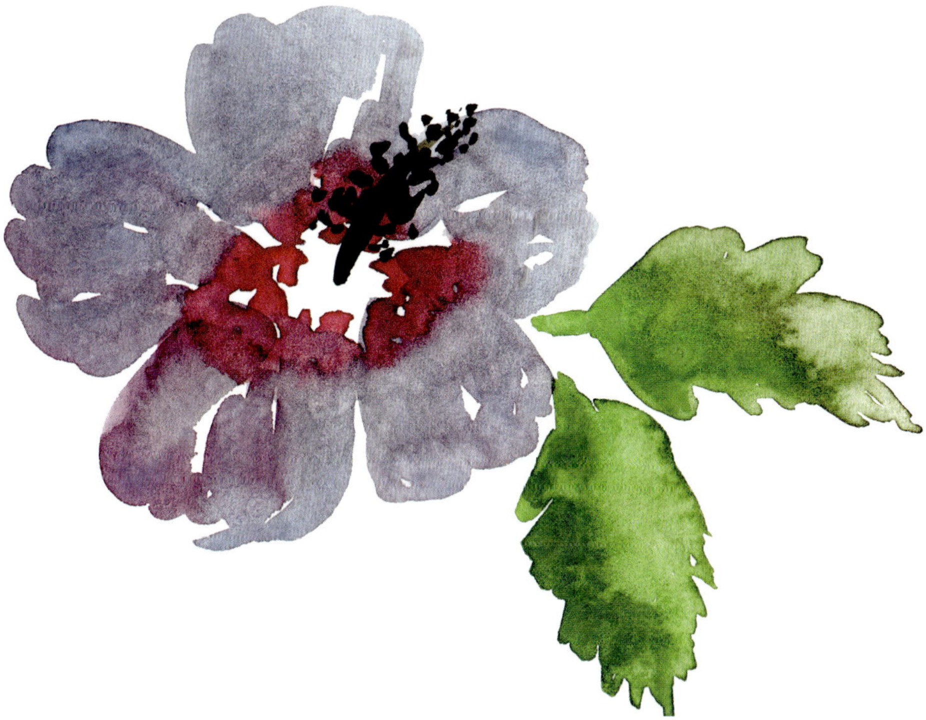

MOHNBLUME

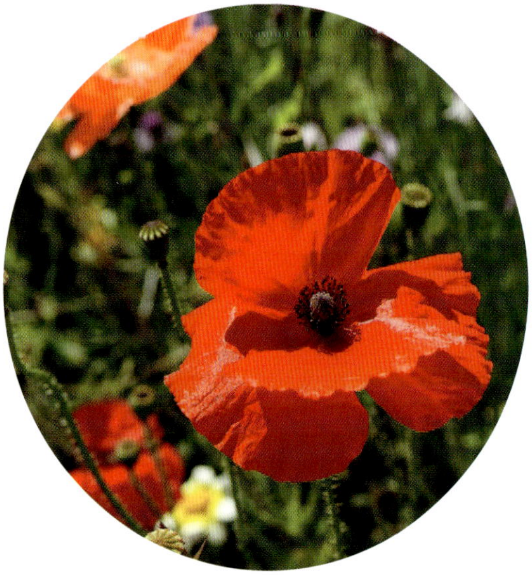

Aus einer Blumenwiese sticht die auffällige Mohnblume immer hervor. Das leuchtende Rot des Klatschmohns, die zarten Blütenblätter und der Kontrast der schwarzen Mohnkapsel sind so markant wie bei keiner anderen Blume.

MATERIAL

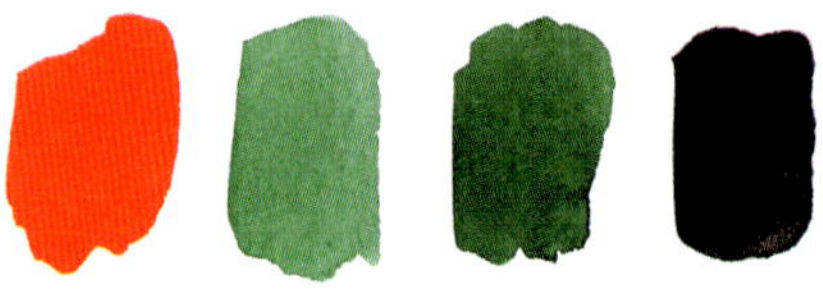

Farben: Rot, Gelbgrün, Grün, Schwarz
Rundpinsel: Größe 8

1

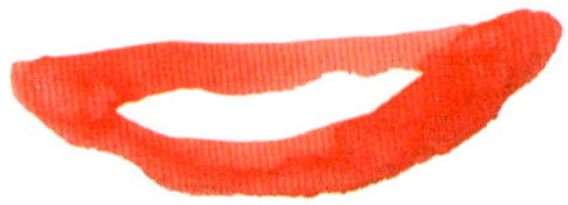

Wir malen eine halb geöffnete Blüte. Dafür legst du das vordere Blütenblatt perspektivisch kleiner an als die restlichen. Nimm einen länglichen Halbmond zum Vorbild.

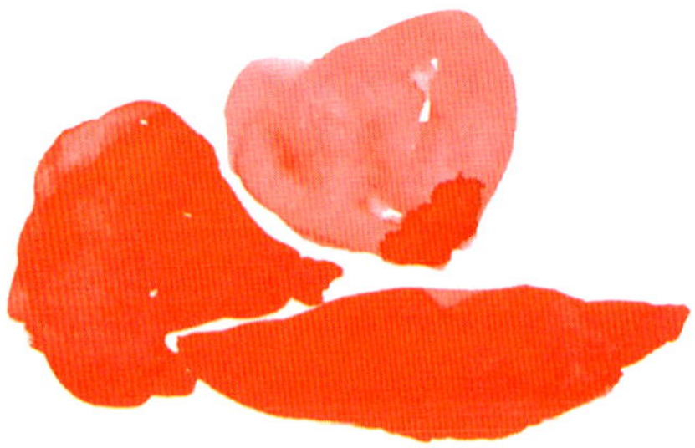

2

Aus dem gedachten Mittelpunkt malst du zwei lockere, breite Schlaufen.

3

Ergänze eine weitere Schlaufe und rechts an der Seite ein kleines Oval, das ebenfalls ein seitliches Blütenblatt darstellt. Male anschließen den Stängel mit seinen beiden zweigartigen Blättern.

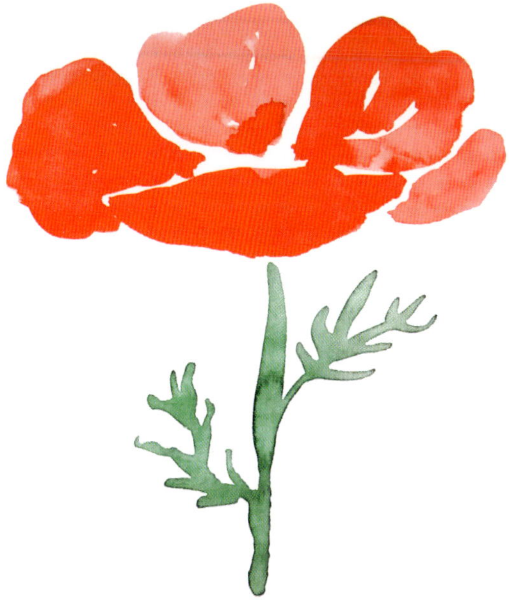

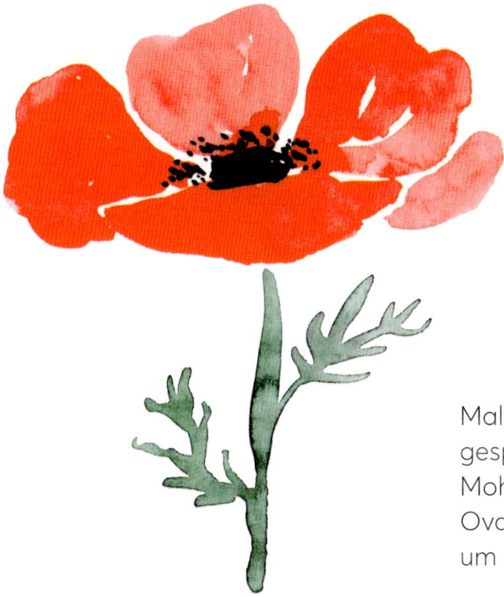

4

Male zum Schluss in die ausgesparte Mitte die schwarze Mohnkapsel in Form eines Ovals und setze kleine Punkte um den schwarzen Klecks.

SO KANNST DU NOCH MEHR HERAUSHOLEN:

Probiere dich an der Mohnblume mit verschiedenen Perspektiven aus. Hier habe ich neben einer Draufsicht auch eine Seitenansicht gemalt.

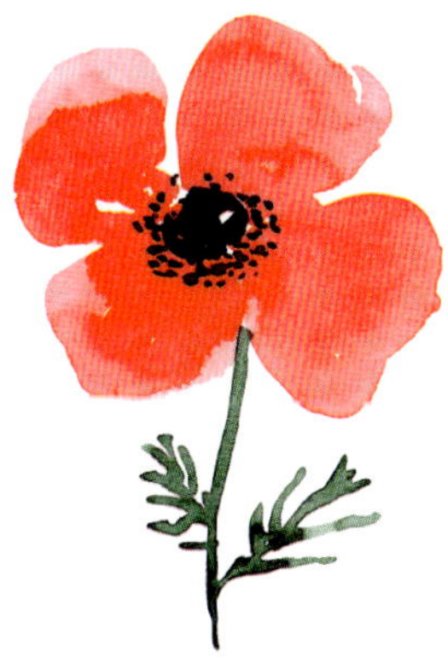

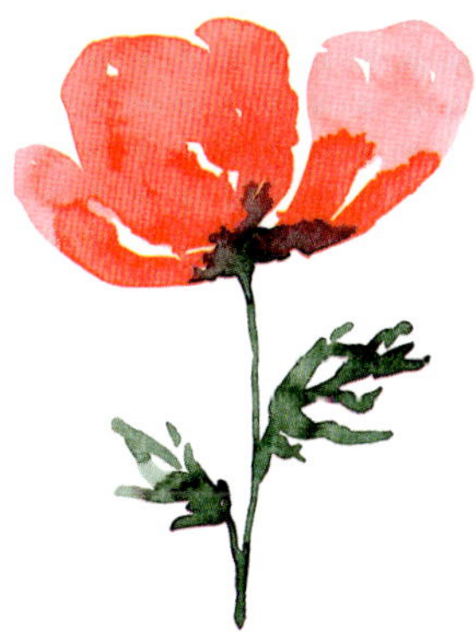

Die Kombi macht's

Na, bist du nach all dem, was du ausprobiert, geübt und gelernt hast, nun auch mächtig gespannt, wie es weitergeht? Dann bist du hier richtig, wir gehen nämlich jetzt in die letzte Phase über. Und die wird fantastisch! Wir werden noch einmal so richtig kreativ und kombinieren verschiedene Blüten und unterschiedliche Blätter zu wundervollen Kunstwerken. Was die Formen und Farben betrifft, sind uns da keine Grenzen gesetzt. Bereit? Los geht's!

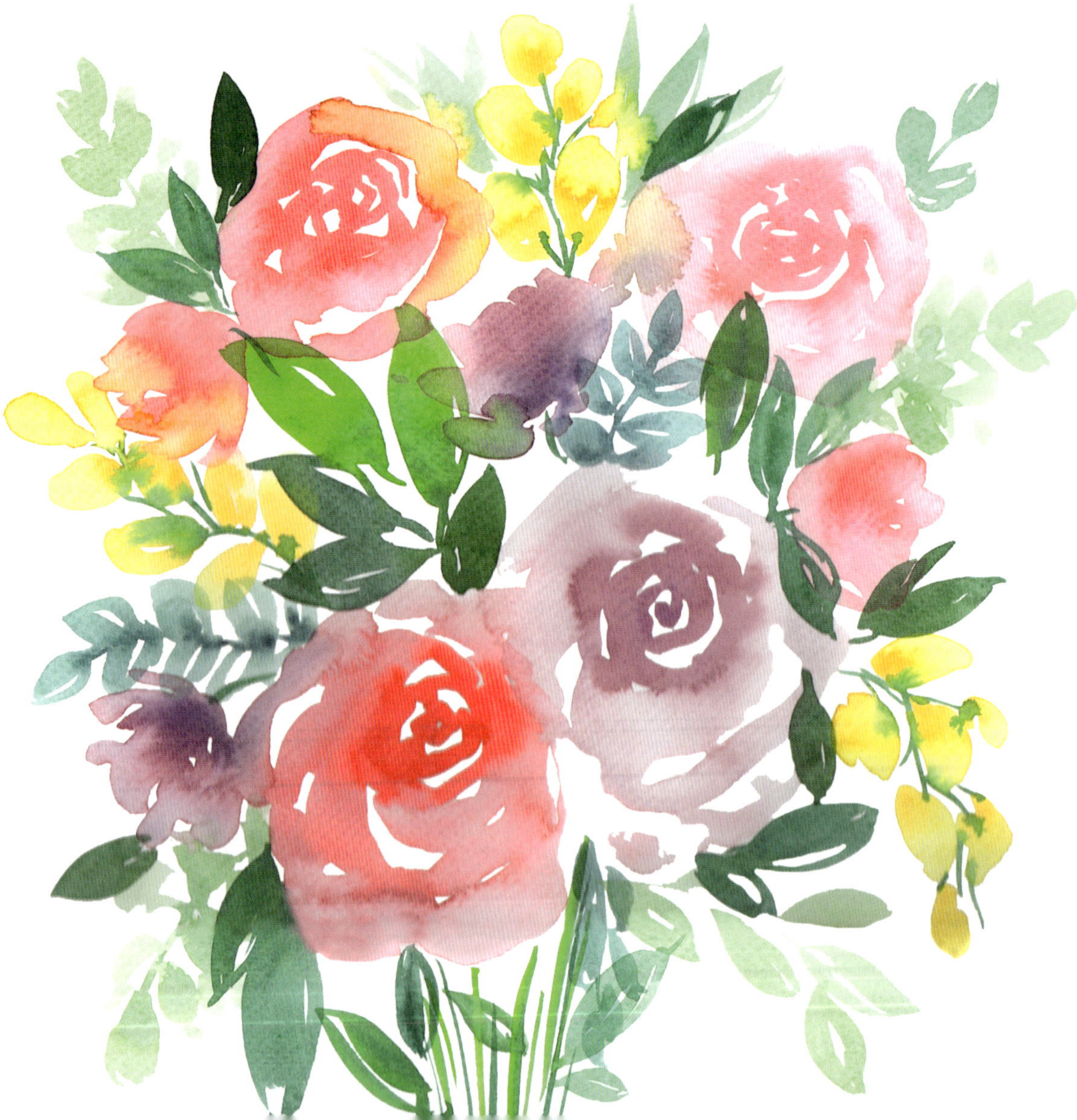

Projekt #1 Bouquet

Wir beginnen mit einem traditionellen Blumen-Bouquet. Hier geht es vor allem darum, ein Gefühl dafür zu bekommen, wie du Blüten und Blätter nebeneinander gekonnt in Szene setzen kannst. Inspiration hole ich mir gerne von Blumensträußen aus der Natur, aus Büchern oder direkt aus dem Blumenladen.

MATERIAL

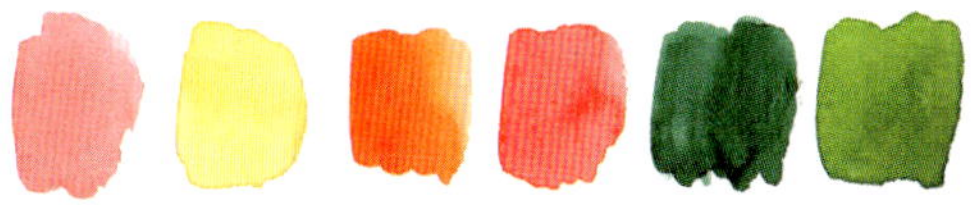

Farben: Rosa, Gelb, Orange, Pink, Dunkelgrün, Hellgrün
Rundpinsel: Größe 6 und 8

TIPP

Da du hier ohne eine Vorskizze gestaltest, ist es einfacher, zuerst die Blüten zu malen und danach die Blätter. Du kannst ihre Größe variieren, daher eignen sie sich nämlich gut als spätere Lückenfüller oder um ungleiche Formen auszugleichen.

1

Beginne zuerst, die Blüten schön anzuordnen. Bei der Rose, deren Anleitung du auf Seite 61 findest, habe ich mich für einen rosaroten Farbton entschieden.

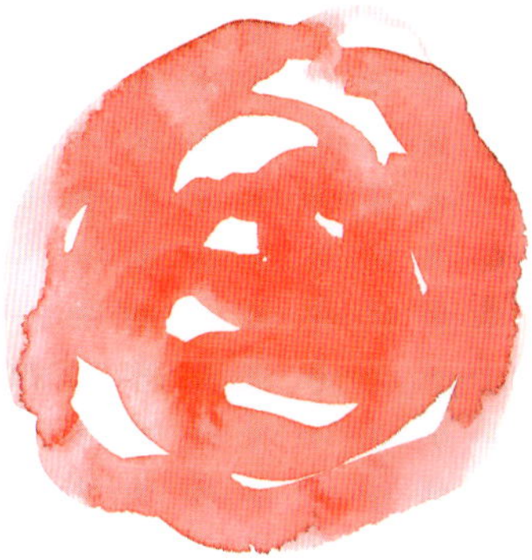

2

Male nun rechts neben die Rose zwei gelbe Blüten mit je fünf Blütenblättern. Eine der Blüten befindet sich leicht versteckt hinter der Rose – achte deshalb darauf, von zwei der fünf Blütenblätter nur die sichtbaren Bereiche zu malen. Gib jeweils eine kleine Pinselspitze Orange an den inneren Rand der gelben Blüten, solange die Farbe noch feucht ist.

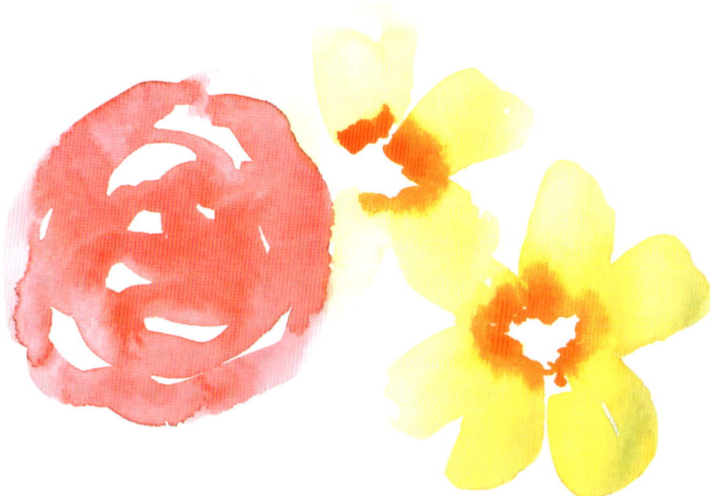

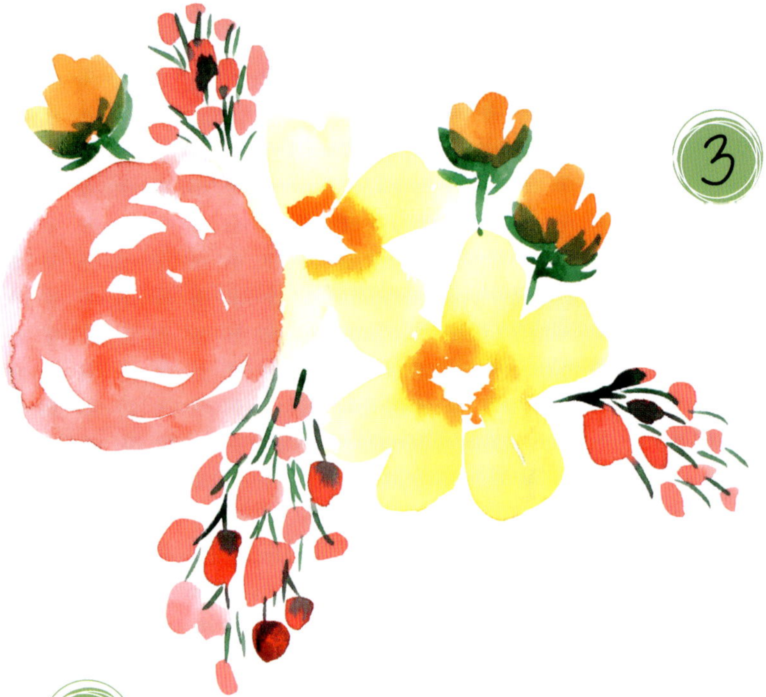

3

Im dritten Schritt fügst du dem Bouquet zunächst drei orangefarbene Knospen hinzu. Sie bestehen jeweils aus drei kleinen Pinselstrichen, die eng nebeneinander liegen. Den grünen Knospenansatz mit Stängel malst du ähnlich wie einen umgekehrten Hut an das untere Ende der Knospen.
Die doldenartigen Blüten bestehen aus roten, ovalen Pinseltupfen, die wie ein Strauß angeordnet sind. Verbinde die roten Tupfen mit dünnen, grünen Strichen.

4

Nun widmest du dich den Blättern. Verteile zunächst einige mit einem hellen Grünton gemalte Blätter rund um die Blüten. Nachdem diese getrocknet sind, malst du vereinzelt dunkelgrüne Blätter etwas versetzt darüber. Das gibt dem Bouquet Fülle und Tiefenwirkung. In der Zwischenzeit sind auch die Blüten gut getrocknet und wir können die Stempel malen.

Das Bouquet kannst du nun als eigenständiges Kunstwerk aufhängen oder mit einem tollen Lettering an eine liebe Person verschenken.

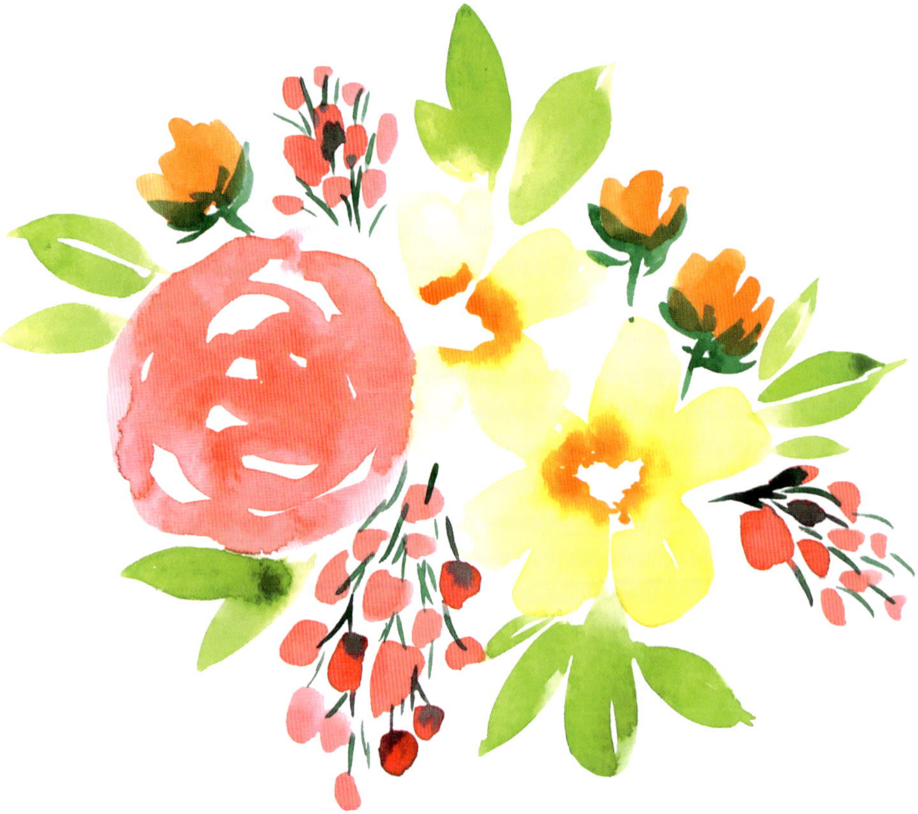

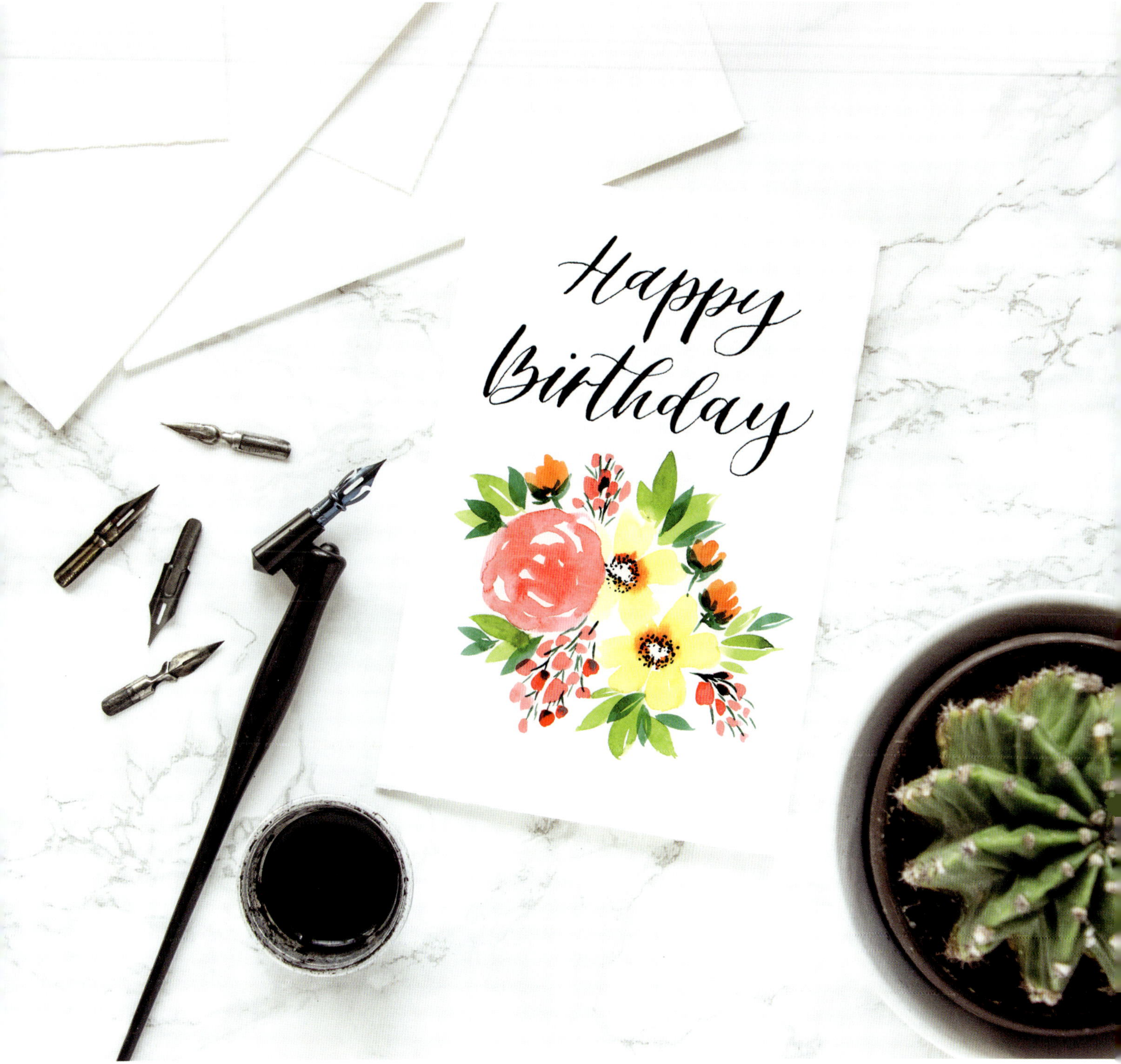
Happy
Birthday

Projekt #2
Blumige Einladungskarte

MATERIAL

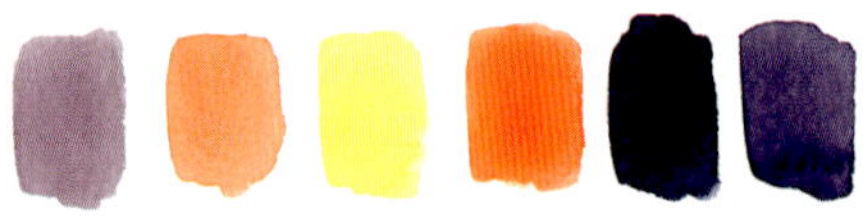

Farben: Violett, Apricot, Gelb, Orange, Dunkelbalu, Blauviolett
Rundpinsel: Größe 6 und 8

Dieses blumige Motiv ist perfekt für eine DIN-A5-Klappkarte geeignet. Das Tolle an unseren Blumen und Blättern ist, dass wir sie malen können, wie wir wollen. Für unser neues Motiv habe ich mich für gelbe und orangefarbene Blüten entschieden. Dafür bekommen die Blätter hier einen Blauton. Eine spannende Farbkombination für eine ganz besondere Karte.

TIPP

Verwende Aquarellpapier mit einer Grammatur von mindestens 300g/m², damit sich die Karte nach dem Auftragen der Aquarellfarbe nicht wellt. Alternativ kannst du auch schon vorhandenes Aquarellpapier einfach zuschneiden und zu einer Karte falten.

1

Zeichne mit einem Bleistift zwei parallele, etwa 11cm lange Linien. Der Abstand zwischen den Linien sollte etwa 4cm betragen. Ziehe nun die Bleistiftlinien mit einem alten Pinsel und Maskierflüssigkeit nach. Versuche, dabei so präzise wie möglich zu arbeiten. Lasse den Mask Liner nach Packungsanweisung trocknen.

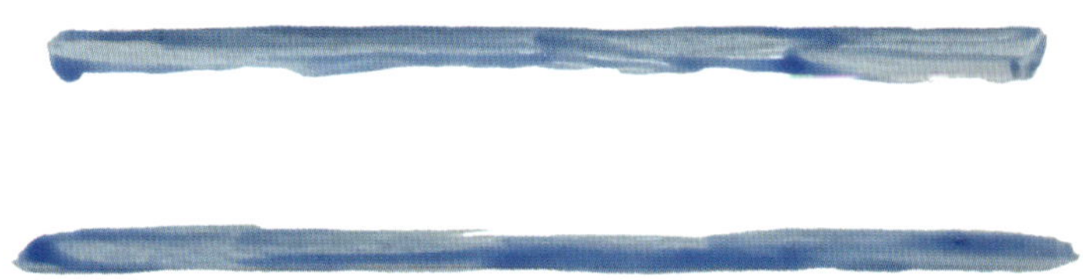

2

Male nun jeweils ober- und unterhalb der Rubbelkrepplinien eine Dahlie in einem Gelborangeton (siehe Seite 72). Mit ein wenig Abstand platzierst du anschließend zwei „halbe" Pfingstrosen in einem Hellorange.

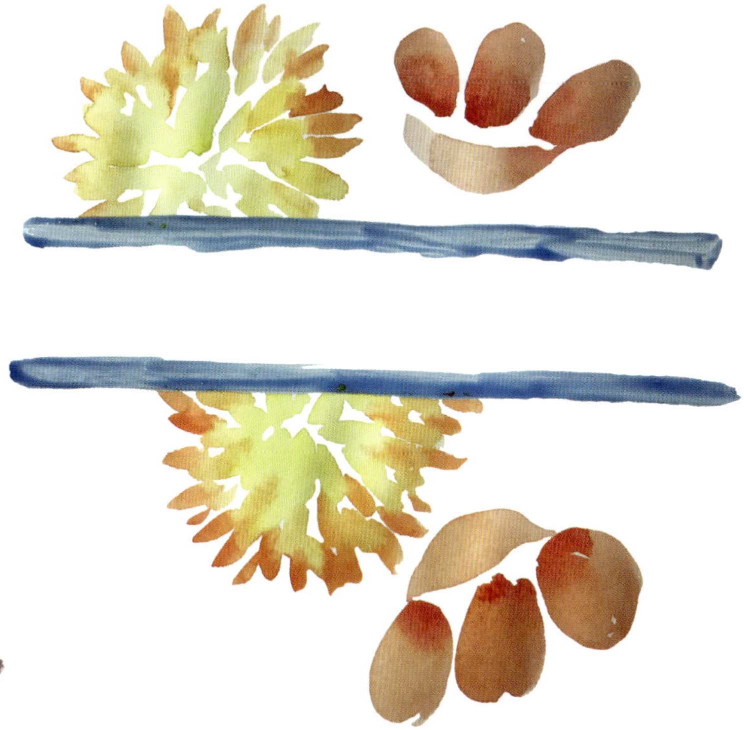

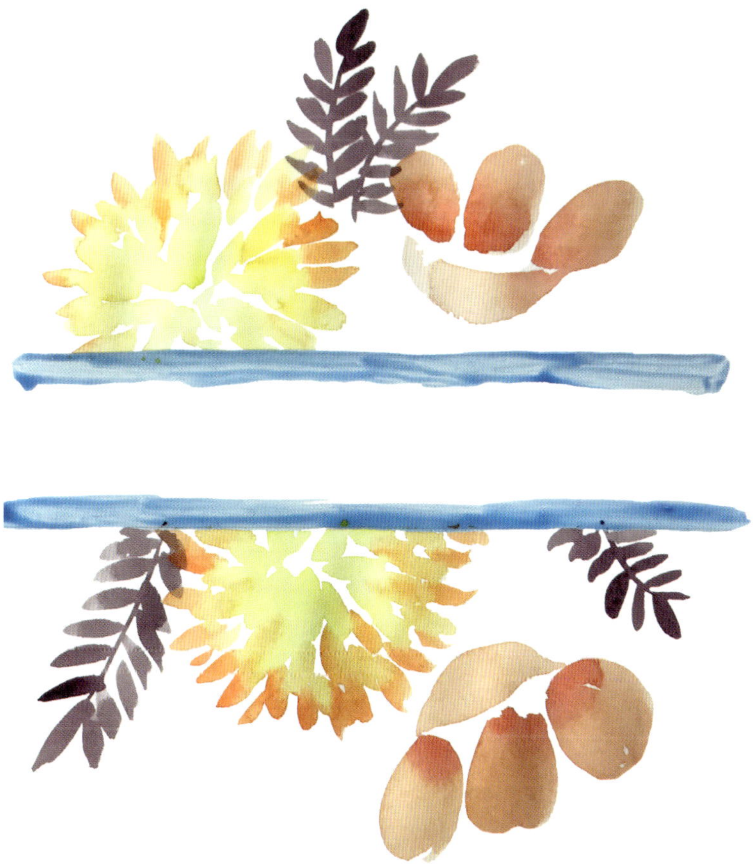

3

Verteile nun insgesamt vier kleinblättrige Farne. Als Farbe kannst du einen Lilaton wählen.

4

Fülle nun die leeren Zwischenräume mit Basic-Blättern #2 (siehe Seite 48) in einem hellen Graublau.

5

Wenn alles gut getrocknet ist, malst du mit einem dunkleren Blauton zusätzliche Blätter – diesmal aber versetzt. Zum Schluss kannst du noch vorsichtig die Blütenstempel auftupfen.

Erst wenn die Aquarellfarbe sehr gut ausgetrocknet ist, kannst du den Mask Liner vorsichtig mit den Fingern vom Papier rubbeln. Überschüssige Bleistiftlinien radierst du vorsichtig weg. Nun kannst du mit einer Farbe deiner Wahl noch das Wort „Einladung" in den freien Zwischenraum lettern – fertig ist deine wunderhübsche Blumenkarte!

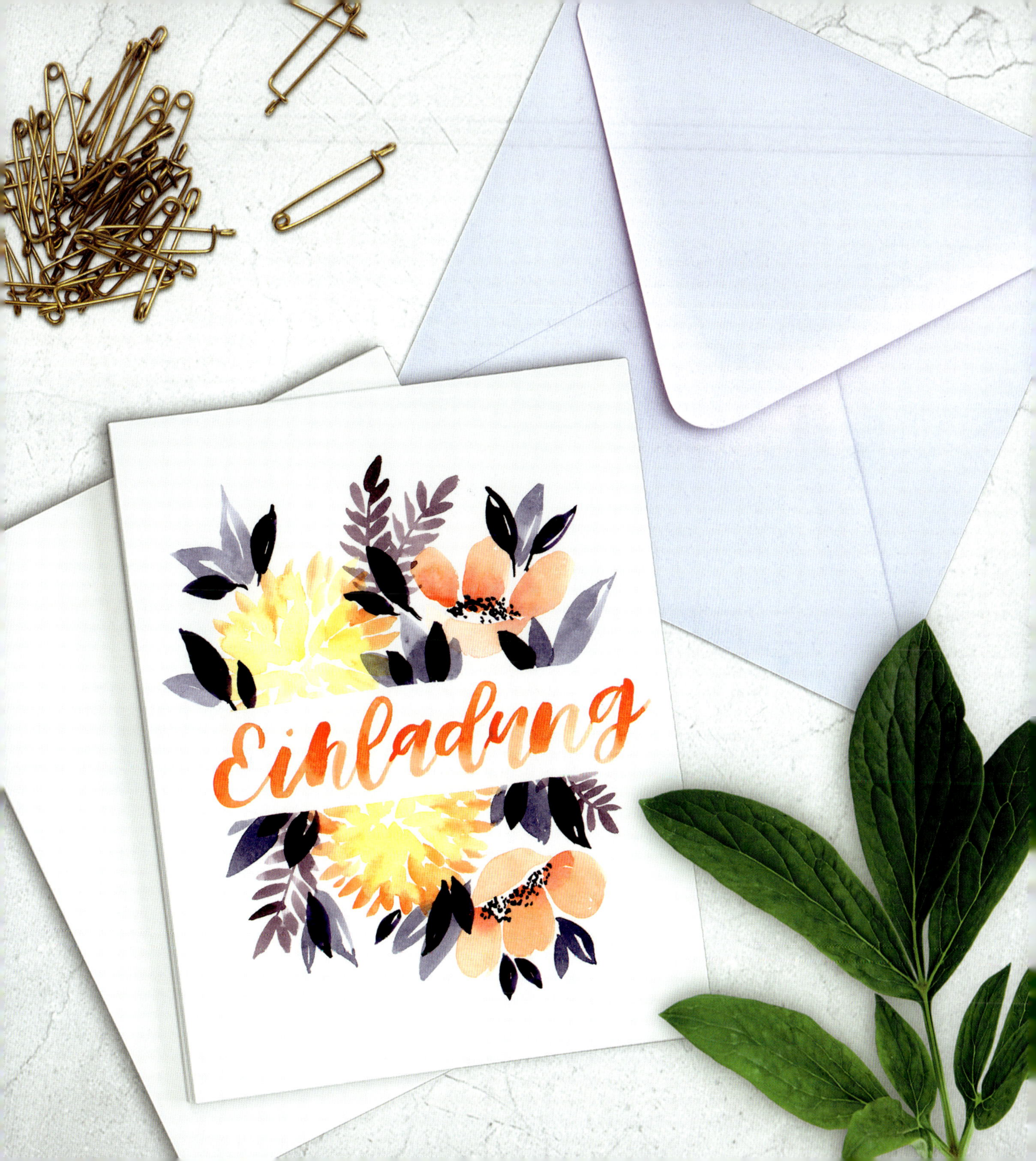
Einladung

Projekt #3
Kein Regen, keine Blumen

MATERIAL

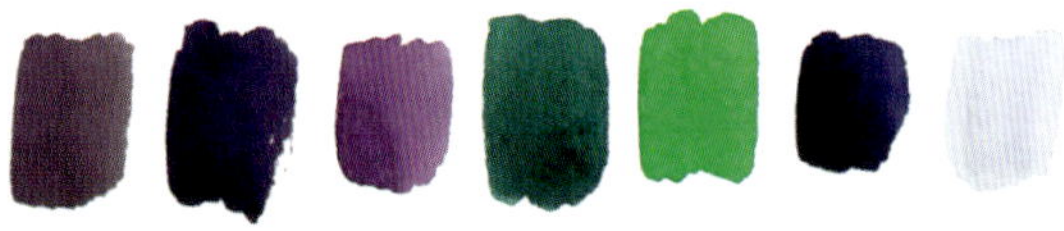

Farben: Dunkelviolett, Dunkelblau, Violett, Dunkelgrün, Hellgrün, Dunkelblau, transparentes Blauviolett
Rundpinsel: Größe 6 und 8

Stimmt doch, oder? Wir neigen ja gern dazu, über Wetter, das nicht aus Sonne besteht, zu schimpfen. Mal ehrlich, ändert das etwas? Ich finde, Regen hat etwas wunderbar Entspannendes. Außerdem kuschelt es sich in den eigenen vier Wänden viel besser, wenn das Wetter draußen mal nicht so schön ist. Und es bleibt viel Zeit, um kreativ zu sein …

TIPP

Du kannst die Bleistiftlinien deiner Skizze vor dem Malen ganz leicht mit dem Radiergummi bearbeiten, sodass die Linien sehr dünn werden. Dann sieht man nach dem Aquarellieren so gut wie nichts mehr davon.

1

Skizziere mit einem Bleistift die Form des Gummistiefels mit den Punkten leicht vor.

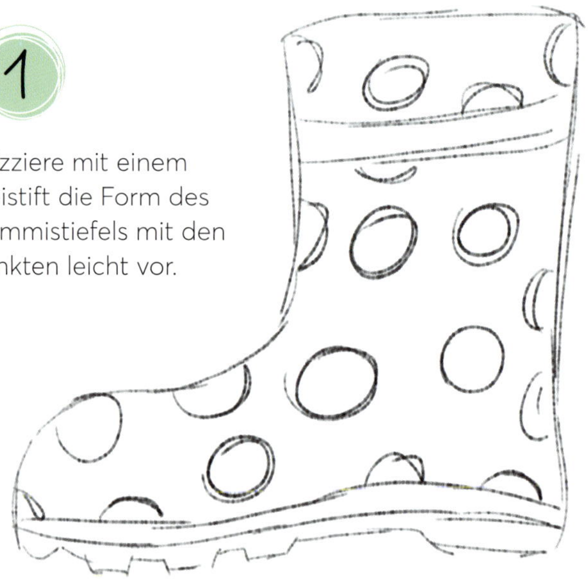

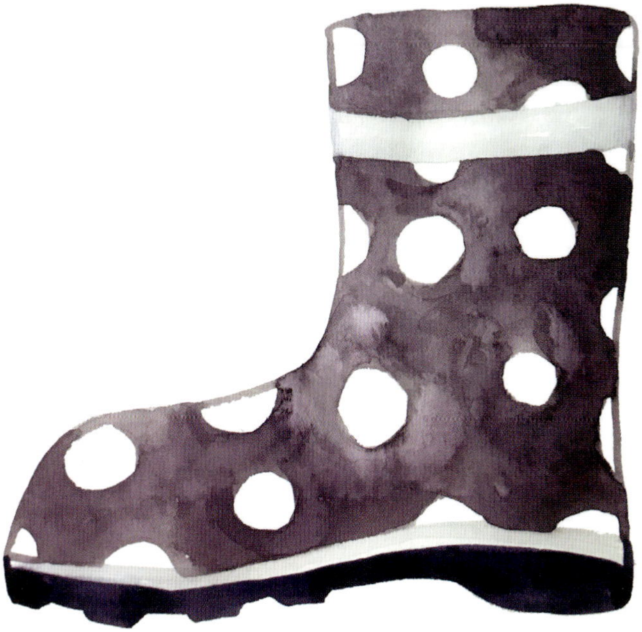

2

Die Sohle des Stiefels erhält einen Blauton, den restlichen Stiefel malst du mit einem Lila aus. Spare die Punkte aus, sodass sie weiß bleiben.

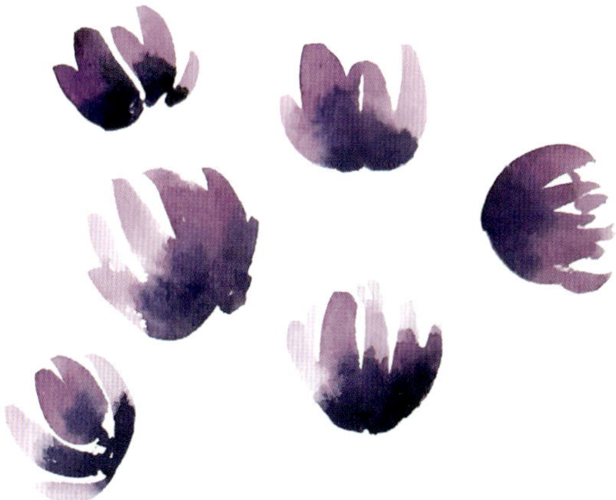

3

Platziere deine Tulpenblüten ungleichmäßig mit etwas Abstand zum Stiefelschaft.

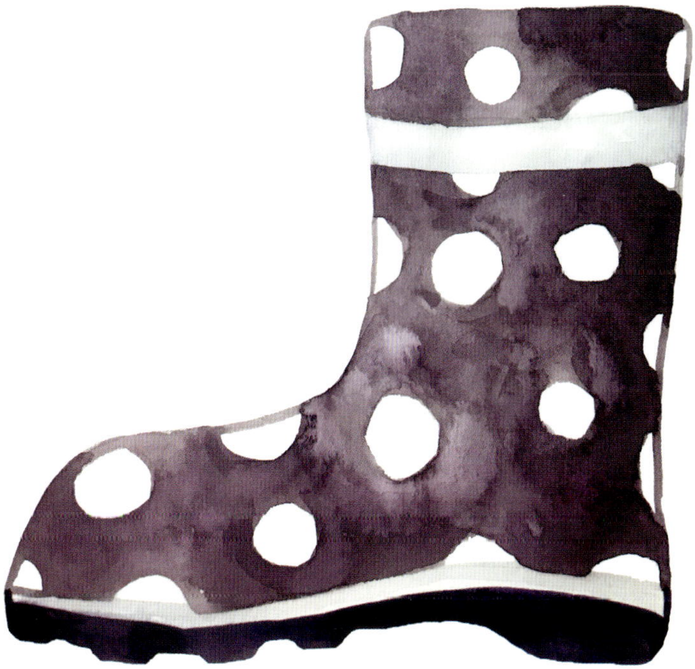

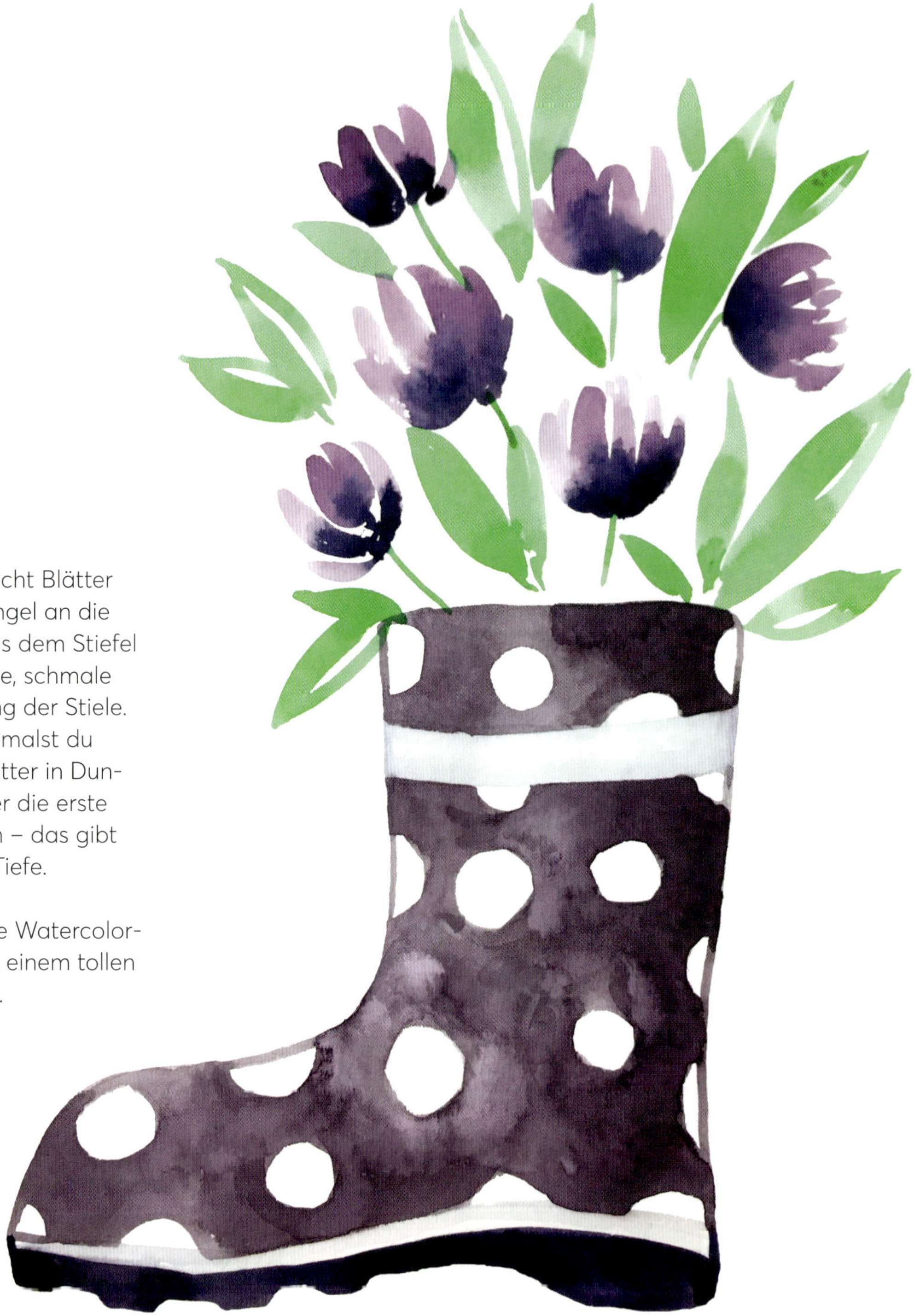

4

Füge eine erste Schicht Blätter hinzu und male Stängel an die Tulpenblüten, die aus dem Stiefel lugen, sowie typische, schmale Tulpenblätter entlang der Stiele. Ist alles getrocknet, malst du ein paar weitere Blätter in Dunkelgrün versetzt über die erste Schicht von Blättern – das gibt dem Ganzen mehr Tiefe.

Nun kannst du deine Watercolor-Illustration noch mit einem tollen Spruch verschönern.

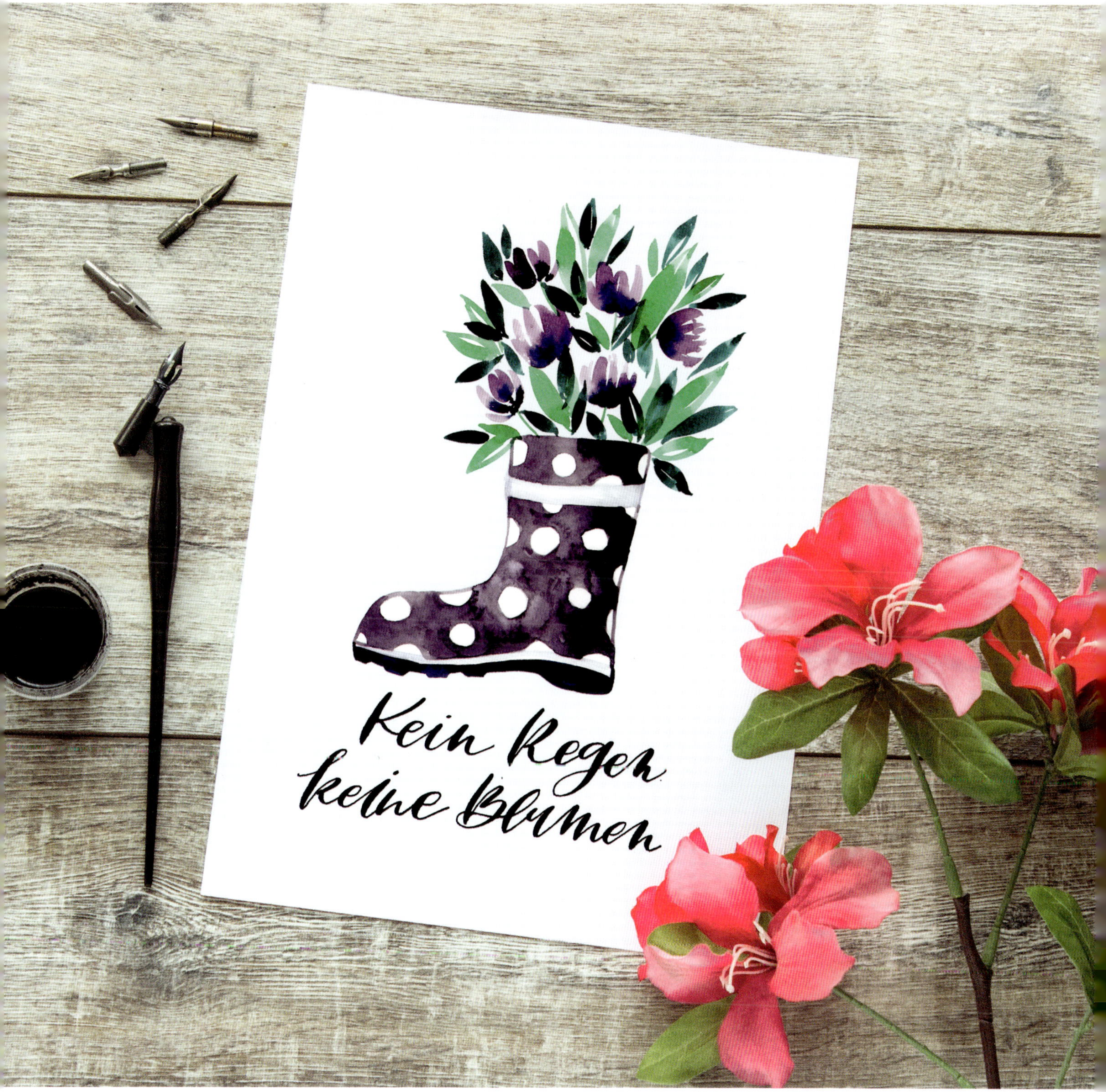
Kein Regen
keine Blumen

PROJEKT #4
BLUMENKRANZLIEBE

MATERIAL

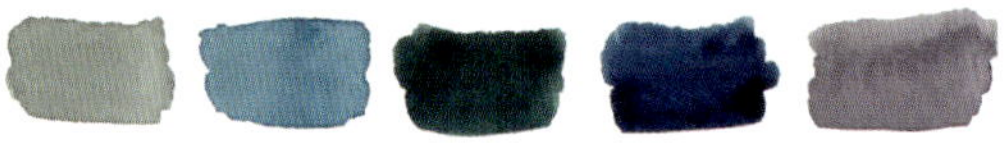

Farben: Dunkelgrau, Dunkelblau, Dunkelgrün, Grünblau, Grau
Rundpinsel: Größe 8

Ich kenne niemanden, der Blumenkränze nicht schön findet. Sie sehen raffiniert aus und bringen einfach Freude ins Haus. Damit spreche ich nicht nur von realen Blumenkränzen, sondern auch von unseren gemalten. Die sind nämlich gar nicht so schwer, wie sie aussehen.

1

Für die Kranzform brauchst du einen runden Gegenstand mit einem Durchmesser von 10 bis 13 cm. Das kann ein Teller, Untersetzer oder etwas Ähnliches sein. Platziere ihn auf dein Papier und ziehe mit einem Bleistift die Außenlinie des Gegenstandes einfach nach. Voilà! Ein gleichmäßiger Kreis.

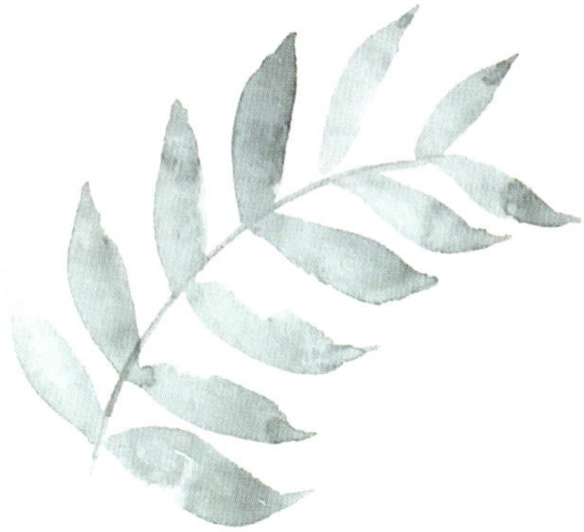

TIPP

Wenn es um die Gestaltung von Blumenkränzen geht, ist der Fantasie keine Grenze gesetzt. Experimentiere mit vielen verschieden floralen Elementen und unterschiedlichsten Farbpaletten. Weitere Inspirationen findest du in der Floralen Bibliothek (siehe Seite 122 ff.).

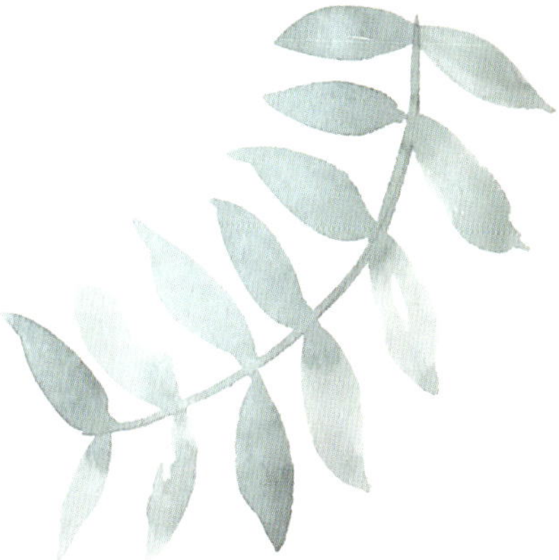

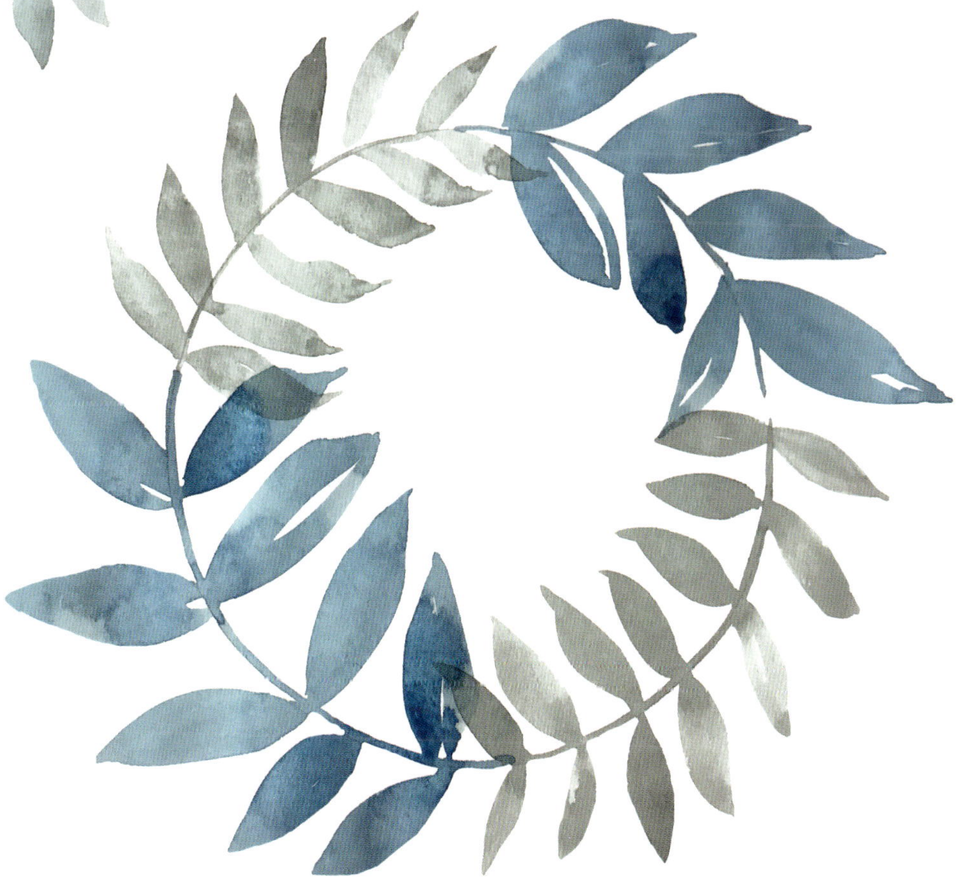

2. Beginne mit deiner transparentesten Farbschicht und male zwei abgerundete Farne, die sich im Kreis gegenüberliegen.

3. Wähle eine andere Farbe und male, wiederum sehr transparent, zwei weitere Farne, die nun aber zwischen den beiden ersten liegen. Lasse alles gut trocknen.

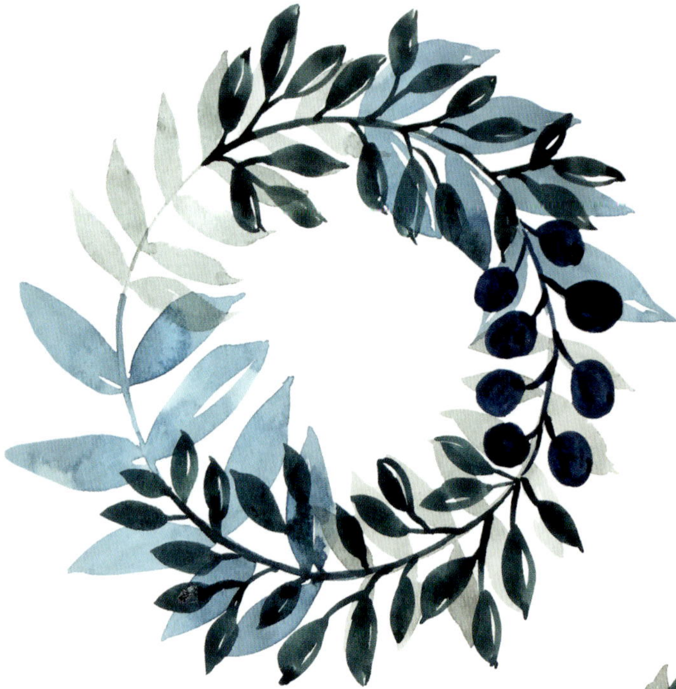

4

Im nächsten Schritt malst du über den ersten Blätterkreis zwei weitere Blätterreihen in unterschiedlichen Farben und Formen. Achte darauf, dass vom ersten Blätterkreis noch etwas zu sehen ist.

5

Damit dein Blumenkranz schön gleichmäßig wirkt, kannst du Lücken am Schluss noch mit hellen, grasähnlichen Strichen füllen.

Blumenkränze verschönern nicht nur dein Zuhause, sondern sind auch großartige Illustrationselemente für Karten, Bullet Journals oder Letterings.

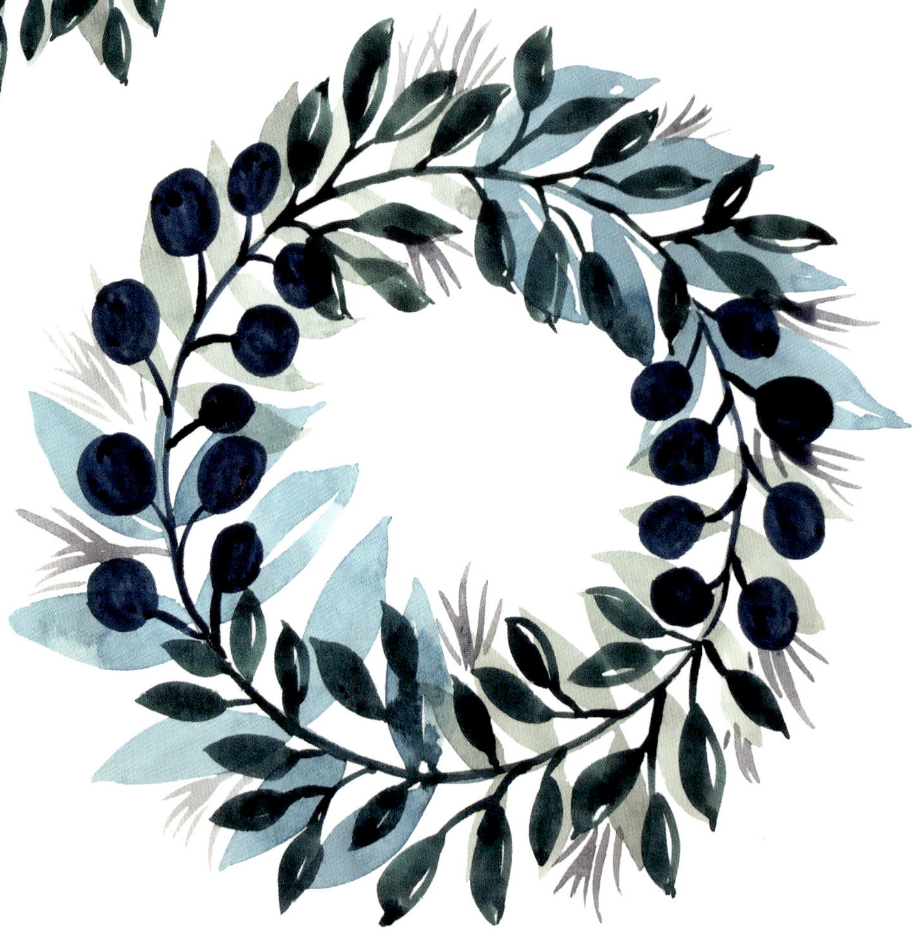

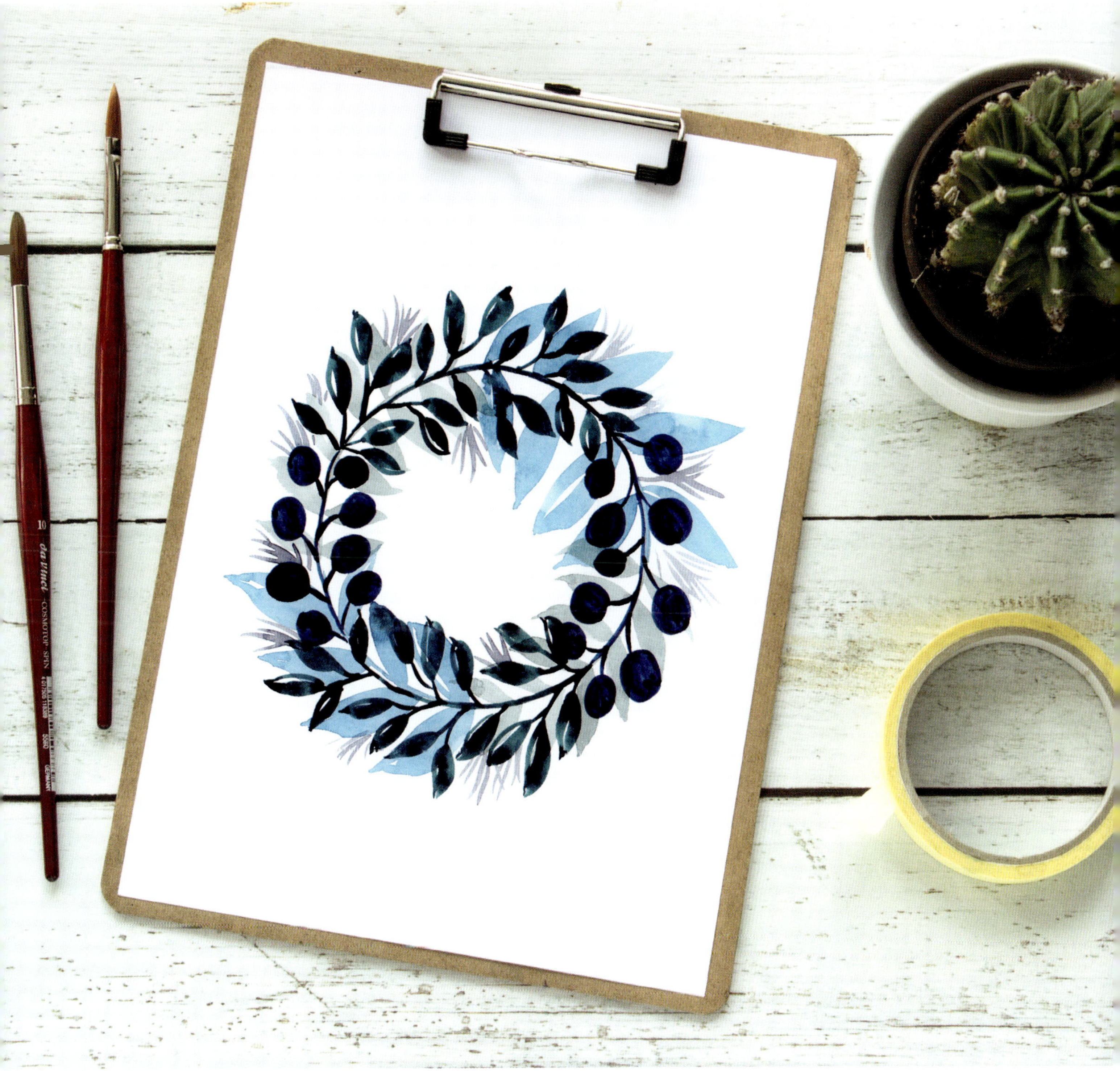
10
da Vinci
COSMOTOP · SPIN

PROJEKT #5
FLORALES HERZ

Herkömmliche Formen mit floralen Elementen zu kombinieren, ist der einfachste Weg, um aus einem langweiligen Bild einen spannenden Hingucker zu machen. Das wirst du gleich bei unserem floralen Herz sehen.

MATERIAL

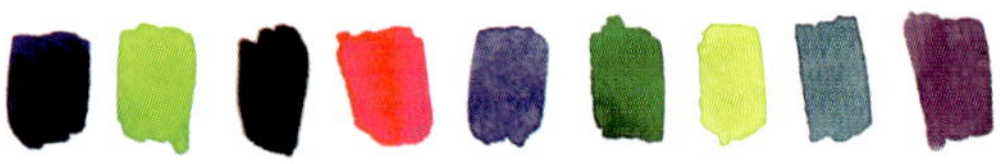

Farben: Dunkelblau, Hellgrün, Dunkelbraun, Pink, Blau, Dunkelgrün, Gelbgrün, Grünblau, Violett
Rundpinsel: Größe 6 und 10

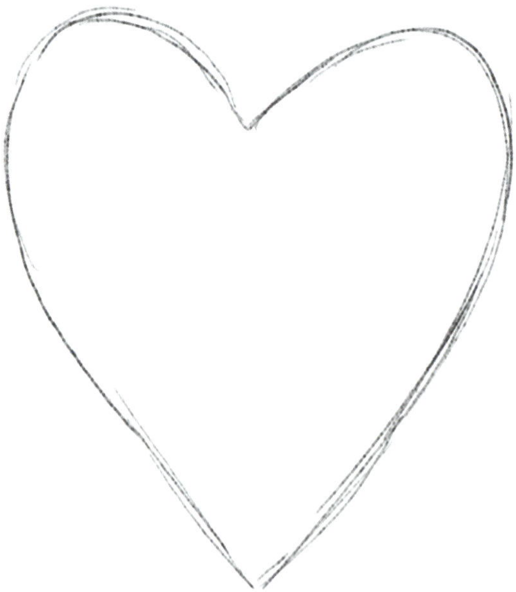

1. Skizziere eine Herzform mittig auf dein DIN-A4-Papier. Achte darauf, dass rund um das Herz Platz für Blüten und Blätter ist.

TIPP

Wenn sich florale Elemente perspektivisch hinter einem Gegenstand befinden, beginne immer zuerst mit den Blüten und Blättern. Wenn du dann den Gegenstand malst, kannst du den gemalten Rand besser ausgleichen und hast eine schönere Abschlusskante.

2

Platziere zunächst wieder nur die Blüten.

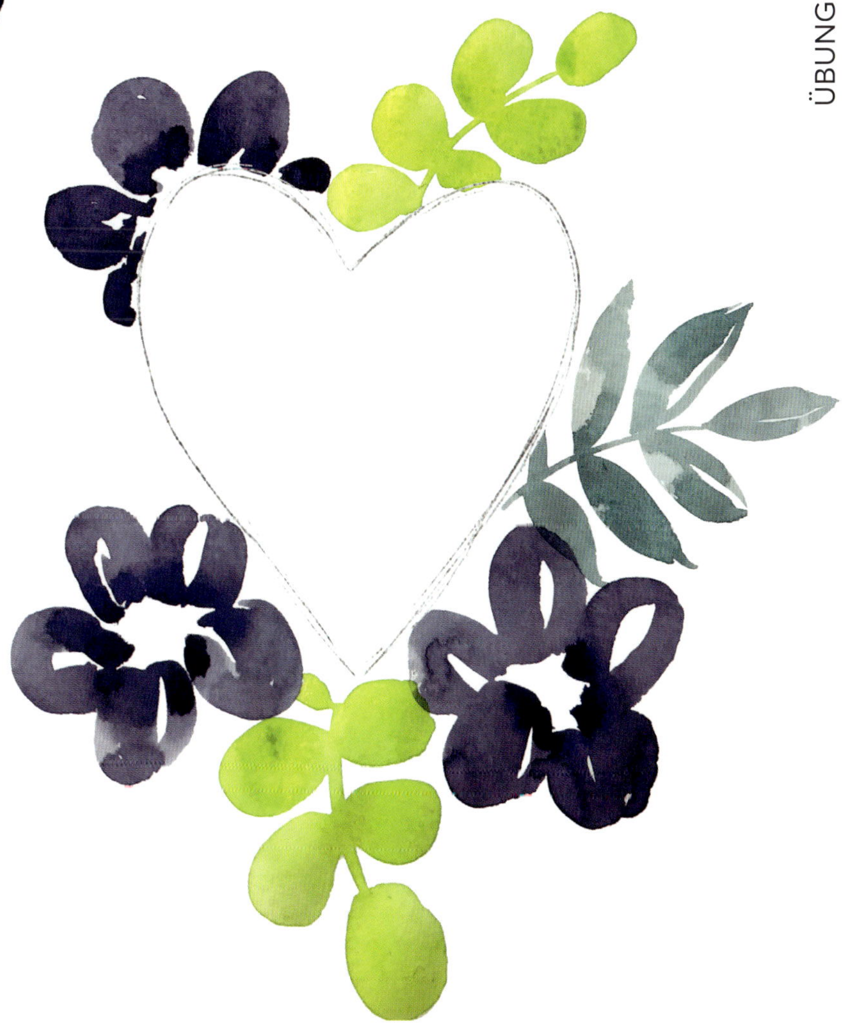

3

Überlege, welche weiteren floralen Elemente du noch verwenden möchtest und bringe sie auf dein Papier.

4 Verteile nun Blätter in verschiedenen Farben weiter um dein Herz, bis du mit der Aufteilung zufrieden bist. Lasse alles gut trocknen.

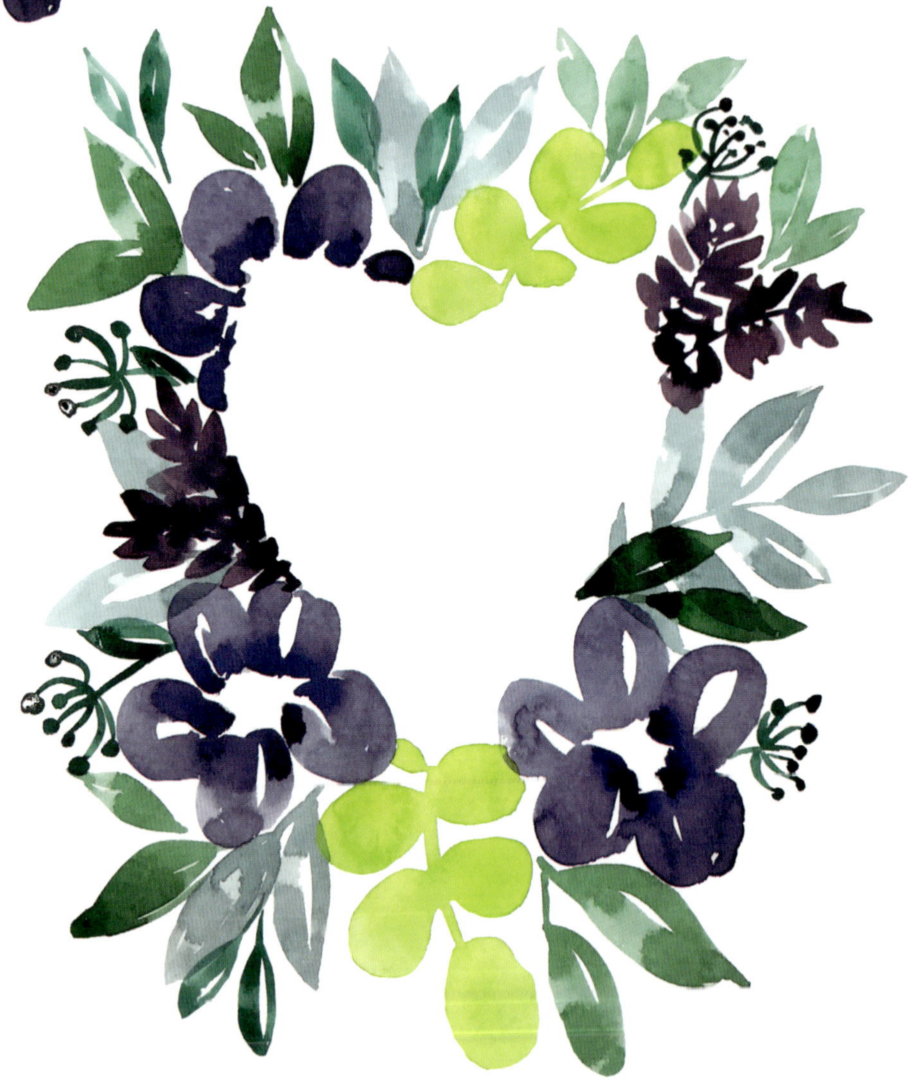

Wenn du das Herz zum Schluss noch mit einer knalligen Farbe ausmalst, hast du das Symbol der Liebe mit einer tollen Kombination aus floralen Elementen effektvoll in Szene gesetzt.

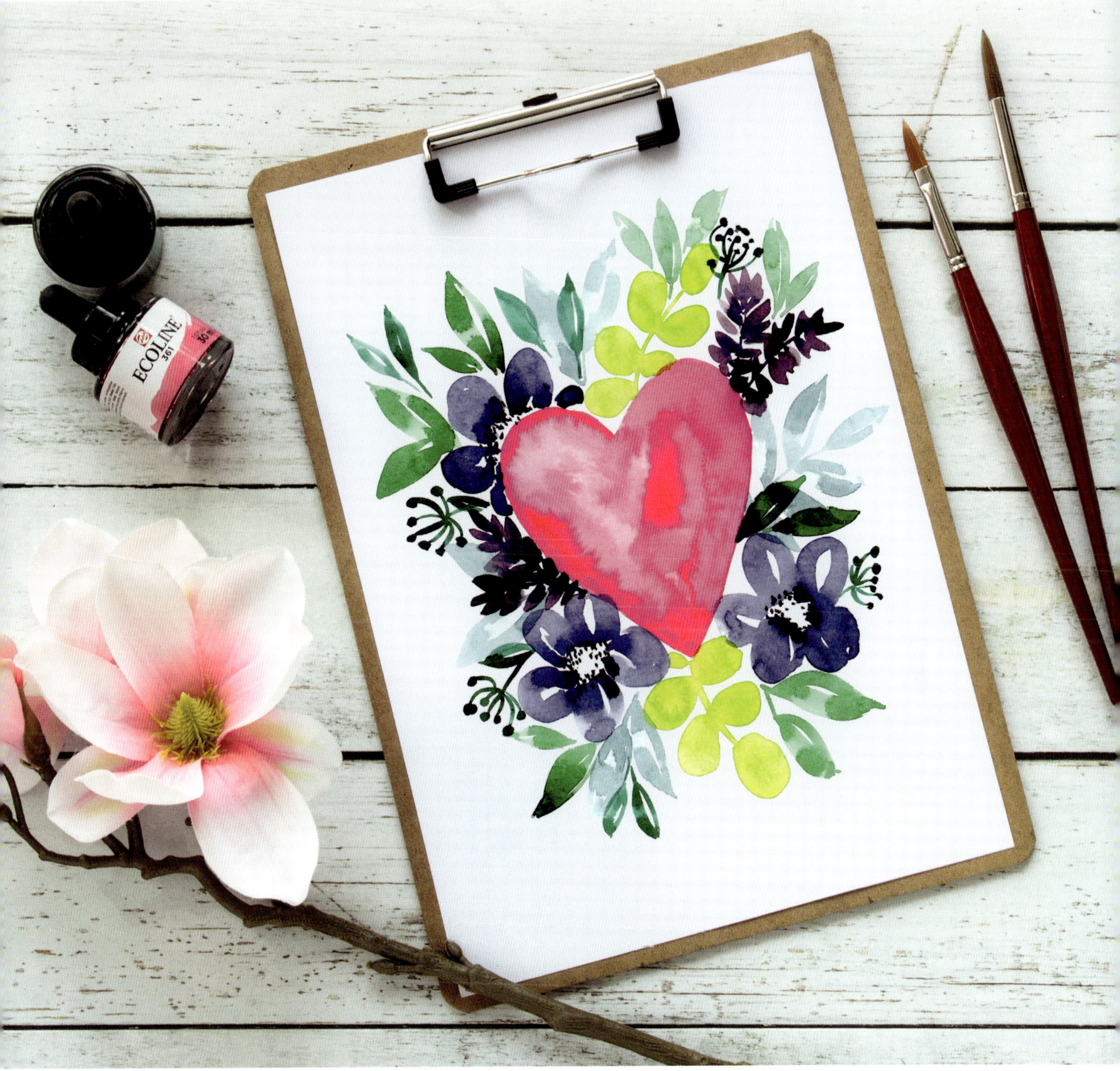
ECOLINE
361

PROJEKT #6
Das magische Wort: Torte!

MATERIAL

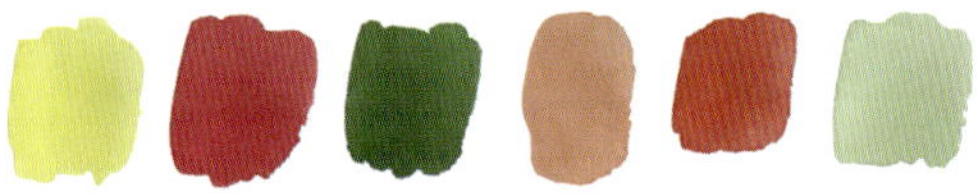

Farben: Gelb, Pink, Dunkelgrün, Apricot, Dunkelrot, Hellgrün
Rundpinsel: Größe 6 und 8

TIPP

Auch wenn das Warten beim Malen mit Aquarellfarben manchmal zu einer wahren Geduldsprobe werden kann, halte dich daran. Ungewollte Farbverläufe sind schneller passiert, als man schauen kann.

Wenn ich Süßigkeiten male, läuft mir immer direkt das Wasser im Mund zusammen. Mal sehen, wie es dir ergeht! In diesem neuen Projekt zeige ich dir, wie du eine traditionelle Torte mit floralen Elemente aufhübschen kannst.

1 Skizziere deine Torte mit einem Bleistift.

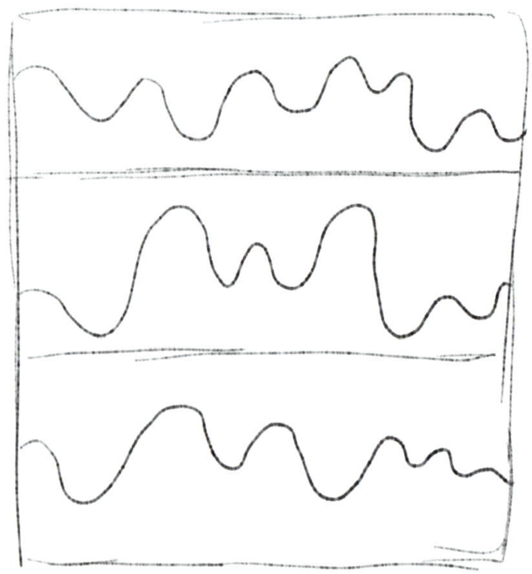

2

Nimm den Pinsel zur Hand und platziere zwei Rosen auf der Torte und eine Rose am Fuß der Torte.

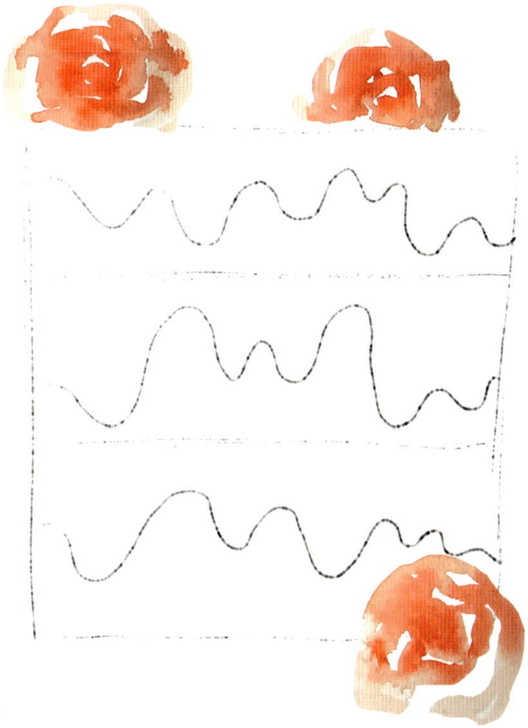

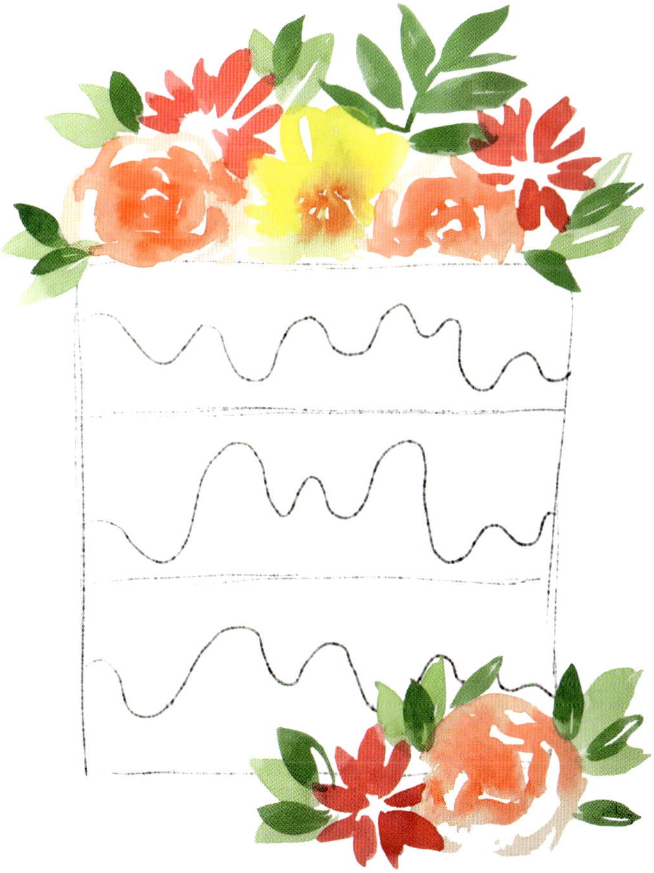

3

Male weitere Blüten und Blätter – den Großteil allerdings oben auf der Bleistifttorte.

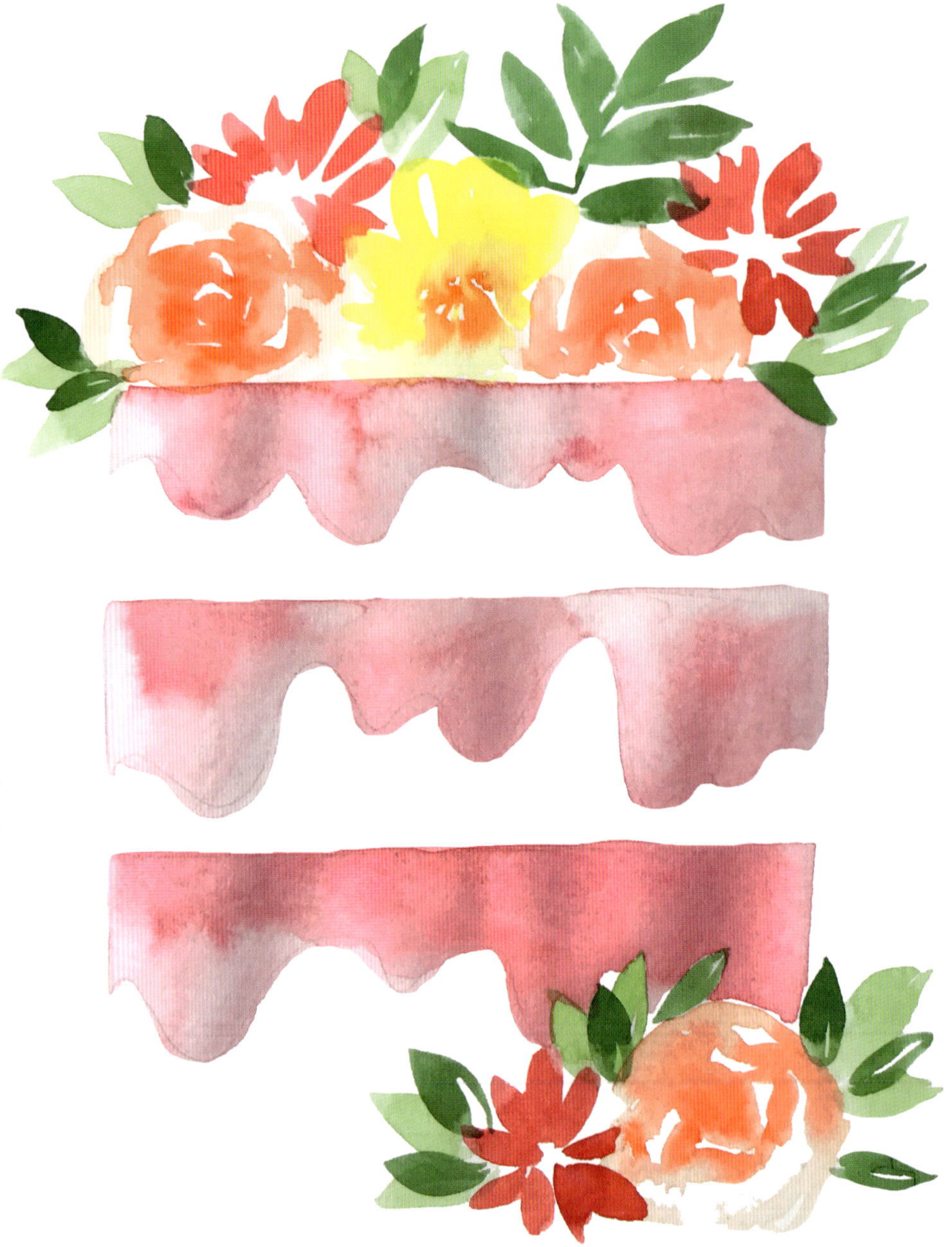

4

So, nun musst du noch für den Schichtaufbau der Torte sorgen. Ich habe mich für Gelb und Rosa entschieden – aber natürlich kannst du auch andere Farben wählen. Warte ab, bis die rosa Farbe getrocknet ist, bevor du mit der gelben Farbe malst.

Zu dieser leckeren, floralen Torte passt natürlich auch noch ein toller Spruch.

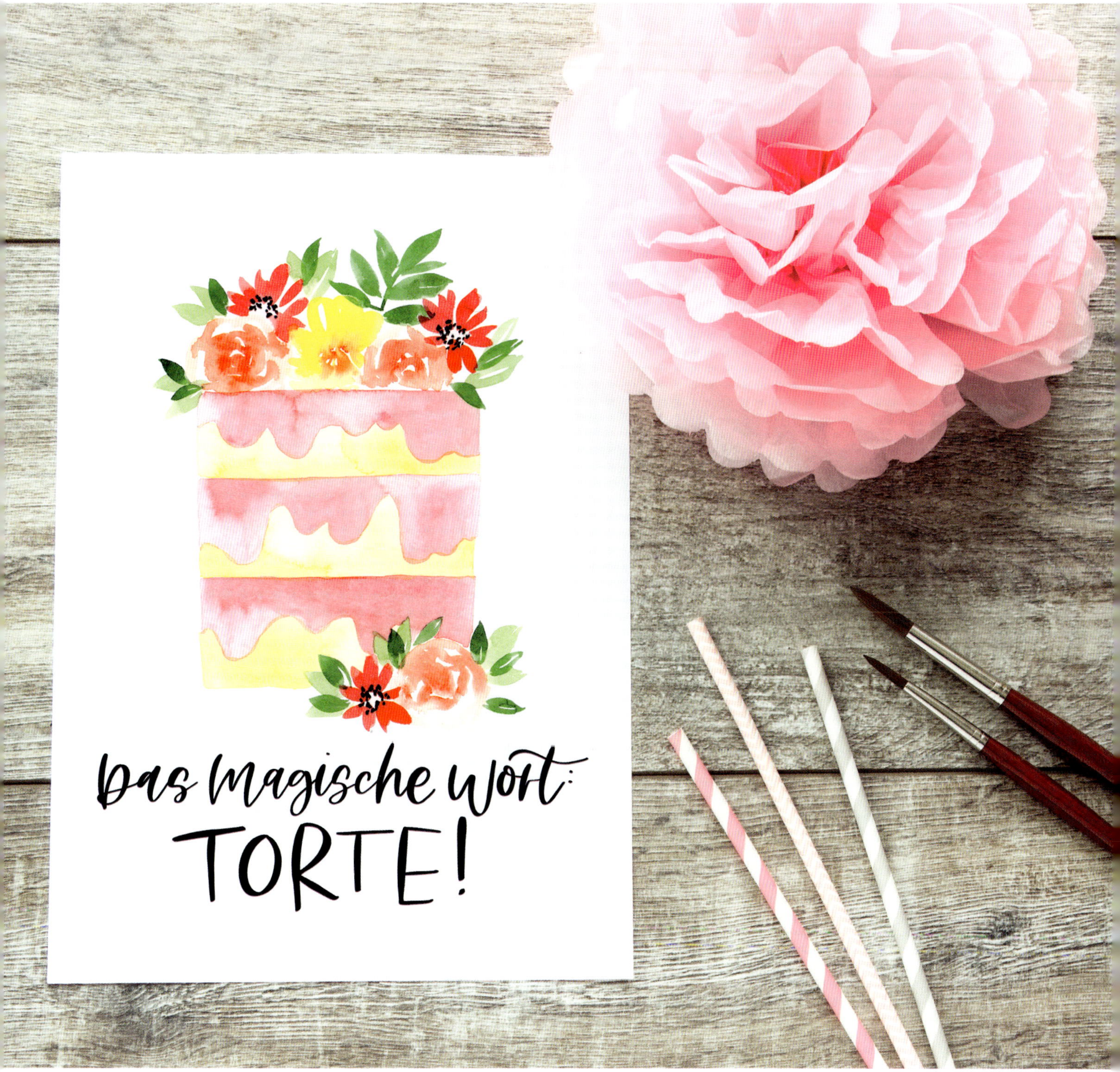
Das magische Wort:
TORTE!

PROJEKT #7
BLUMENMUSTER

MATERIAL

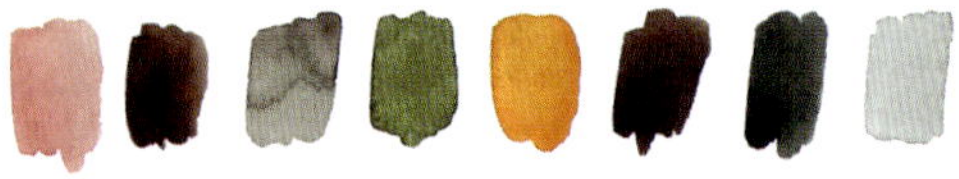

Farben: Rosa, Braun, Grau, Grün, Orange, Dunkelbraun, Dunkelblau, helles Graublau
Rundpinsel: Größe 6, 8 und 10

Eine weitere Möglichkeit, Blüten und Blätter schön anzuordnen, ist in Form eines Musters. Das Tolle daran ist, dass es unendlich wirkt. Hierin liegt auch eine kleine Schwierigkeit unseres neuen Projektes: Wir malen über abgeklebte Linien hinaus und erhalten zum Teil nur halbe oder angeschnittene Blüten.

1

Klebe zunächst mit einem Malerkreppband einen etwa 1cm breiten Rand deines Aquarellpapiers ab.

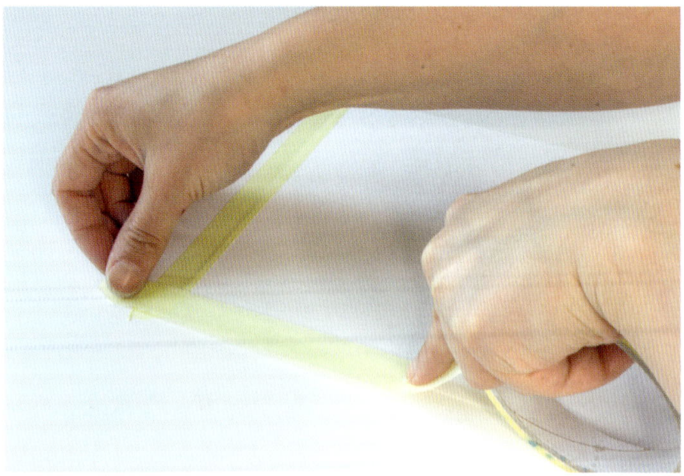

TIPP

Für Anfänger ist das Freihand-Malen der Blüten und Blätter eine echte Herausforderung. Bevor du den Aquarellpinsel in die Hand nimmst, kannst du die Verteilung deiner floralen Elemente auf einem Skizzenblatt vorzeichnen. Sobald du dann mit Pinsel und Farbe arbeitest, sorgt deine Skizze immer wieder für rasche Orientierung.

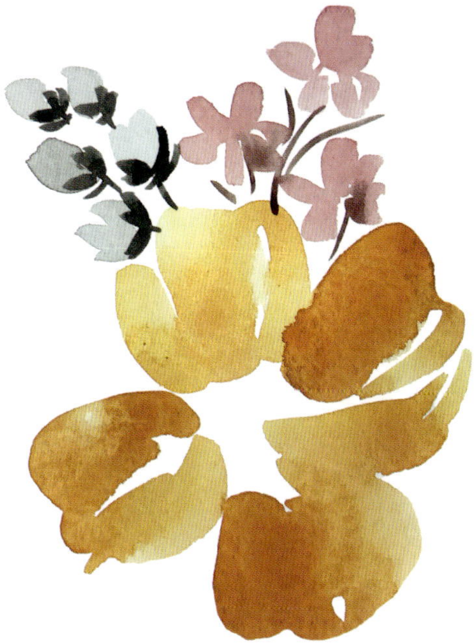

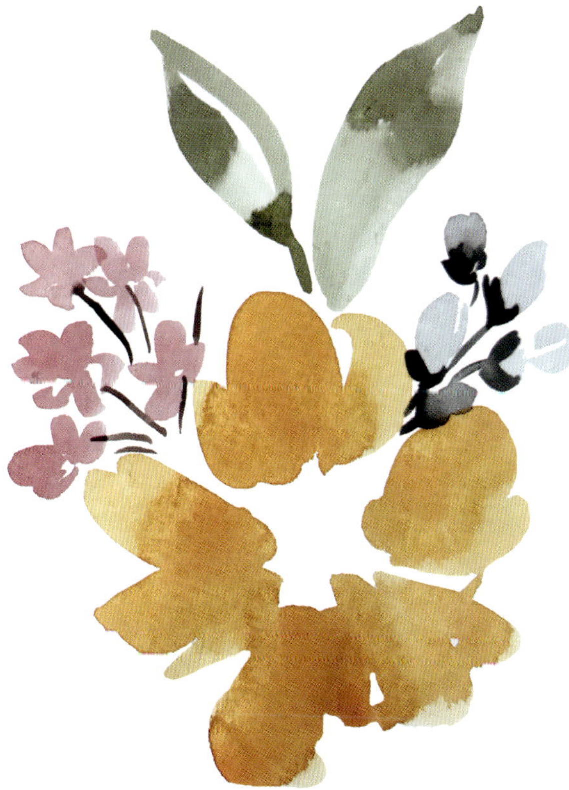

2 Nimm deinen Pinsel zur Hand und platziere zuerst die größeren Blüten verteilt über dein Blatt. Male anschließend weitere florale Elemente.

3 Fülle die Zwischenräume mit transparenten Blättern aus und lasse alles gut trocknen.

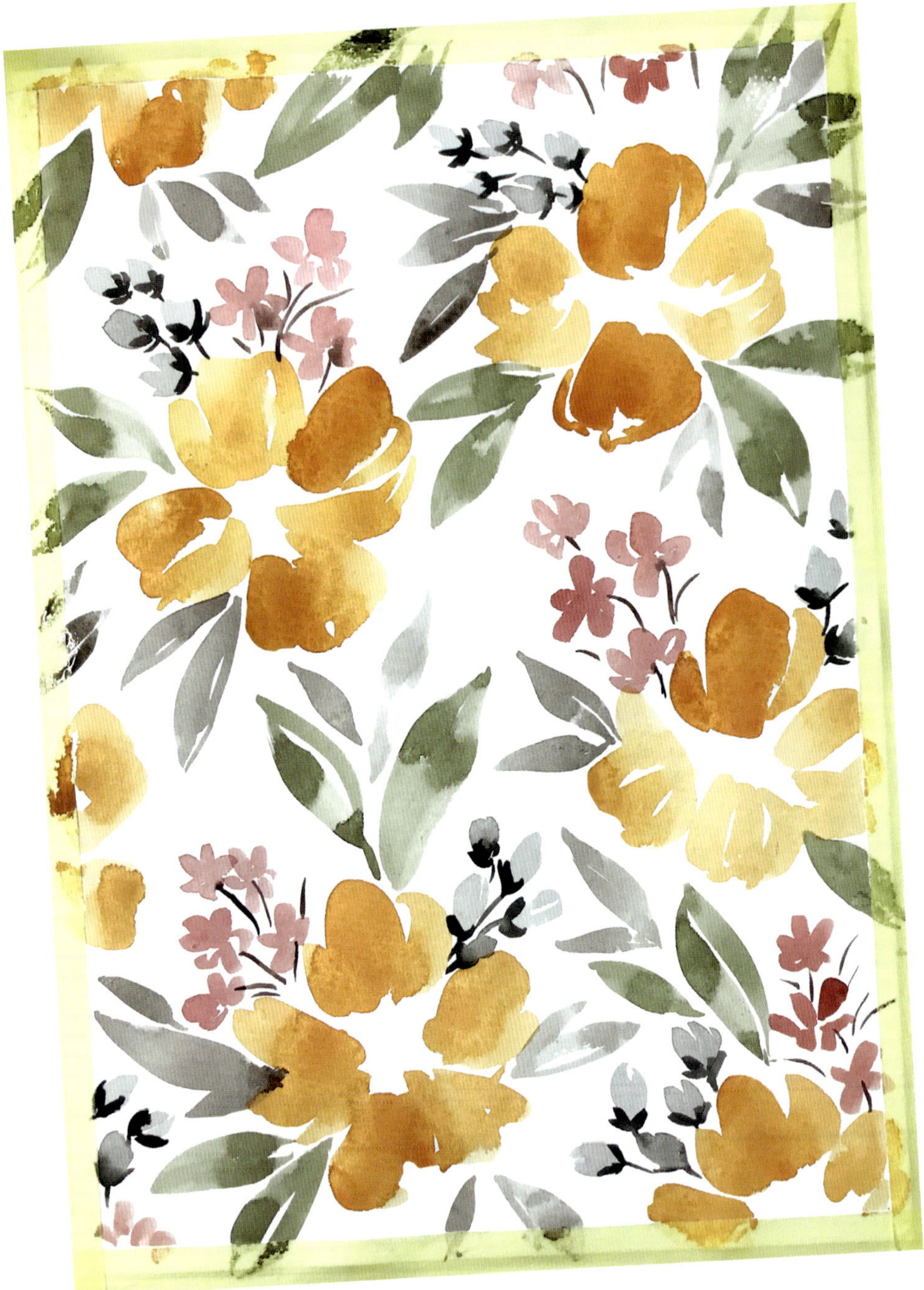

4

Dunklere Blätter machen dein Bild spannend und verschaffen Tiefe. Male zum Schluss noch die Stempel der Blüten.

Entferne das Klebeband erst, wenn alles gut getrocknet ist. Der Rand wirkt nun wie ein Rahmen für dein tolles Blumenmuster.

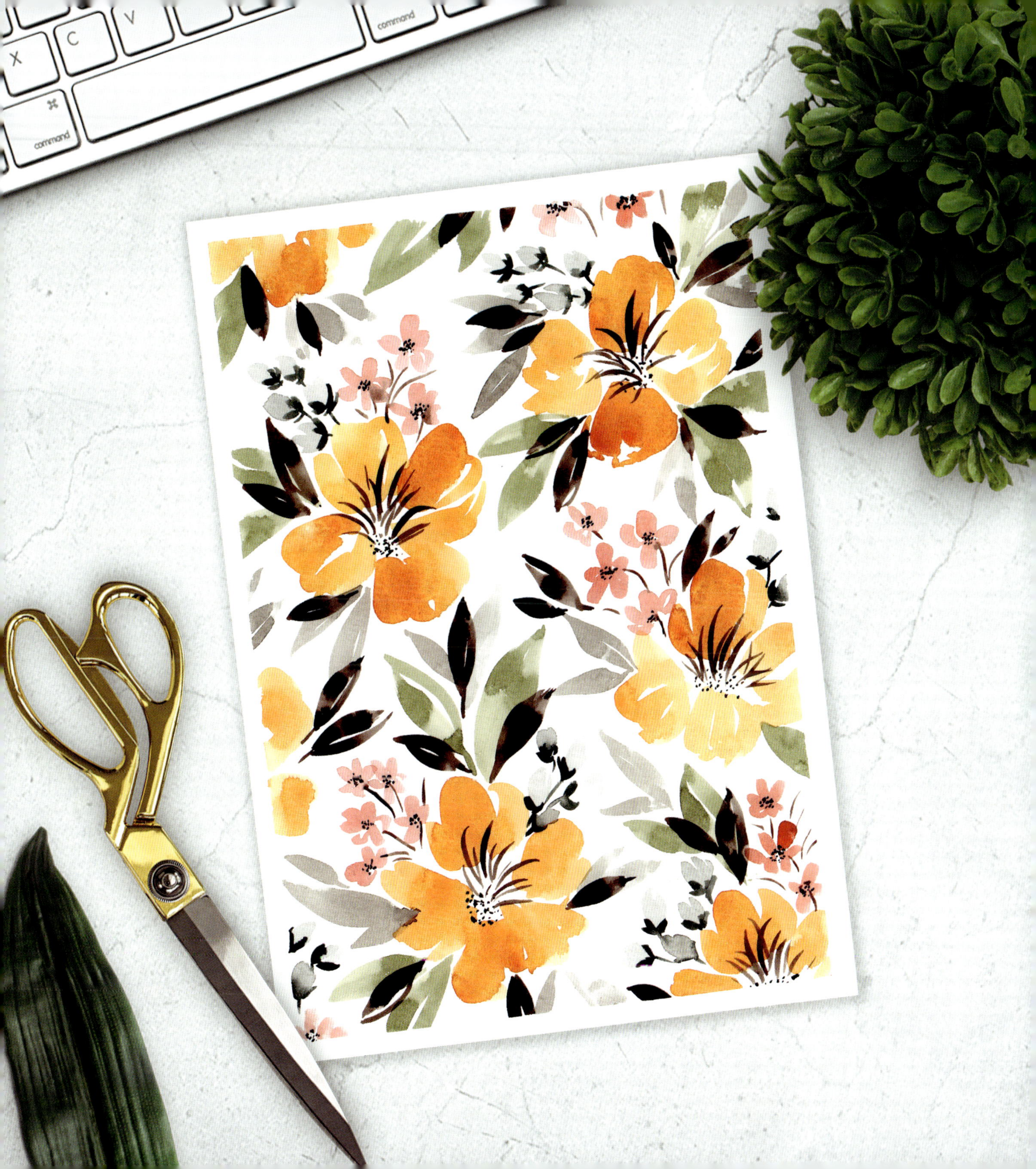
X
C
V
command
command

PROJEKT #8
WATERCOLOR MEETS FINELINER

MATERIAL

Farben: Rosa, Beige, Violett, Hellgrün, Dunkelgrün
Rundpinsel: Größe 10

Transparente und zarte Farben treffen auf dominantes Schwarz: Dieses Projekt ist ganz easy umgesetzt. Das Arbeiten mit Watercolor geht hier sogar noch lockerer von der Hand.

1 Beginne damit, drei Farbkleckse in zwei verschiedenen Farben auf dein Papier aufzutragen. An diesen Stellen sollen später ungefähr die Blüten sein.

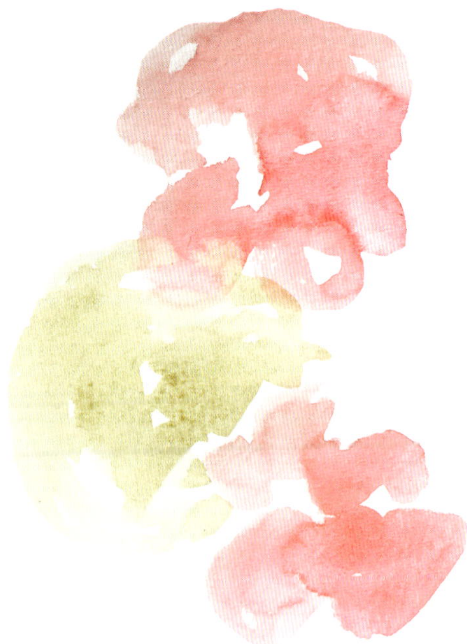

TIPP

Du kannst auch zuerst mit dem Fineliner zeichnen und erst im zweiten Schritt die farbigen Blüten und Blätter aufmalen. Achte bei dieser Variante aber darauf, dass dein Fineliner unbedingt wasserfest ist.

2

Setze grüne Farbbereiche nur angedeutet um die späteren Blüten herum. Lasse alles gut trocknen.

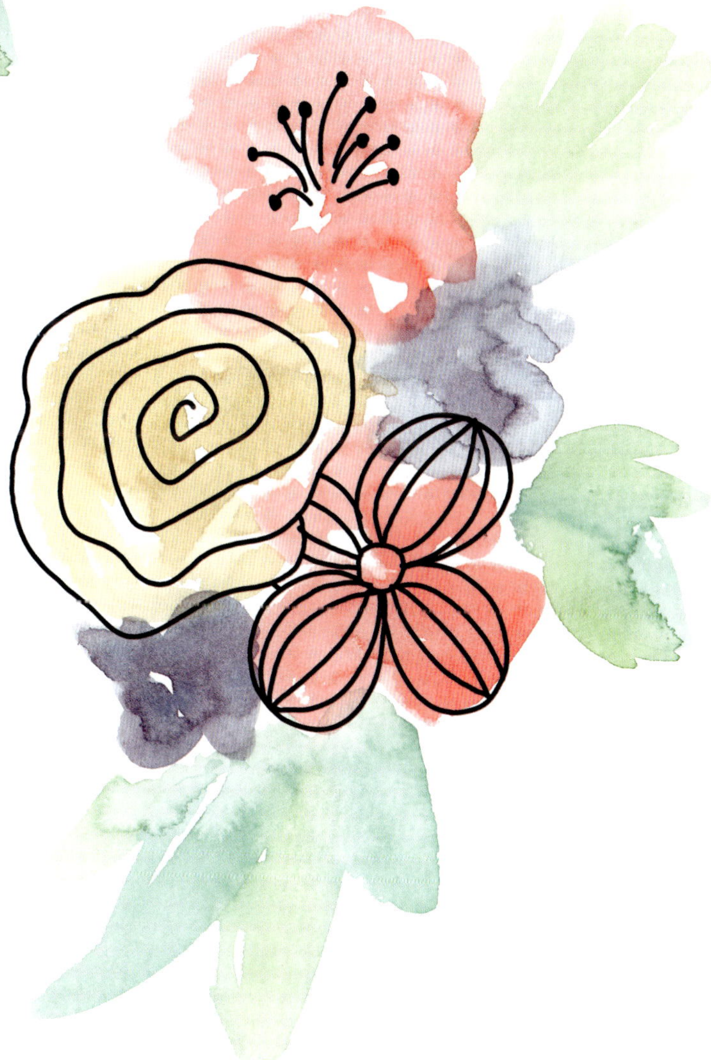

3

Nimm einen Fineliner zur Hand und mache dich an die Details. Der gelbe Farbklecks wird zu einer Rose, indem du aus der Mitte heraus eine schneckenförmige, wellige Linie zeichnest. An die obere, rosa Blüte malst du lediglich einen Stempel. Der untere, rote Klecks wird zur Blüte, indem du einen kleinen Kreis als Mittelpunkt, fünf Schlaufen und dekorative Linien in den Blütenblättern zeichnest.

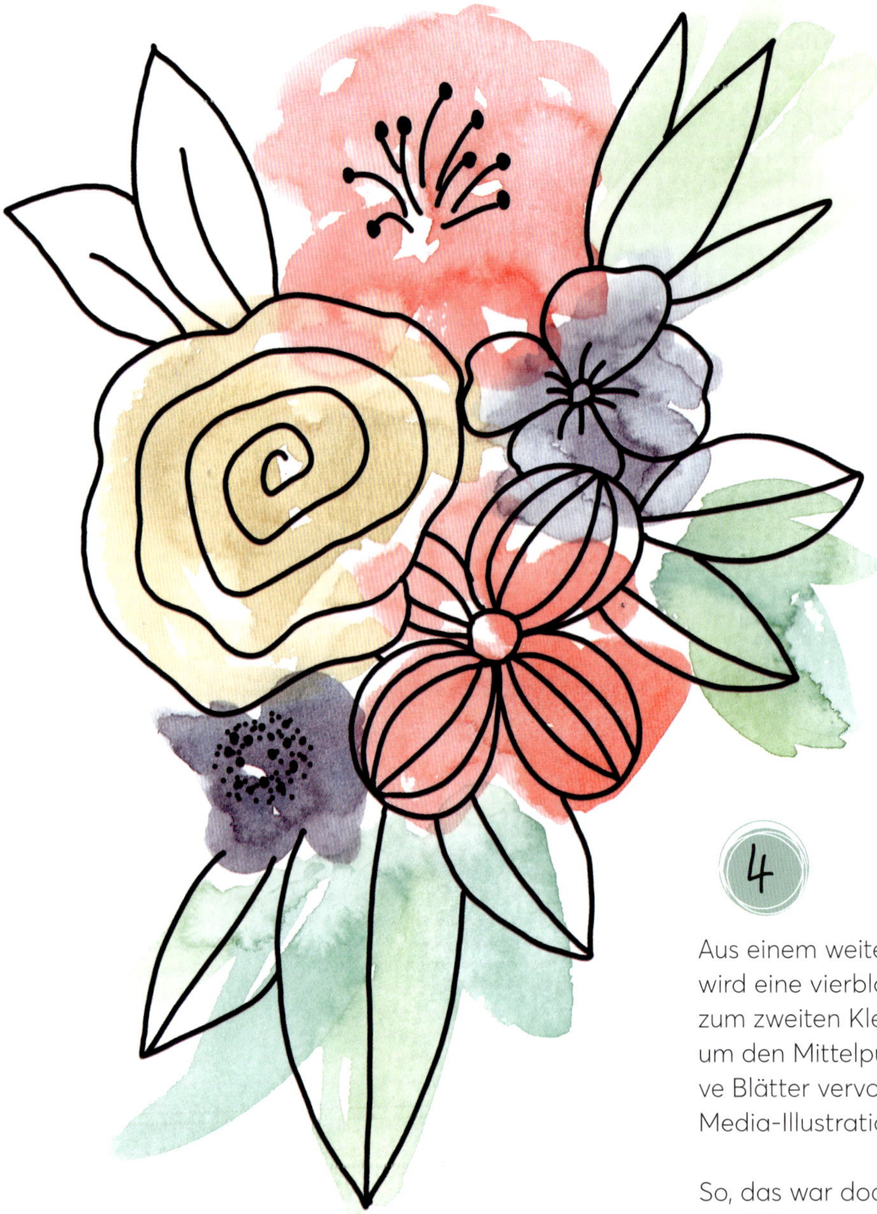

4

Aus einem weiteren, violetten Farbklecks wird eine vierblättrige Blüte, während du zum zweiten Klecks lediglich kleine Punkte um den Mittelpunkt hinzufügst. Dekorative Blätter vervollständigen deine Mixed-Media-Illustration.

So, das war doch nun wirklich ein Kinderspiel! Apropos spielen: Probiere mit dem Fineliner noch mehr Formen und Linien aus. Unterlegt mit Watercolor-Farbklecksen wird jedes Mal ein kleines Kunstwerk daraus.

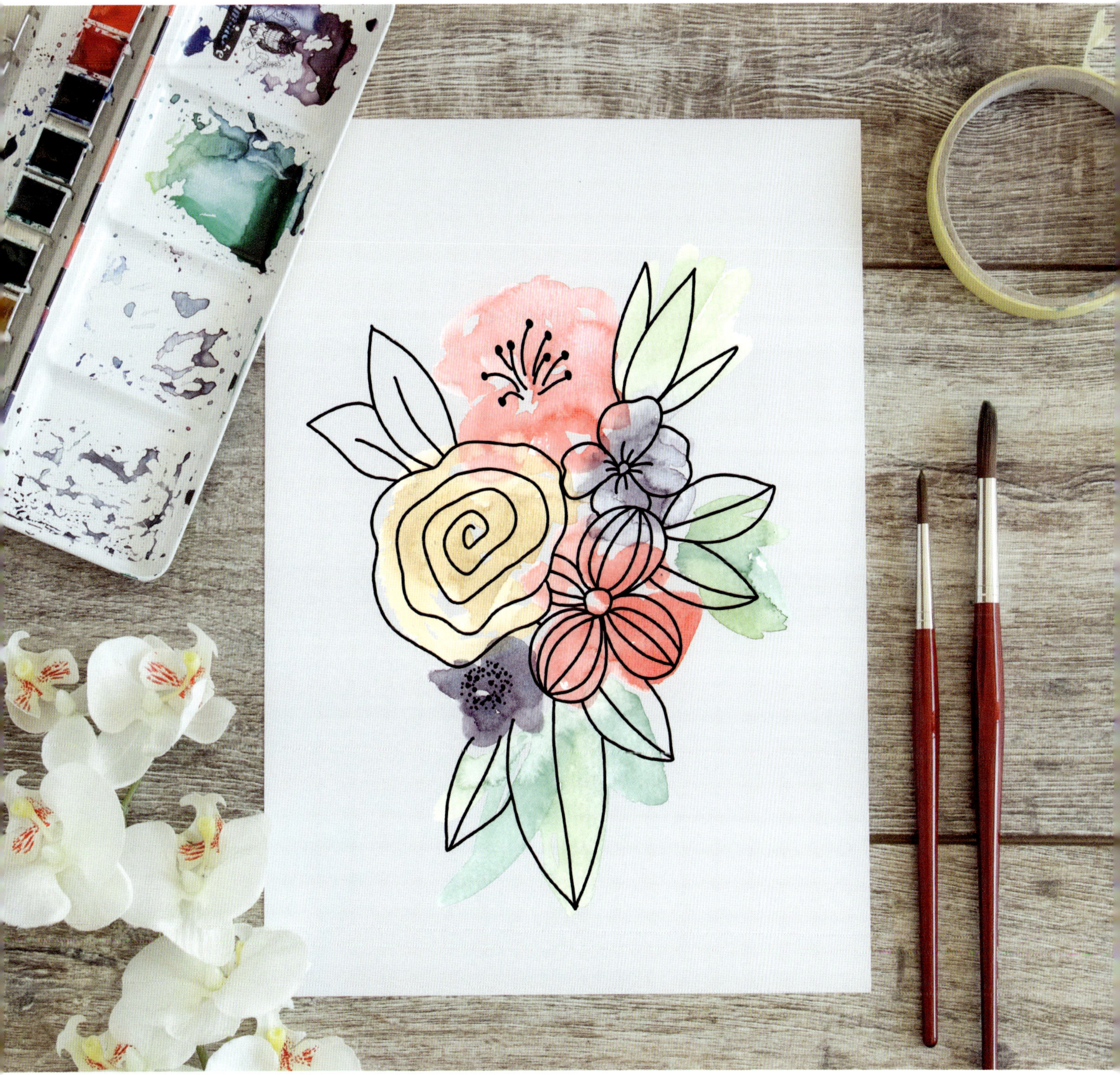

Projekt #9
Blütenkreis

MATERIAL

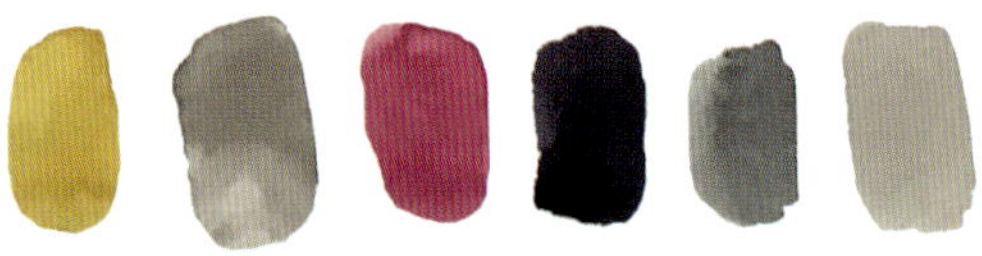

Farben: Gelborange, Grau, Pink, Dunkelblau, Graublau, Graubeige
Rundpinsel: Größe 6 und 8

Bei diesem Projekt verbinden wir die runde Optik eines Blumenkranzes mit der raffinierten Maskier-Technik.

1 Zeichne einen Kreis auf dein Papier – mithilfe eines runden Gegenstandes oder Zirkels.

TIPP

Wenn du den Spruch mit Pinsel und Aquarellfarbe letterst, achte darauf, eine Farbe zu wählen, die du schon in deiner Illustration verwendet hast. Damit wirkt das Gesamtbild ausgeglichen und harmonisch.

2

Ziehe den inneren Rand des Kreises mit einem alten Pinsel und Maskierflüssigkeit (Mask Liner) nach, sodass nach außen eine glatte Linie entsteht. Beachte die Trocknungszeit auf der Verpackung.

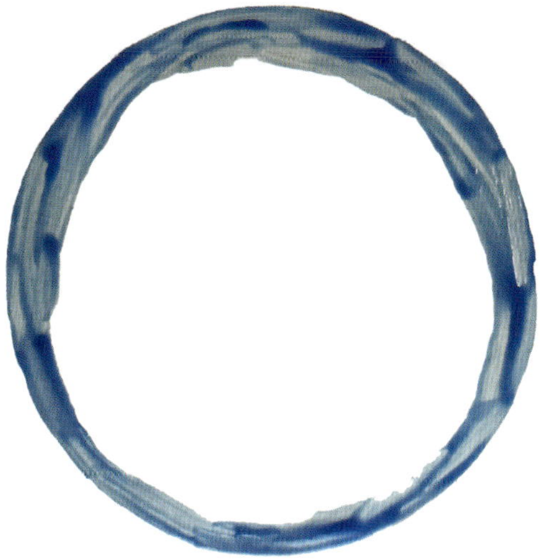

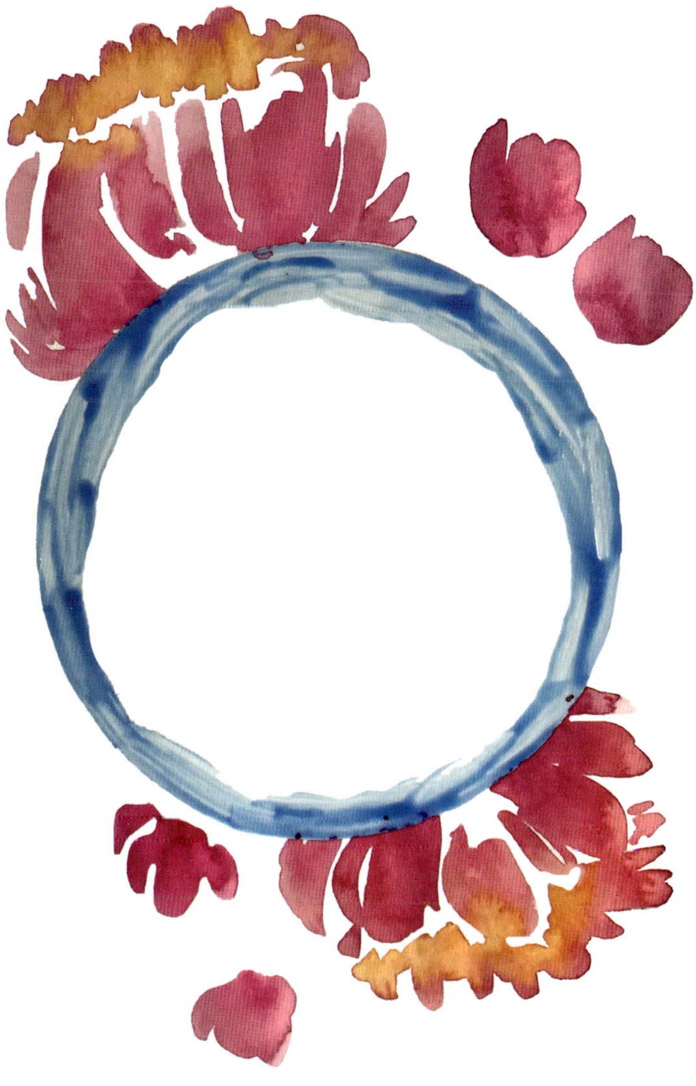

3

Die Aufteilung der floralen Elemente erfolgt diesmal asymmetrisch – links oben und rechts unten. Beginne auch hier wieder mit den größeren Blüten und Knospen.

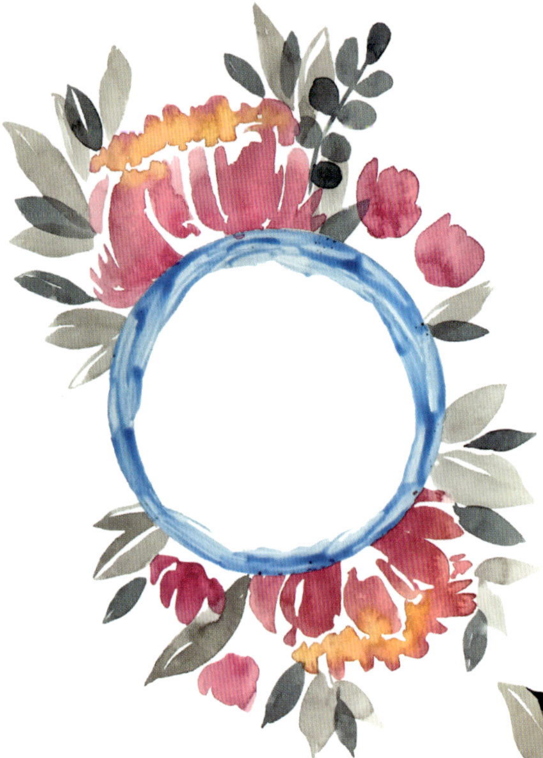

4

Zwei verschiedene, helle Grüntöne sorgen für Abwechslung und Fülle bei den Blättern.

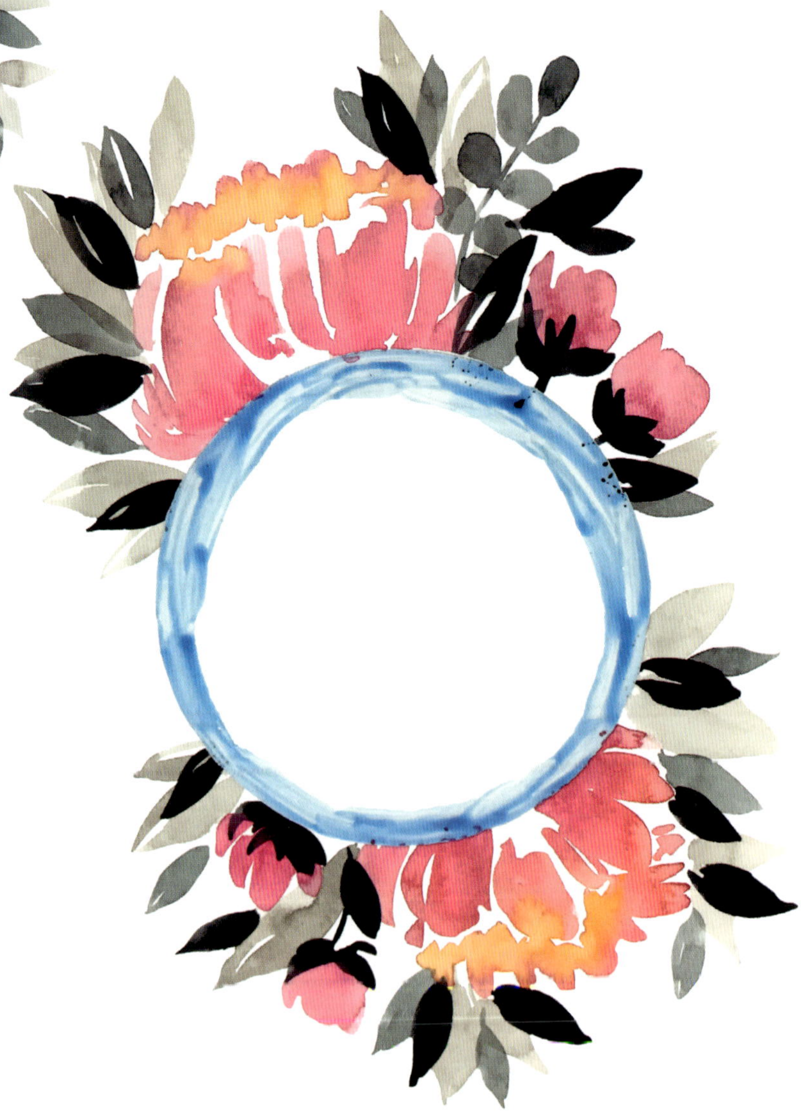

5

Ist die erste Blätterschicht getrocknet, malst du mit einem deckenden Grün noch eine zweite Blattschicht, um die Gestaltung weiter zu akzentuieren.

Ist die Farbe gut durchgetrocknet, kannst du den Mask Liner vorsichtig mit dem Finger abrubbeln und einen Spruch deiner Wahl in die Mitte der floralen Illustration schreiben.

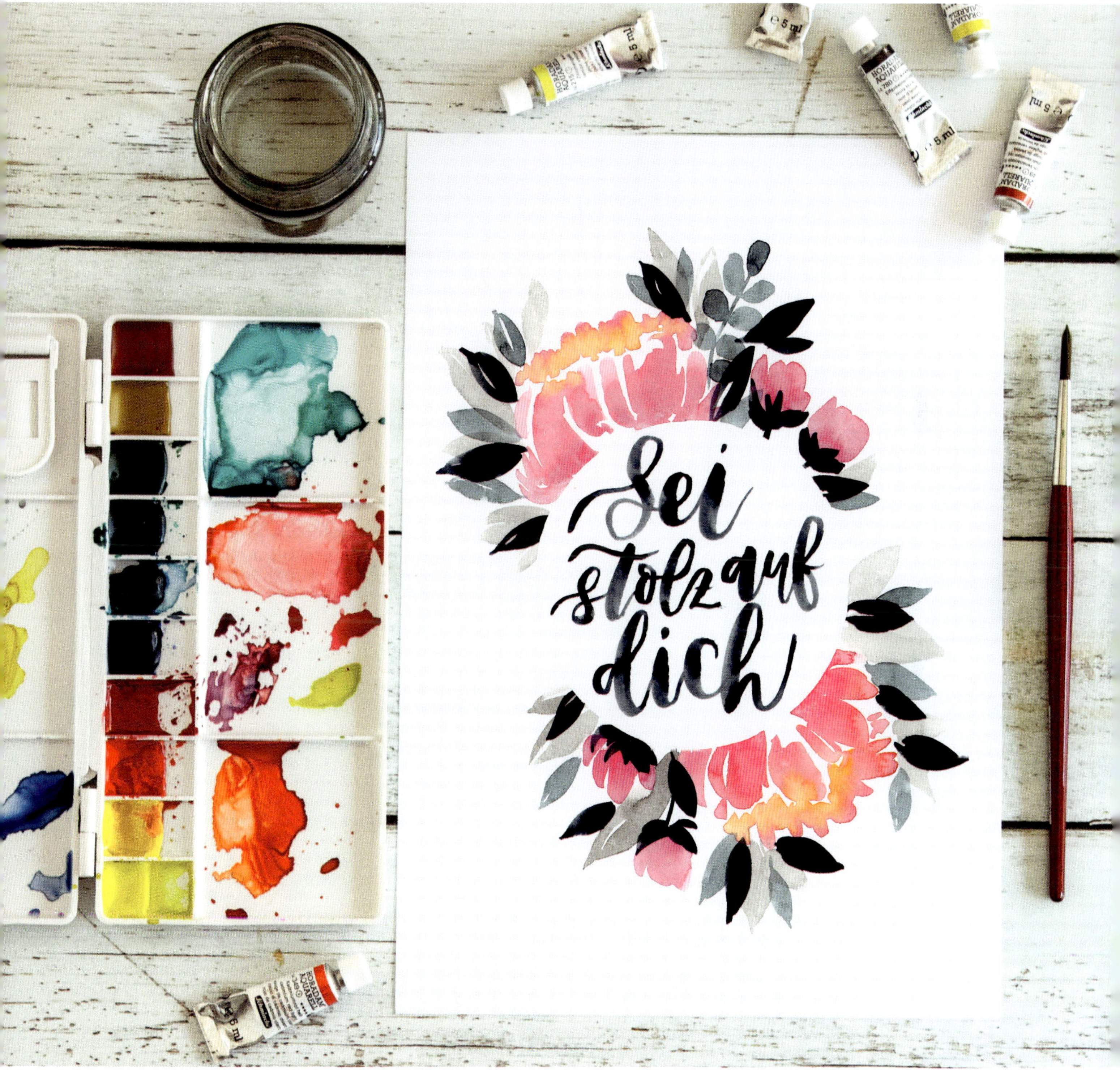
Sei
stolz auf
dich

PROJEKT #10
BLUMENEIS

MATERIAL

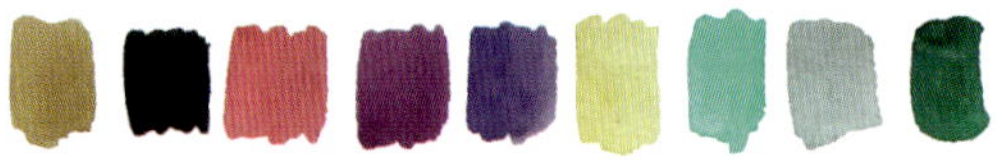

Farben: Beige, Dunkelbraun, Pink, Violett, Lila, Gelbbeige, Türkis, Blaugrau, Dunkelgrün
Rundpinsel: Größe 2, 6 und 8

Das Coole am Malen ist: Wir können uns unsere eigene Realität erschaffen. Und in meiner Realität gibt es Blumen in einer Eistüte. Damit wird unser letztes Projekt zu einem richtigen Eyecatcher.

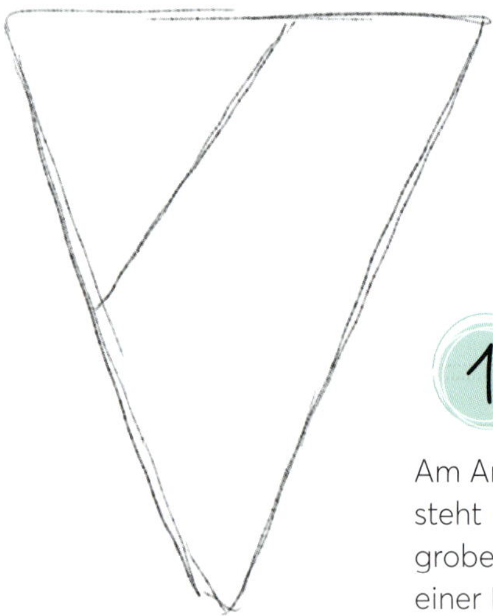

1 Am Anfang steht hier die grobe Skizze einer Eistüte.

2 Gestalte anschließend die Blüten oberhalb deiner Eistüte.

3

Fülle die Zwischenräume mit Blättern auf …

4

… und male die Stempel der Blüten.

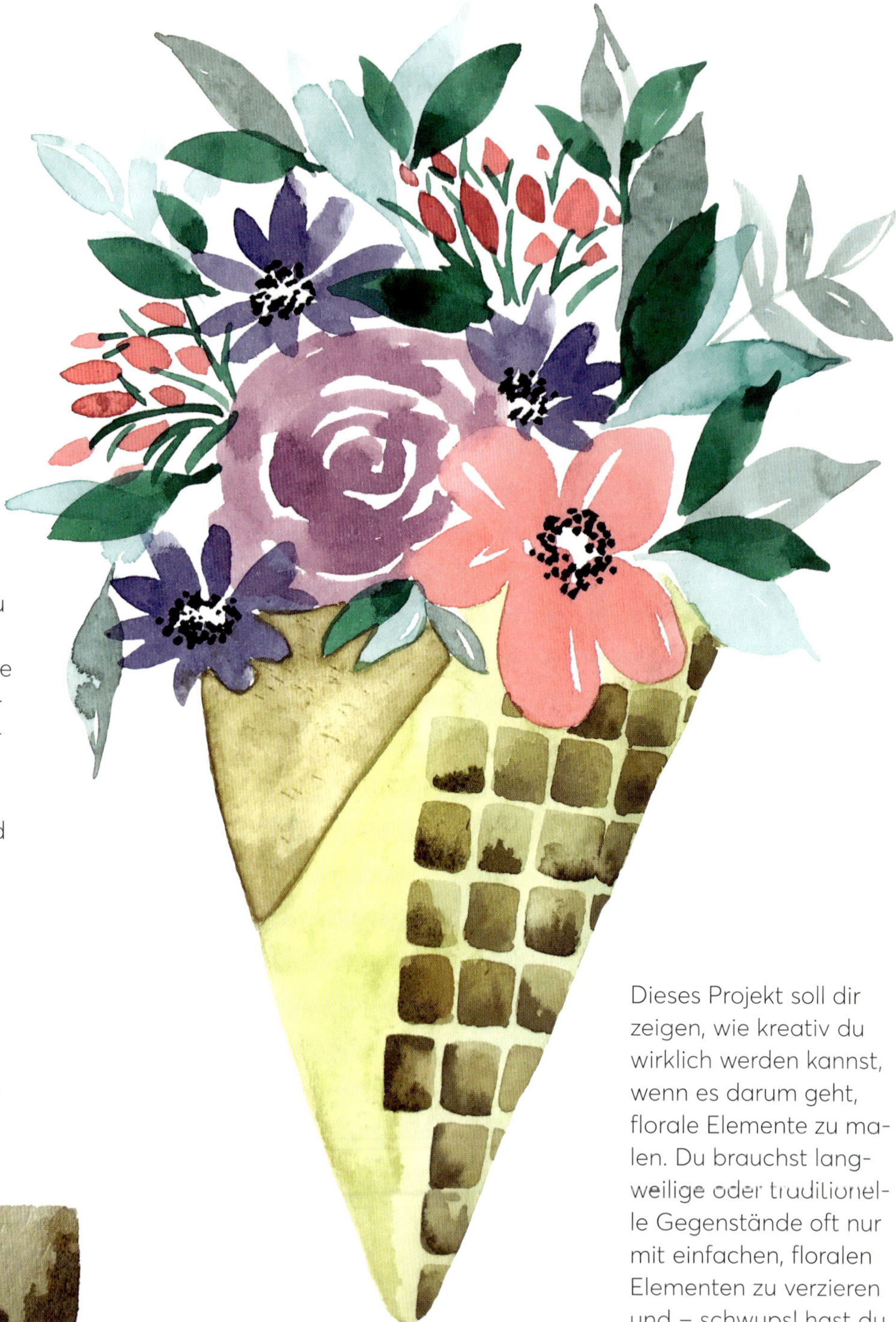

5

Die Waffeltüte malst du mit einem hellen Beige aus, die linke obere Ecke erhält ein leicht dunkleres Beige. Nun ist Fleißarbeit gefordert. Kleine Kästchen bedecken im gleichmäßigen Abstand die Tüte – der Waffellook.
Dafür malen wir ein Kästchen in einem Beigeton und geben in die noch feuchte Farbe in die untere linke Ecke einen Braunton, sodass ein leichter Farbverlauf entsteht.

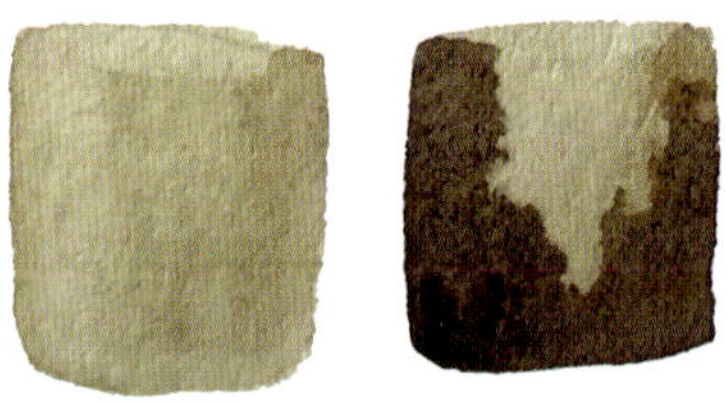

Dieses Projekt soll dir zeigen, wie kreativ du wirklich werden kannst, wenn es darum geht, florale Elemente zu malen. Du brauchst langweilige oder traditionelle Gegenstände oft nur mit einfachen, floralen Elementen zu verzieren und – schwups! hast du ein neues Trendobjekt.

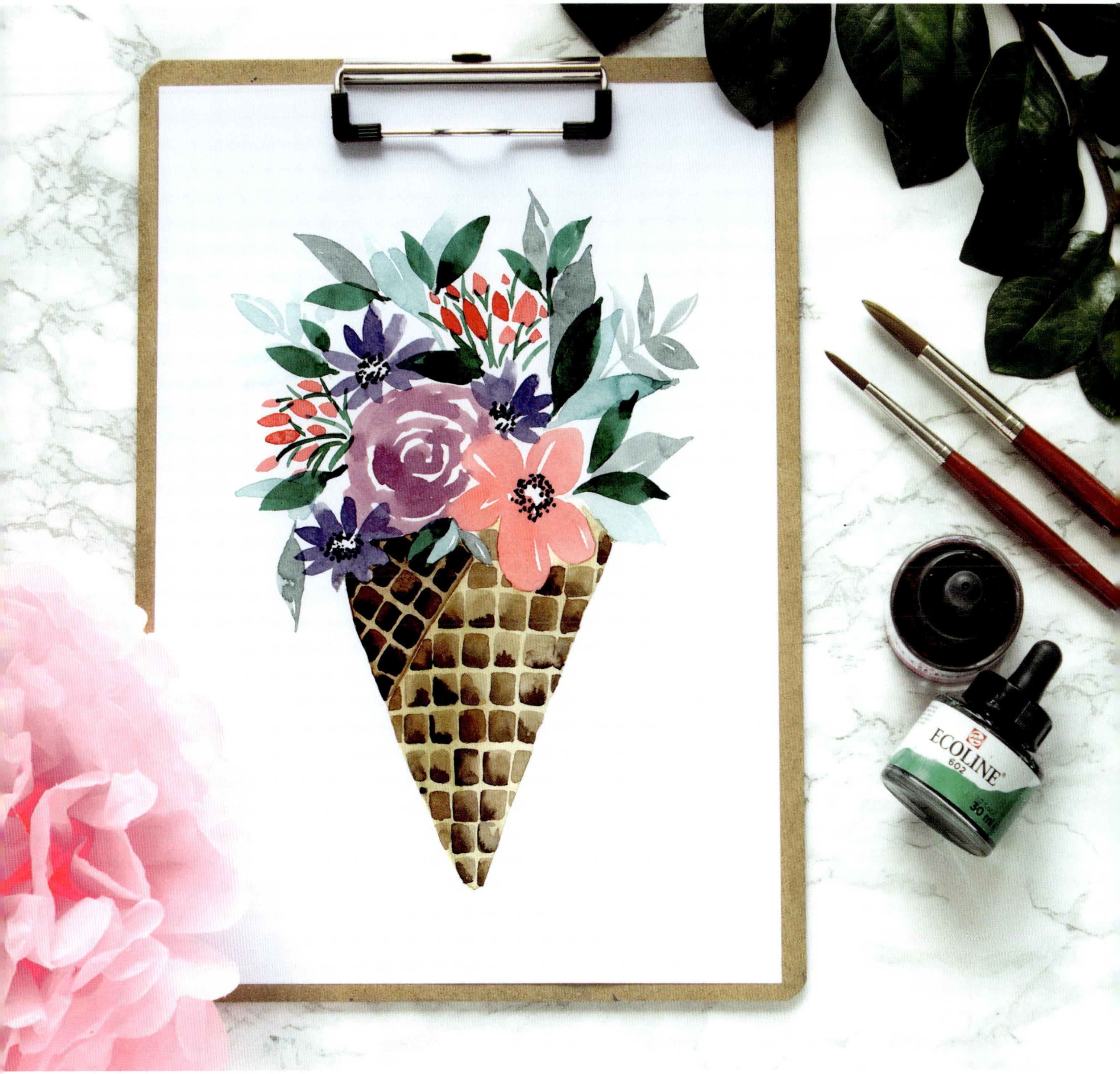
ECOLINE
602

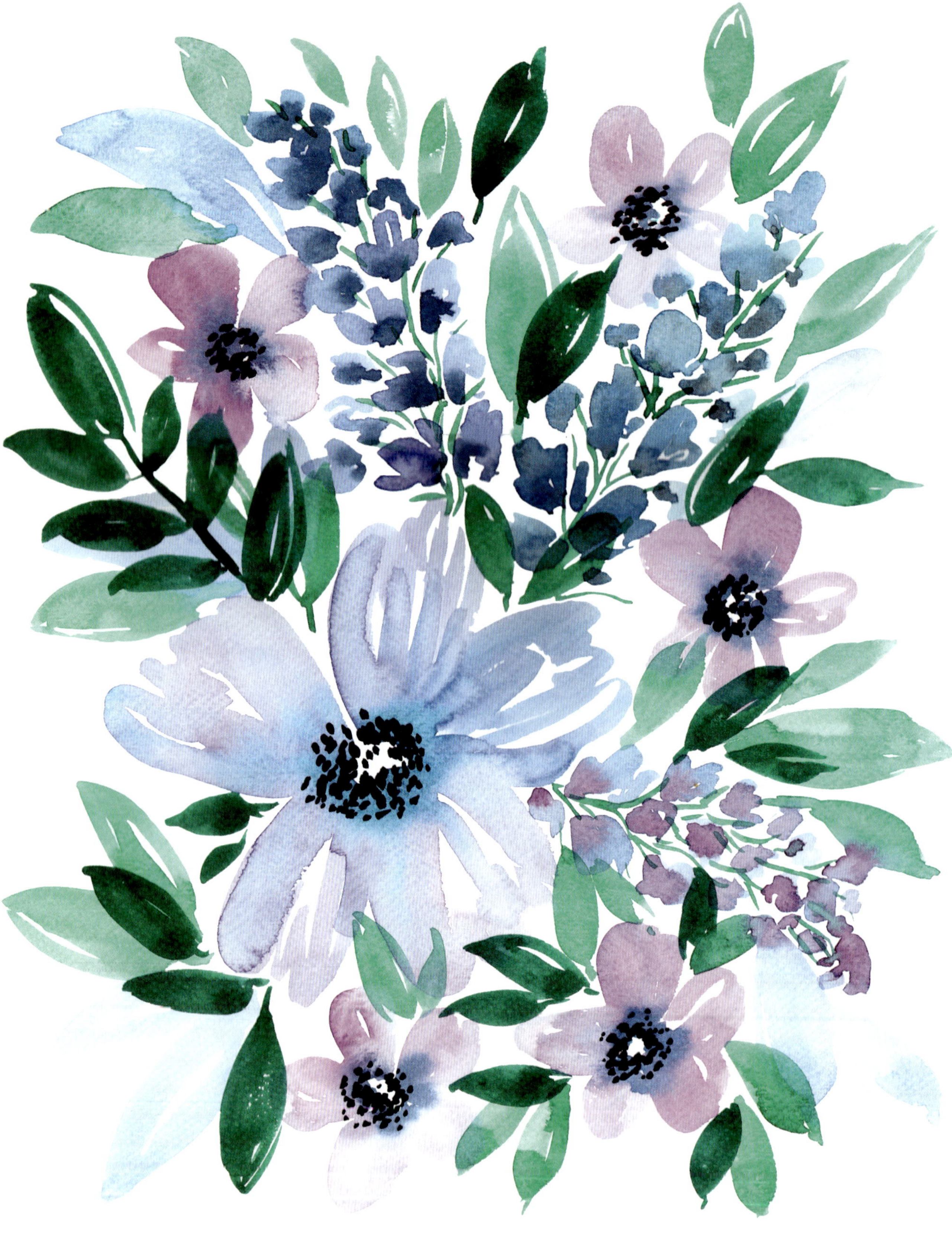

KAPITEL 4

FLORALE BIBLIOTHEK

Die Blüten- und Blättervariationen auf den vorhergehenden Seiten waren nur ein Bruchteil des floralen Reichtums, den die Natur bereithält. Es gibt natürlich noch unzählige weitere Elemente – nicht zuletzt auch in deiner Fantasie! Damit du für dein eigenes florales Projekt perfekt ausgestattet bist, findest du auf den nächsten Seiten jede Menge Inspiration.

Let's Watercolor!

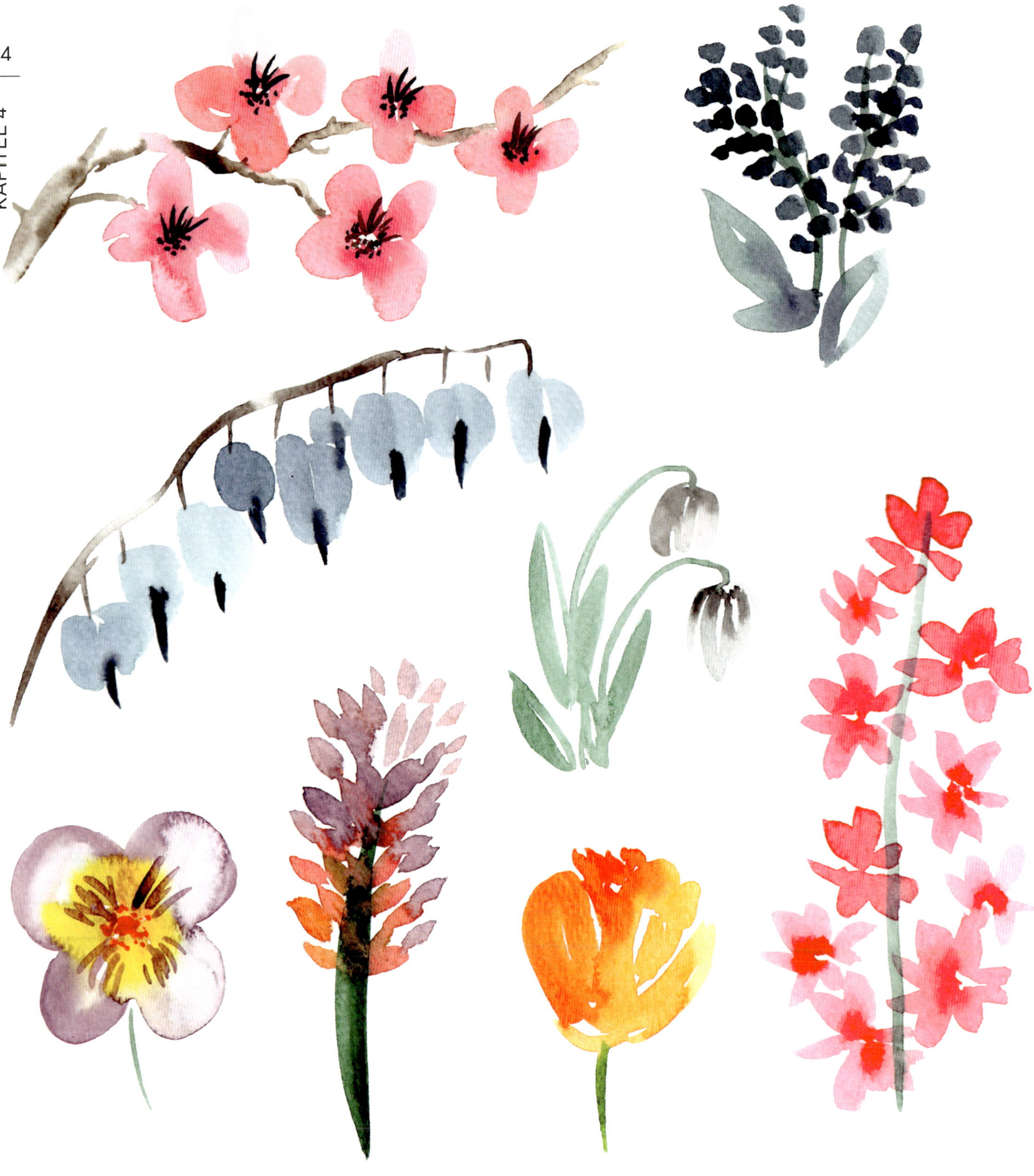

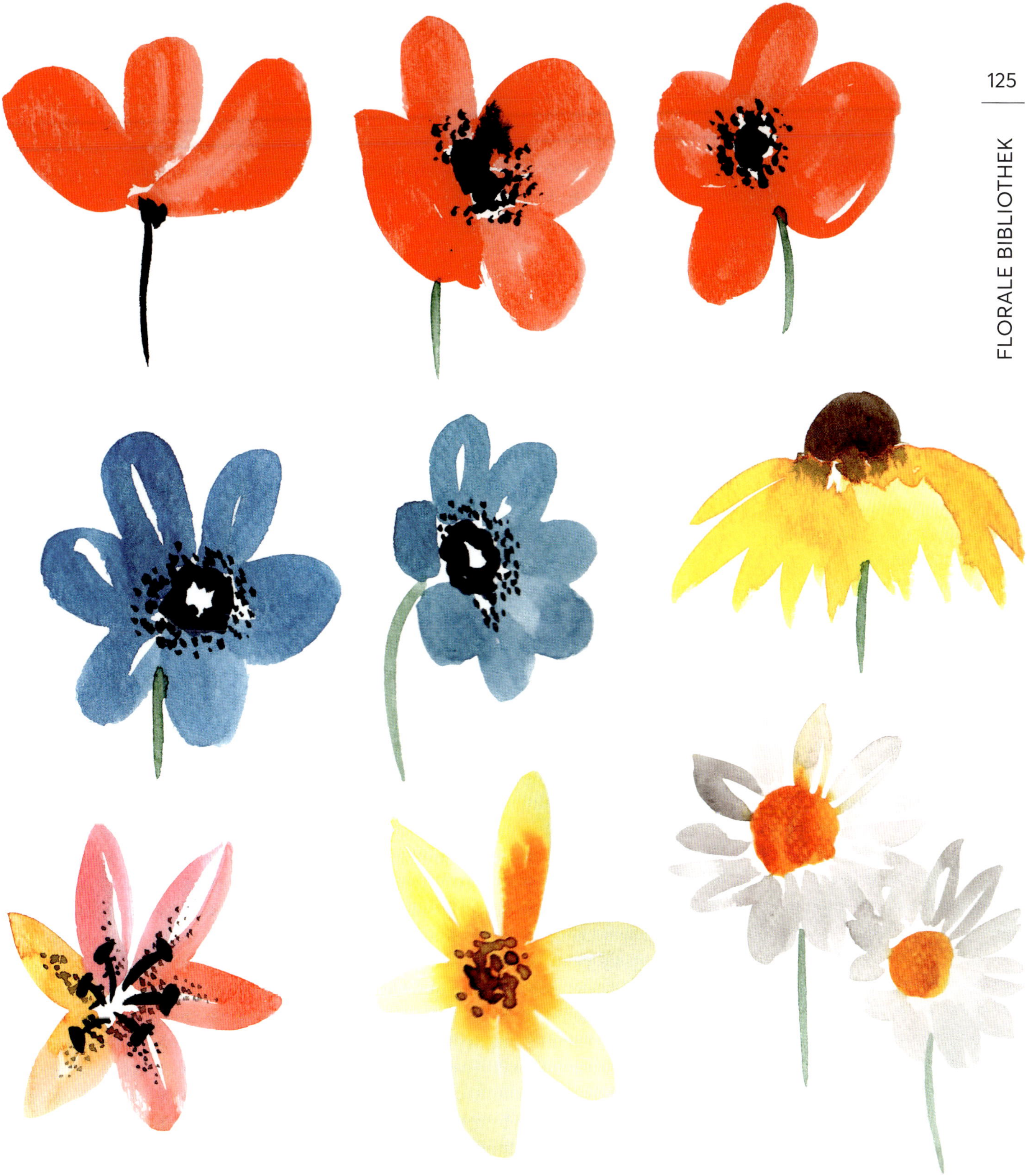

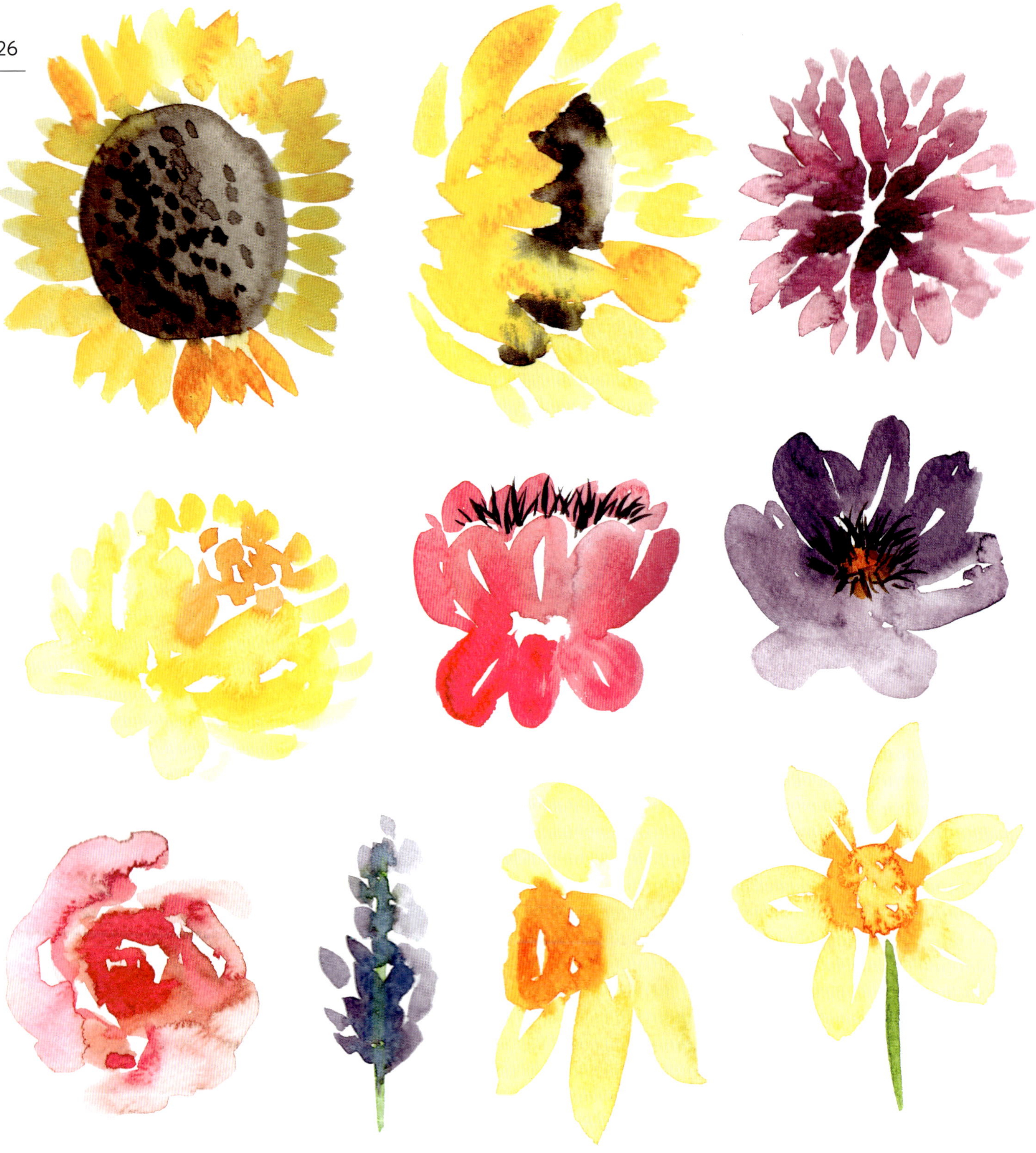

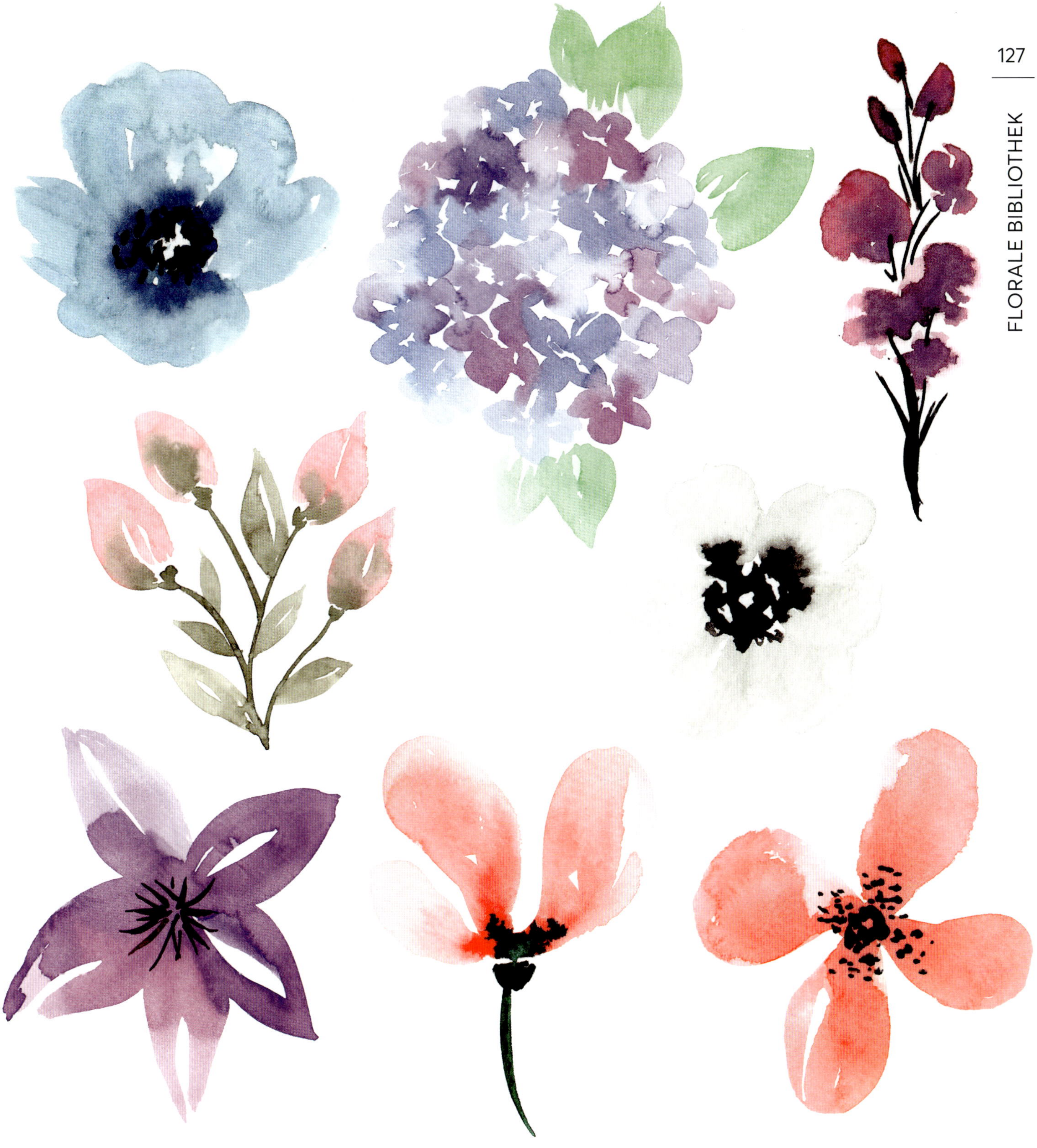

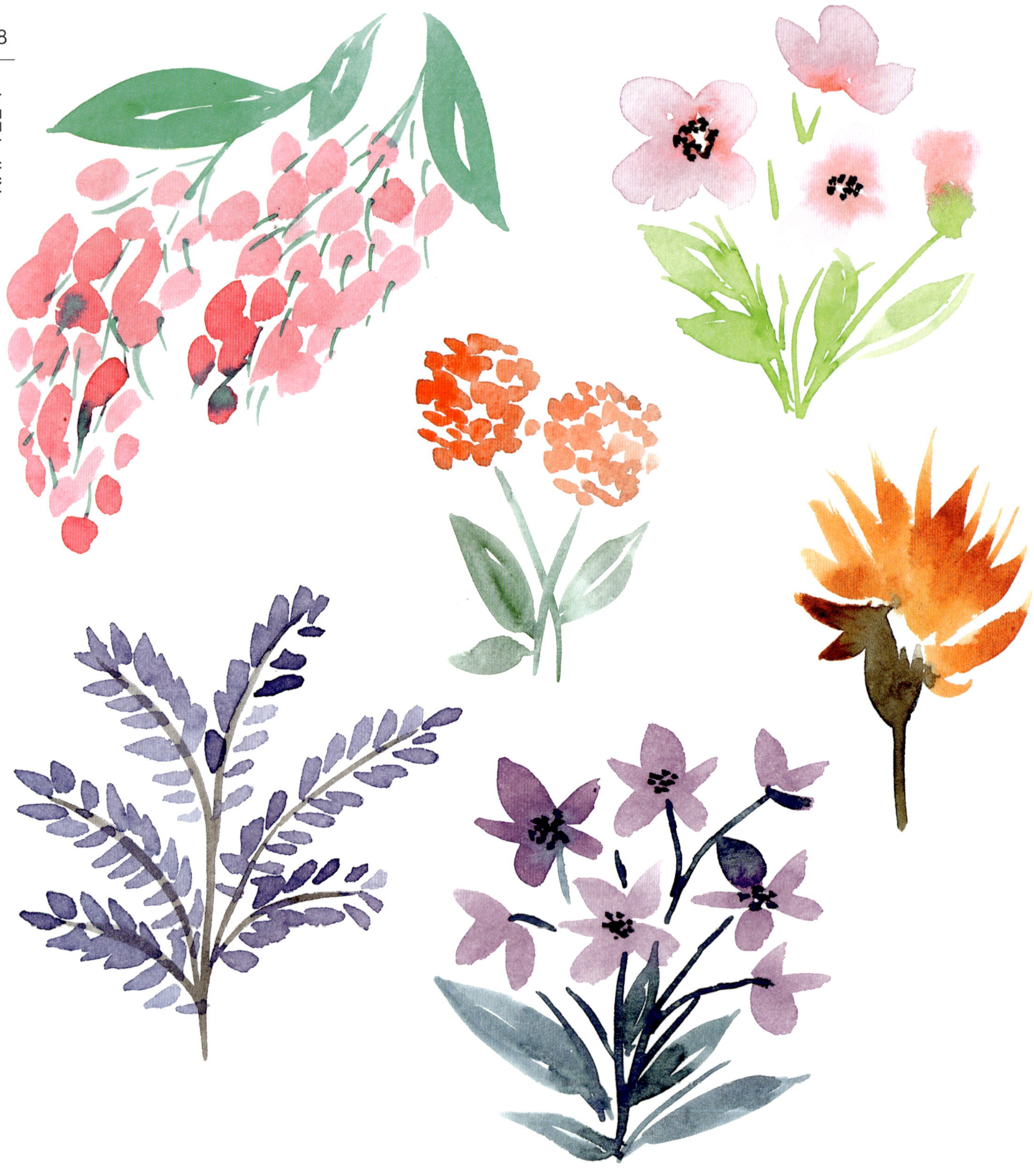

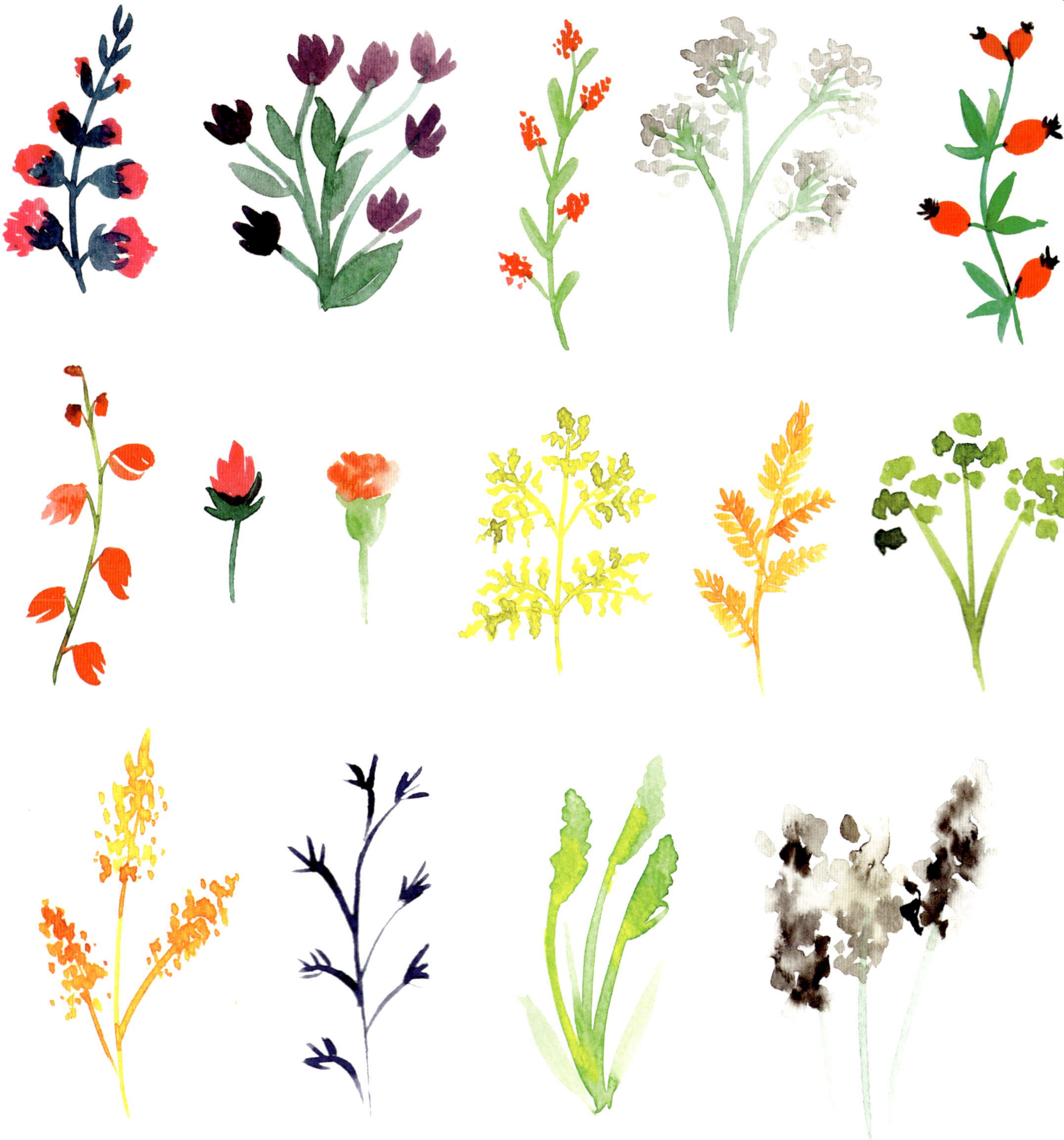

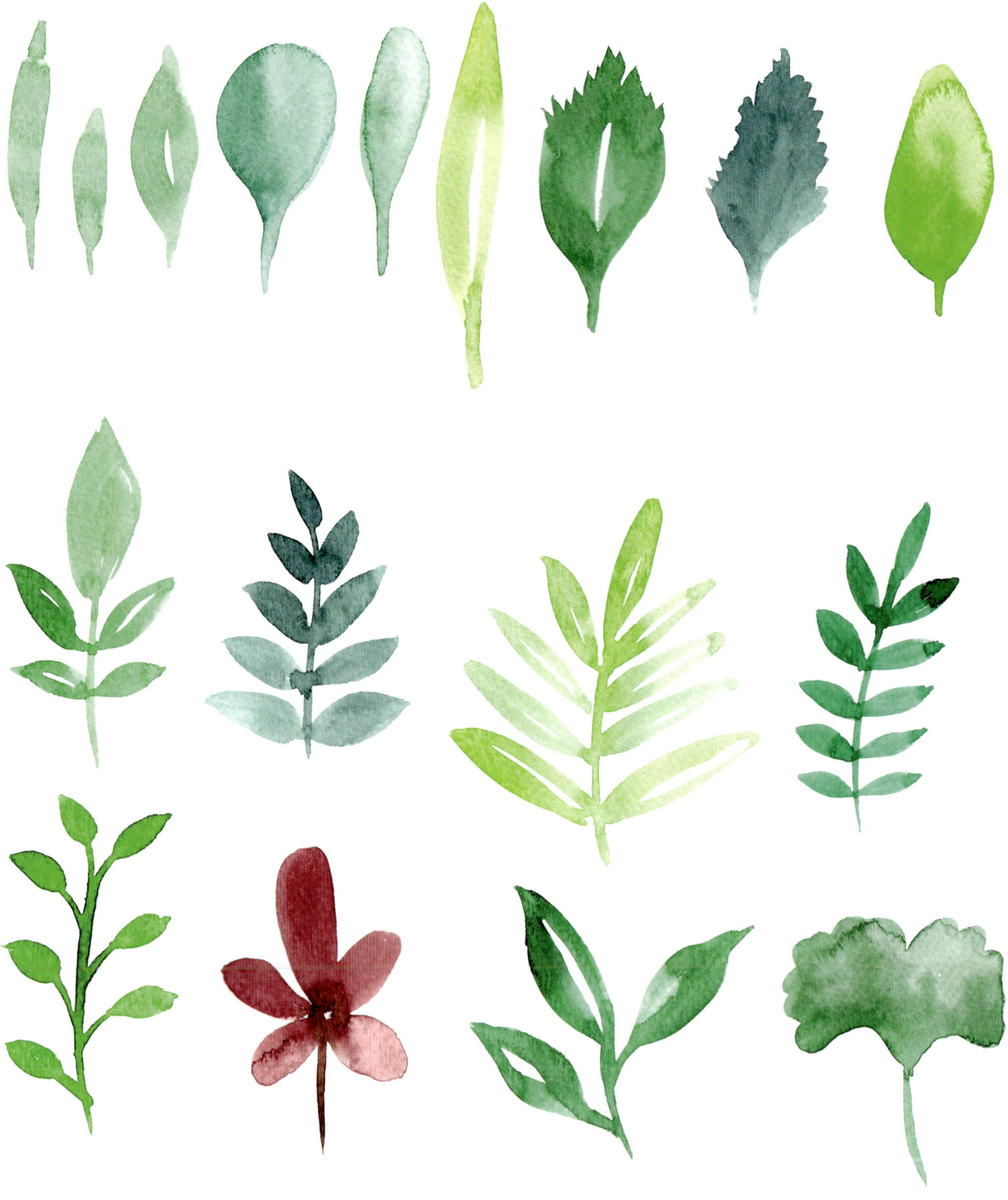

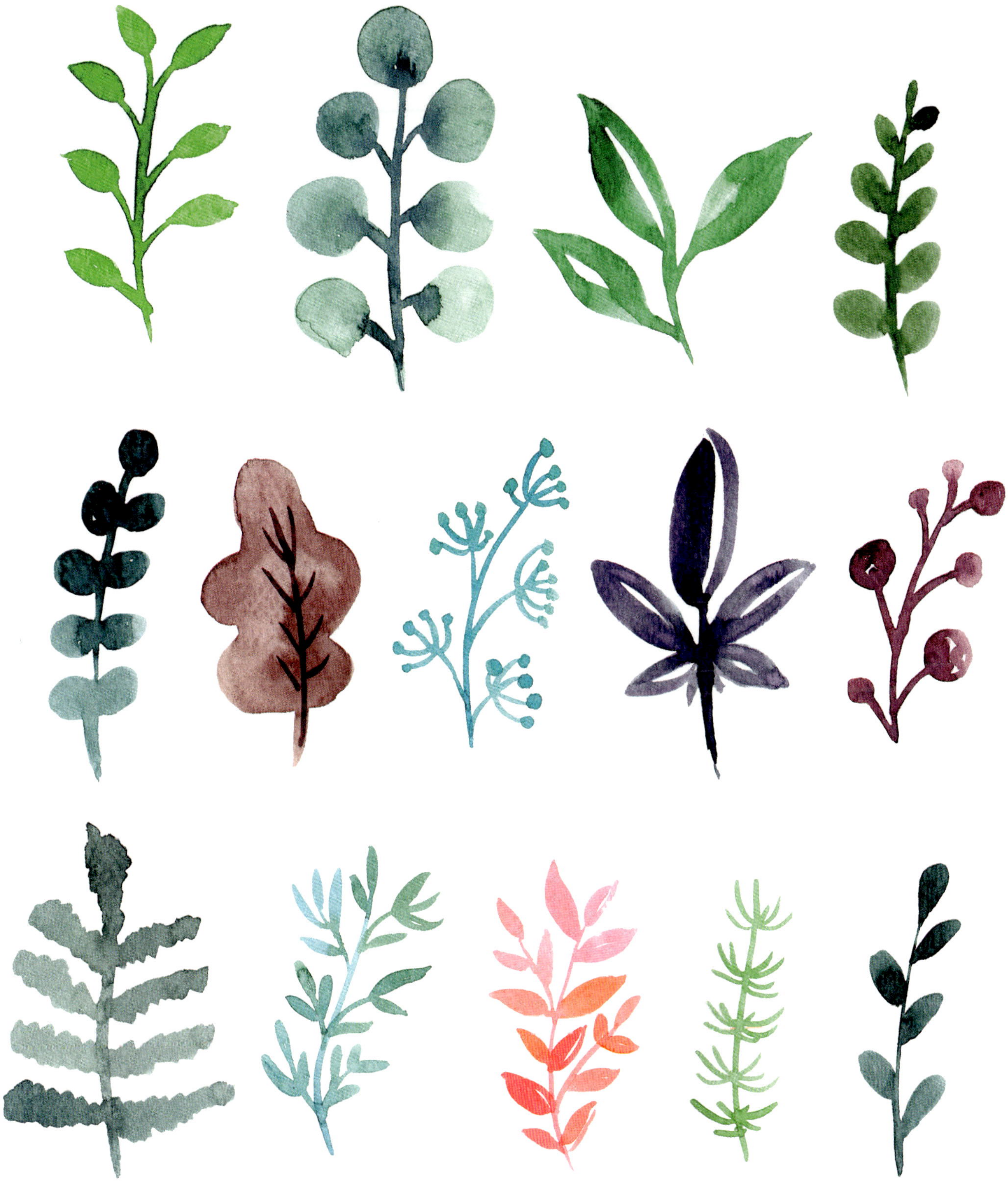

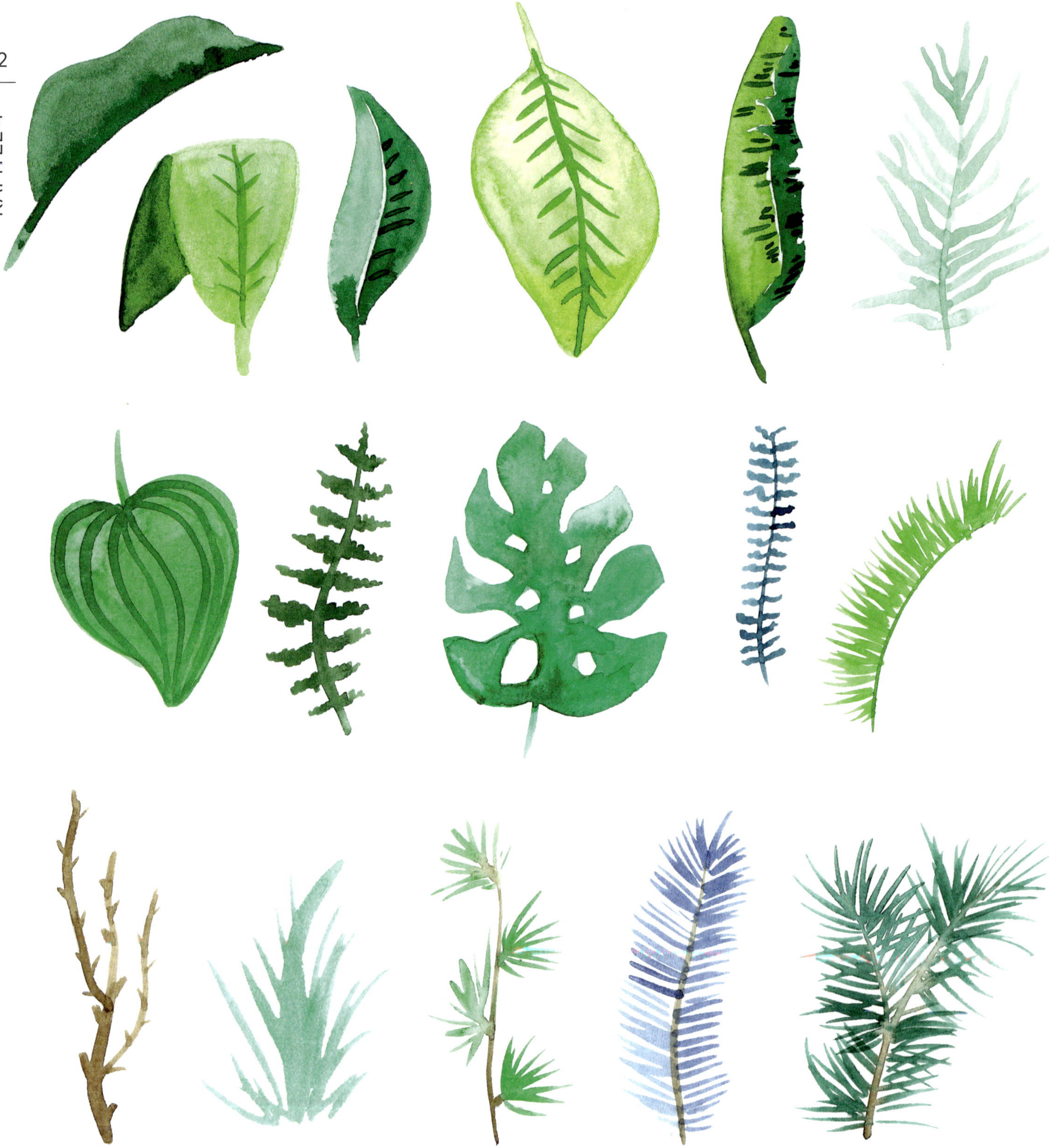

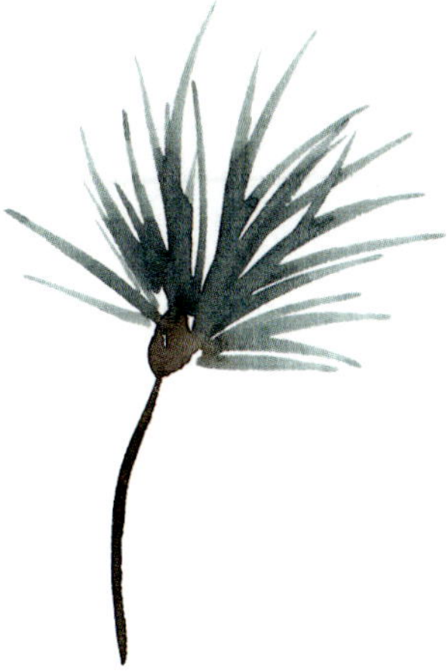
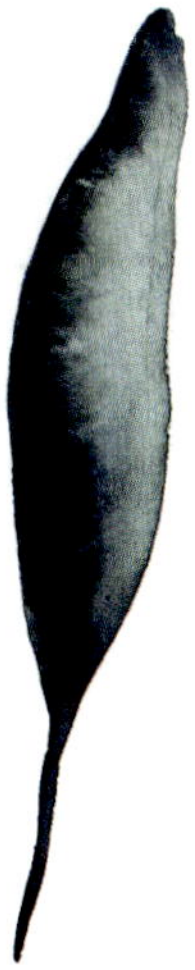
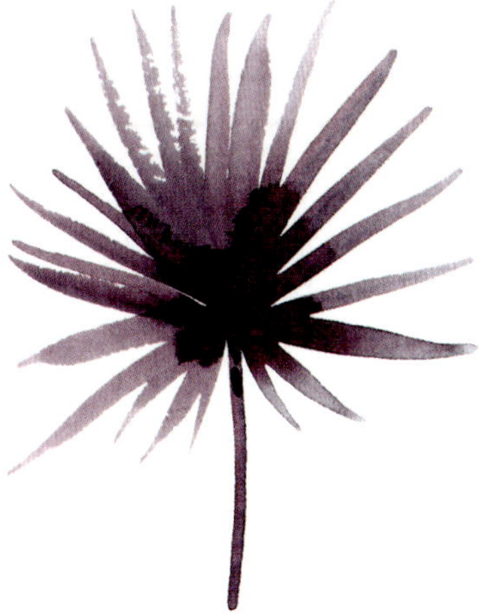
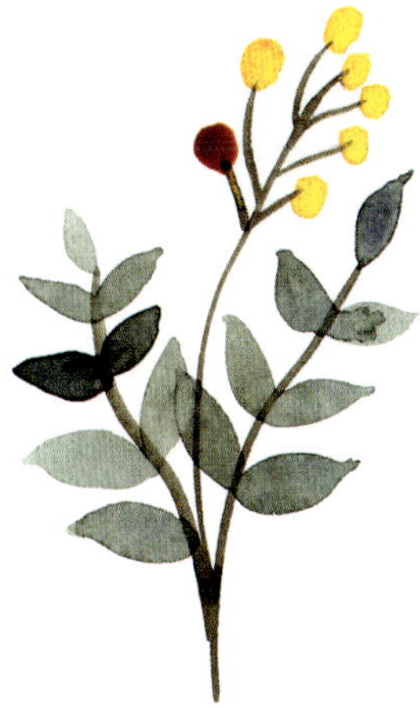
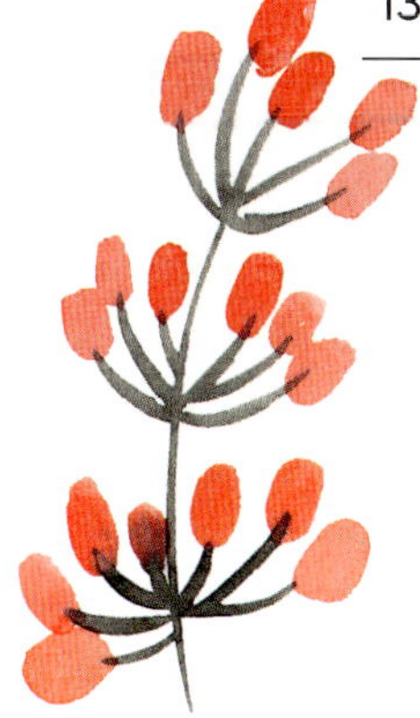
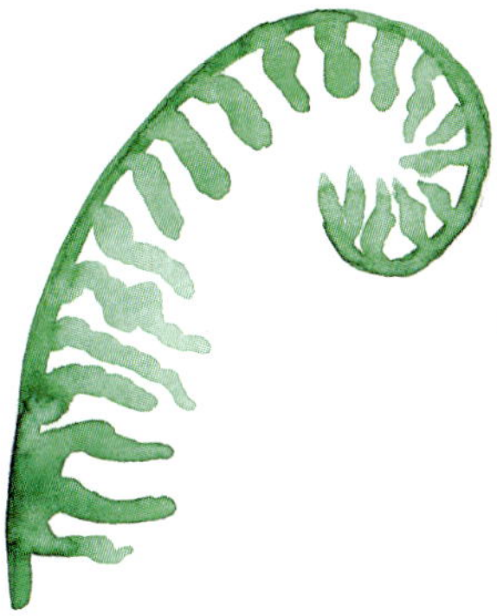
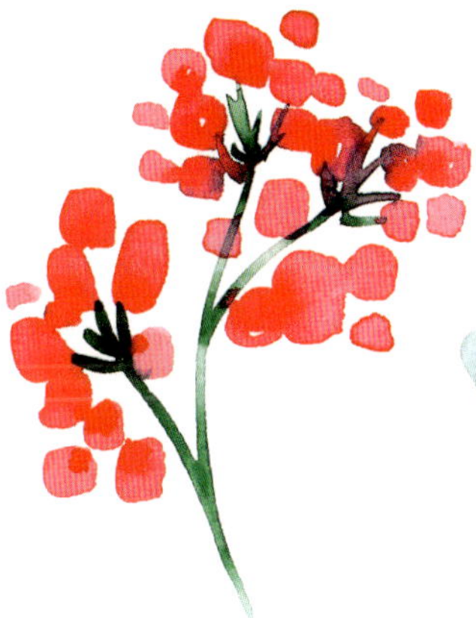
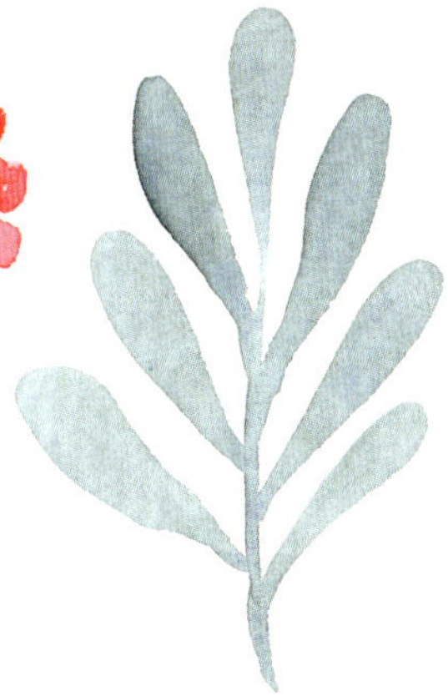
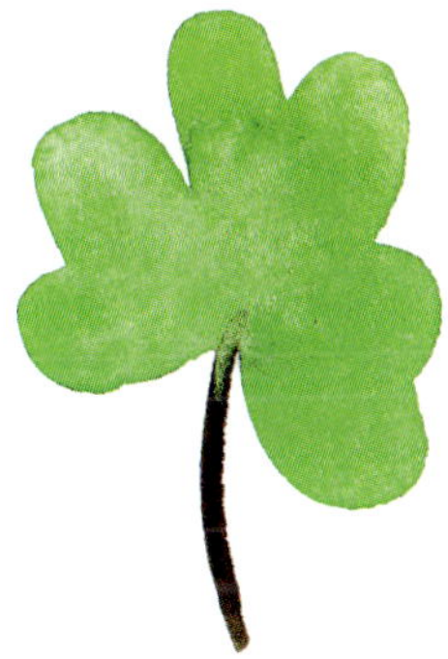
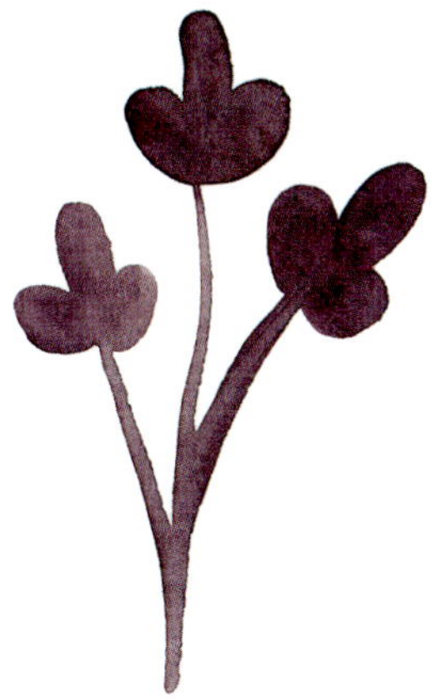
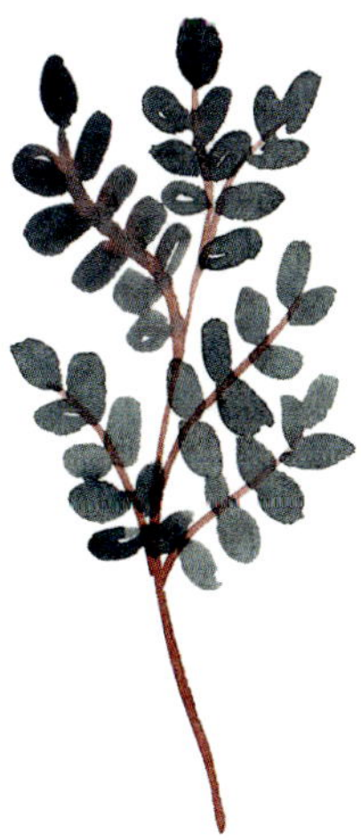
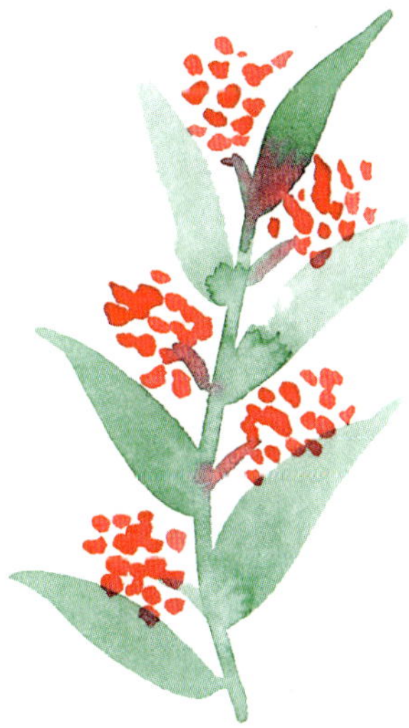
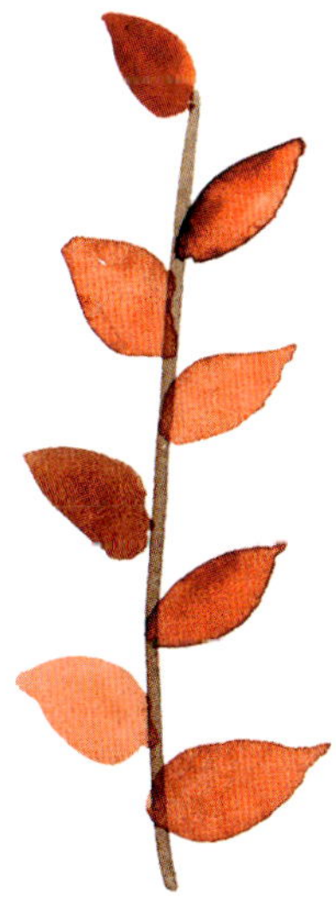
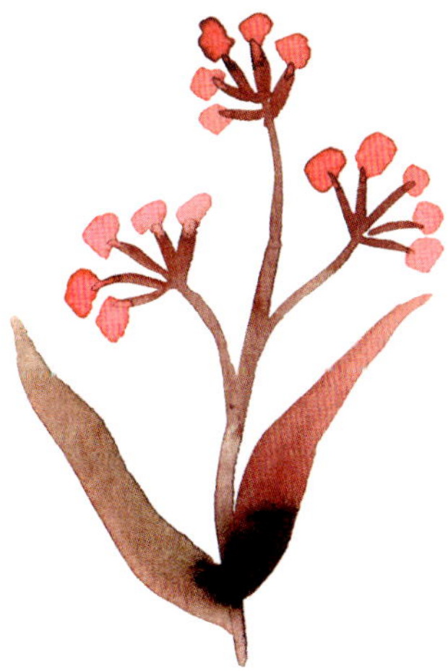
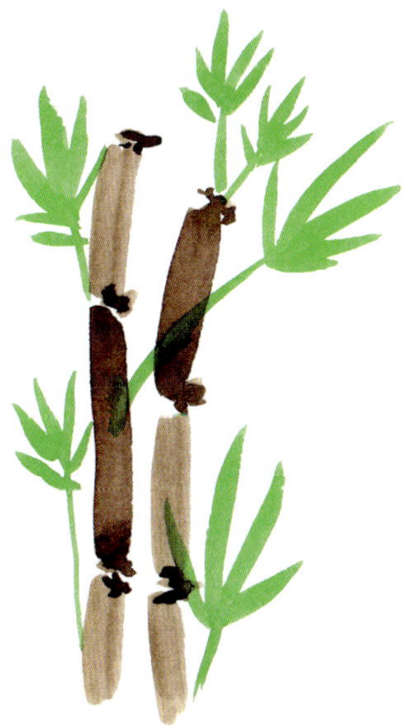

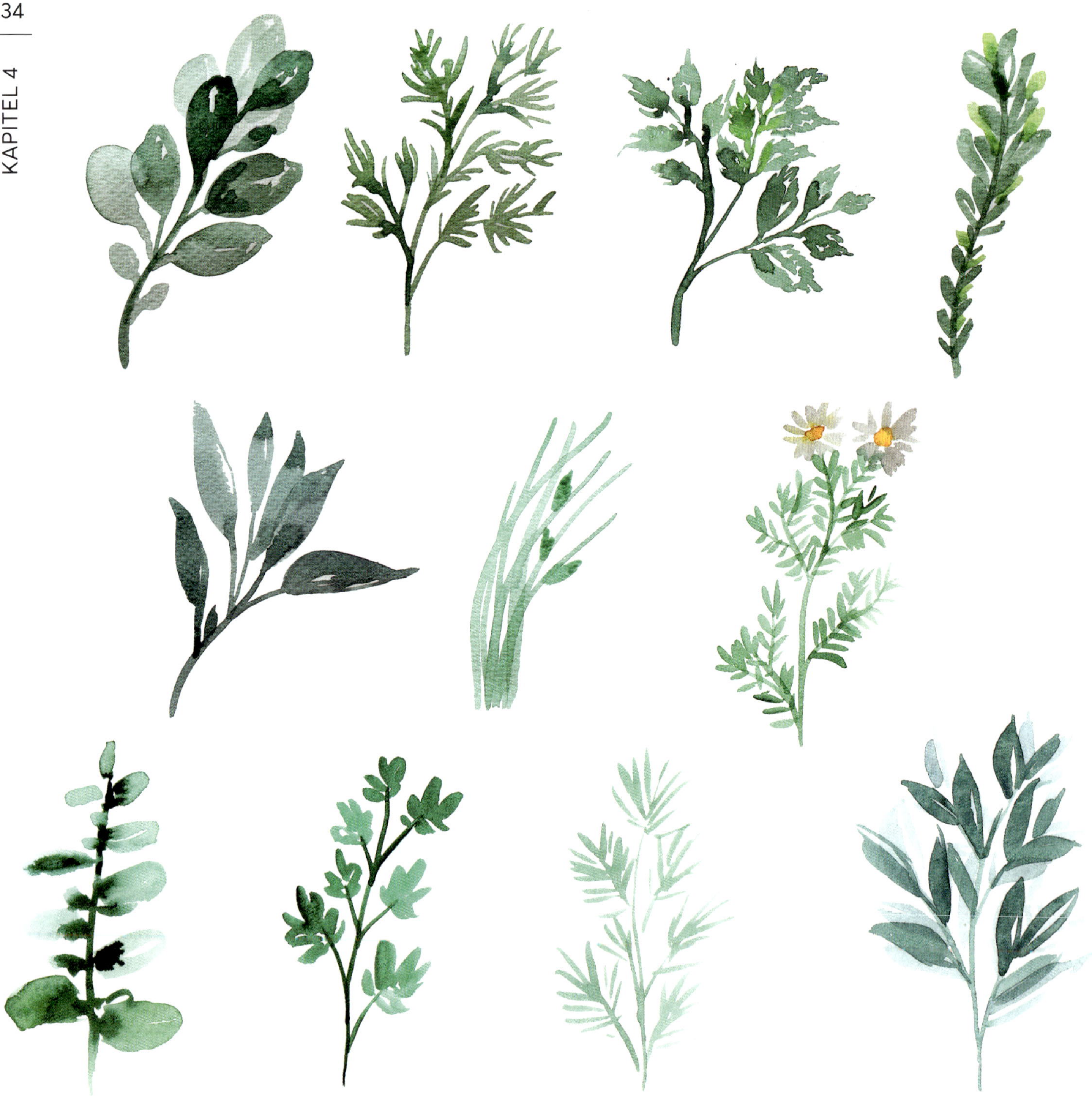

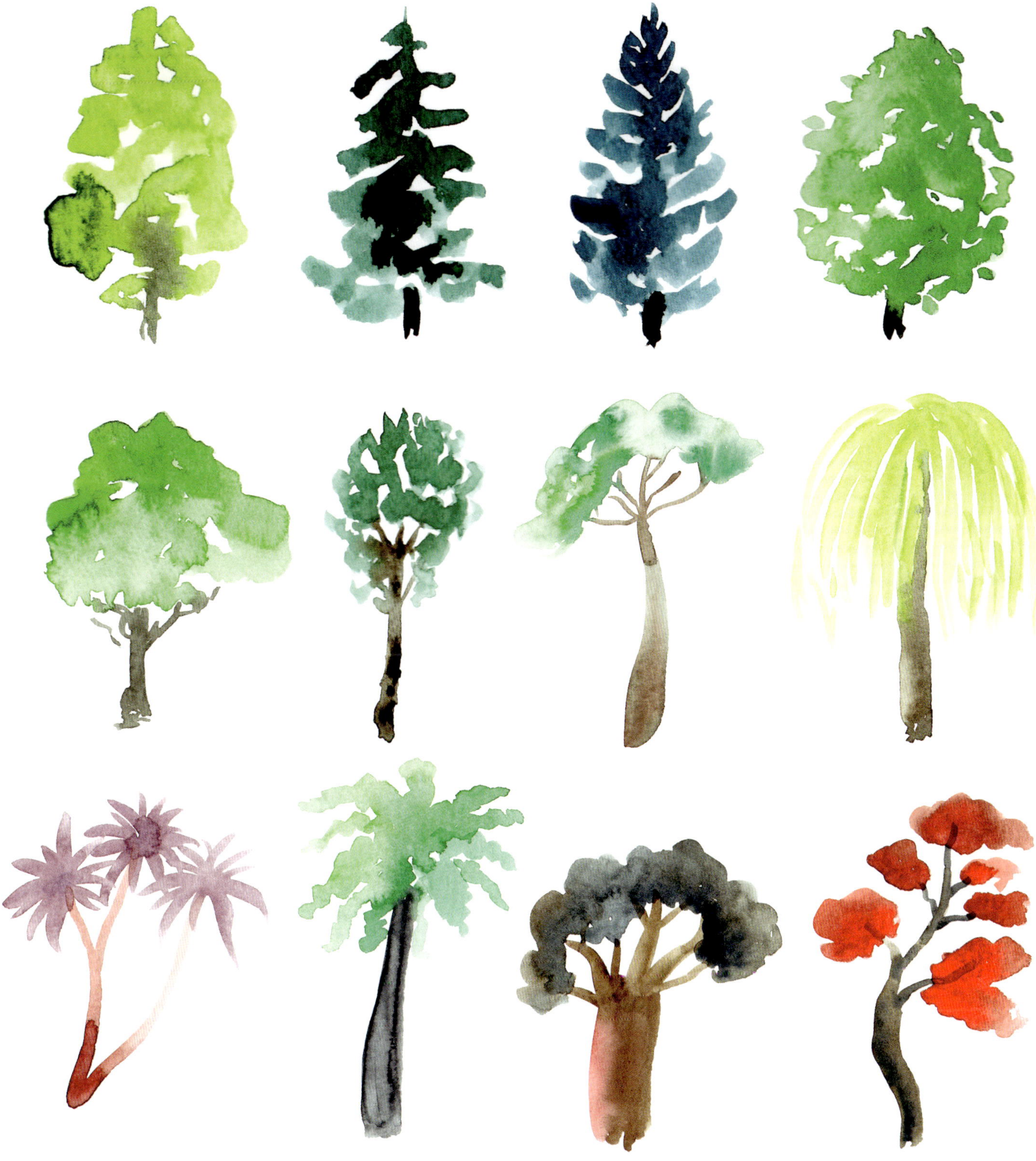

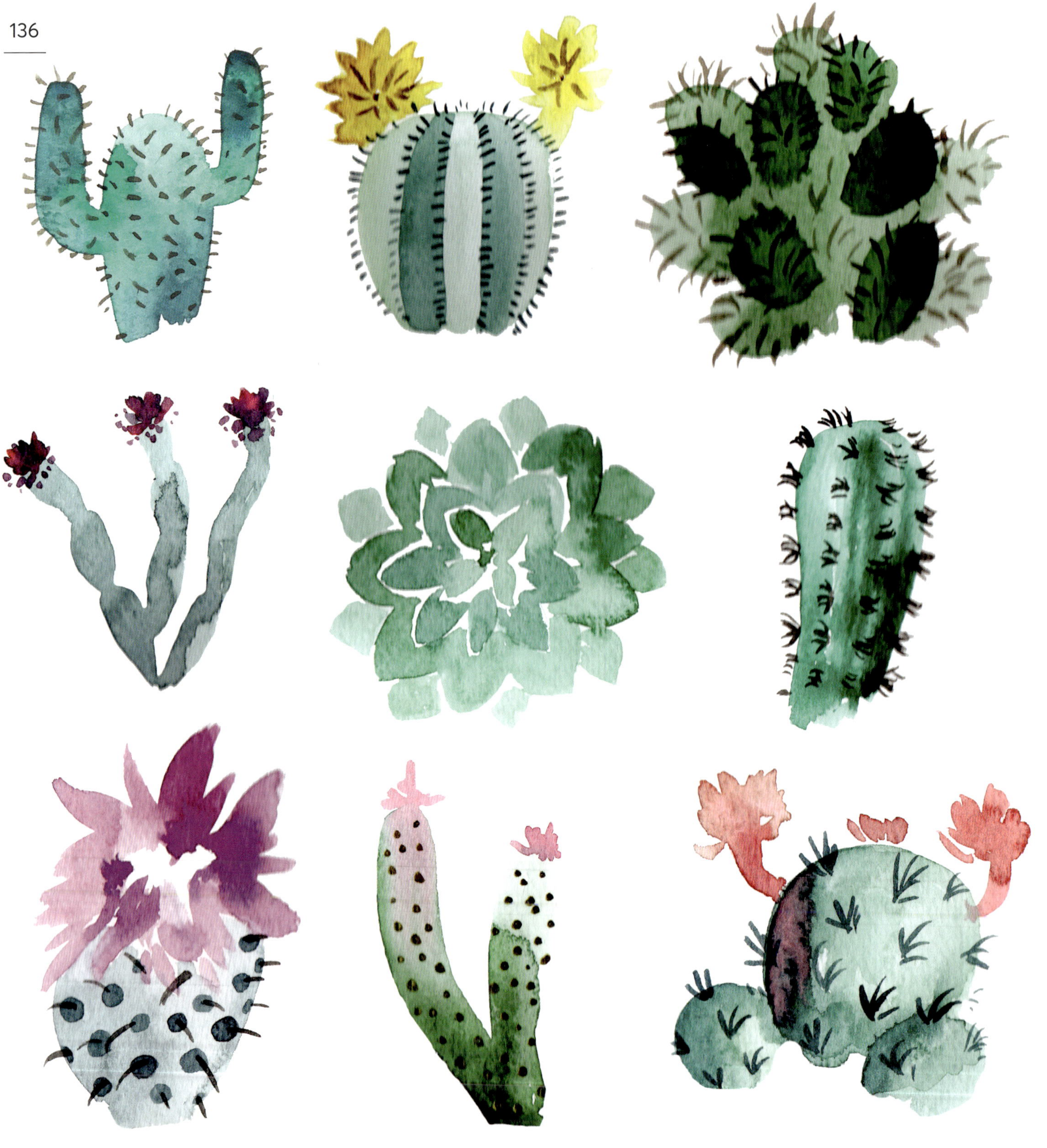

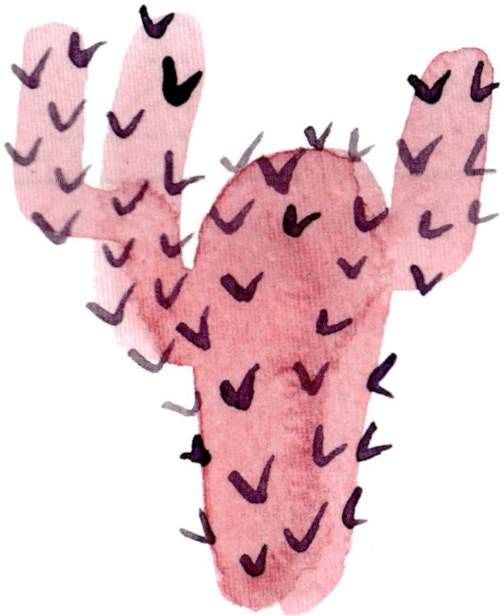
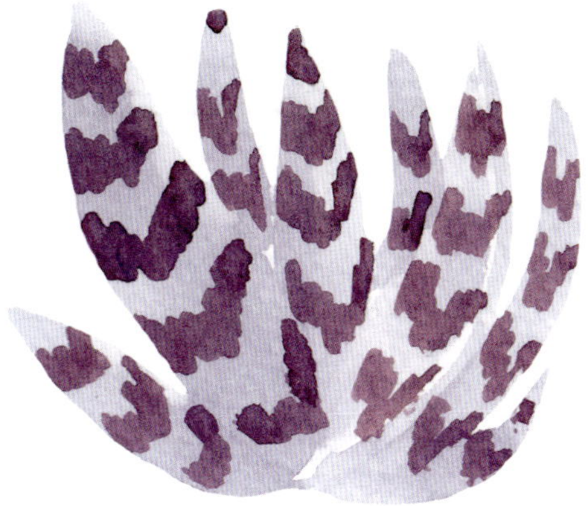
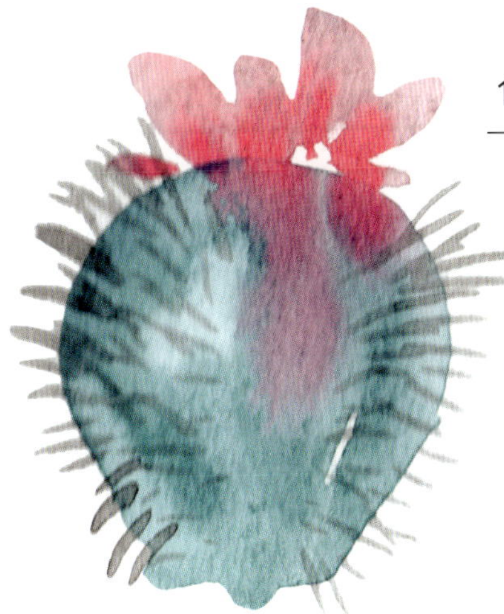
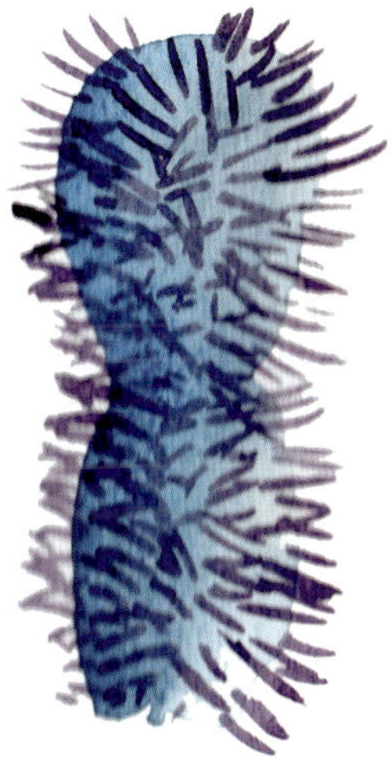
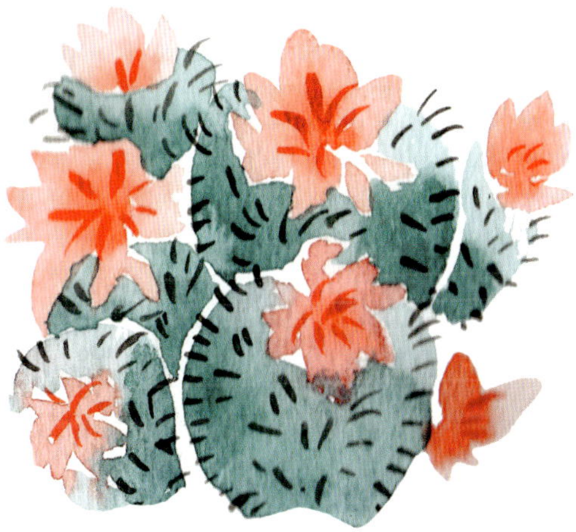
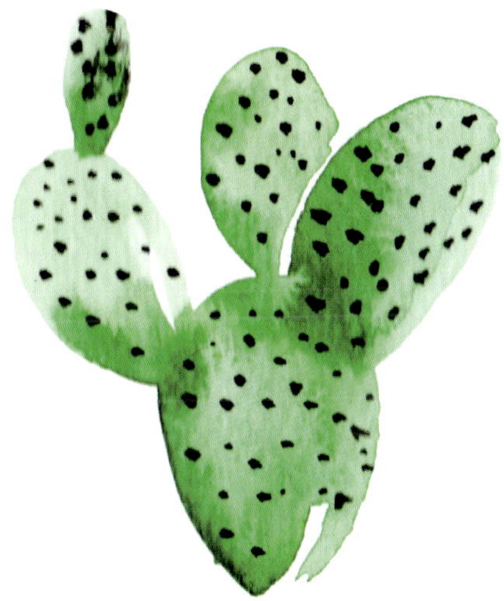
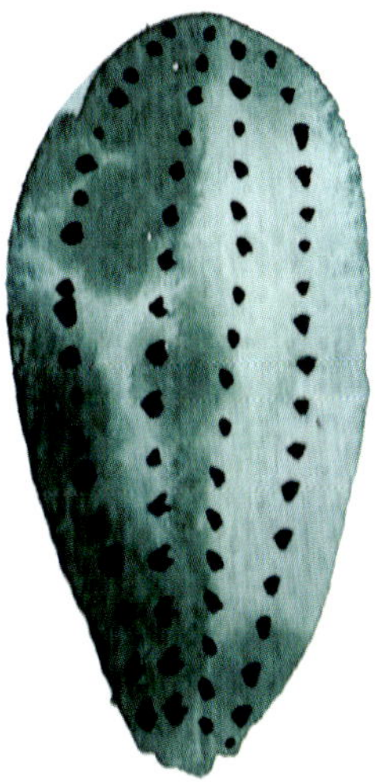
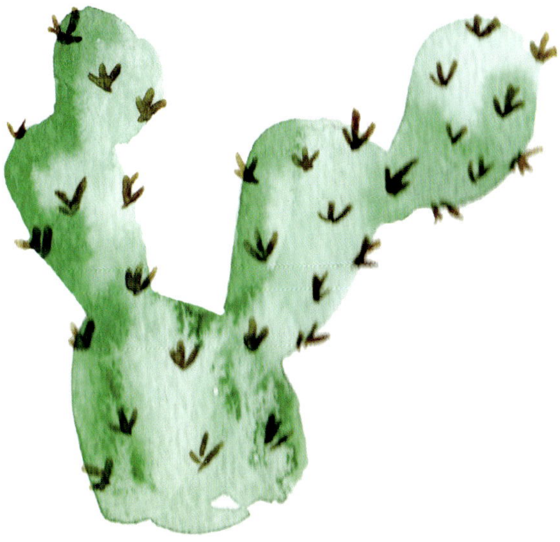
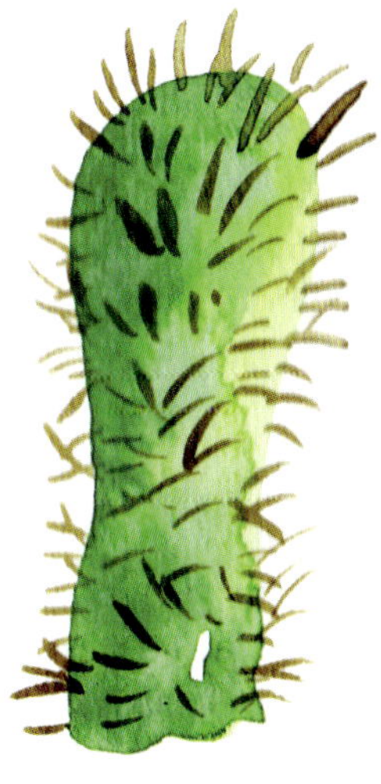

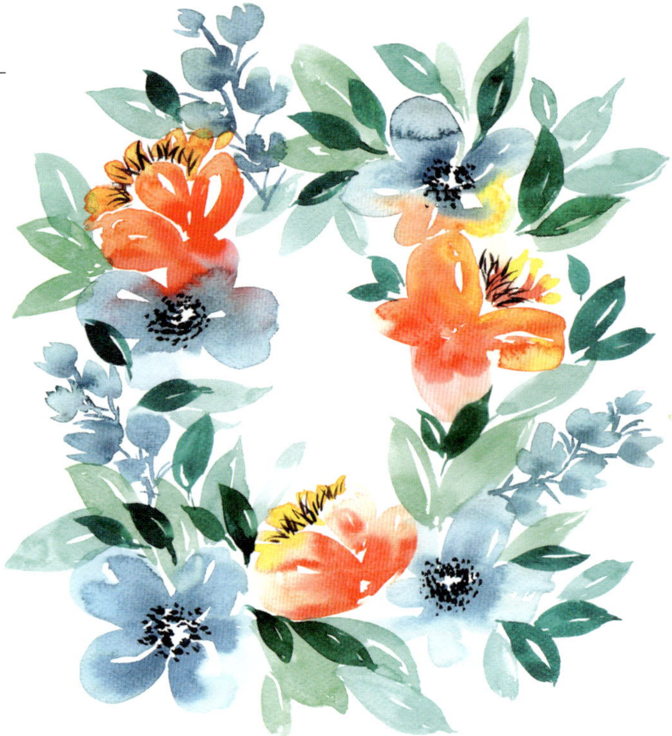

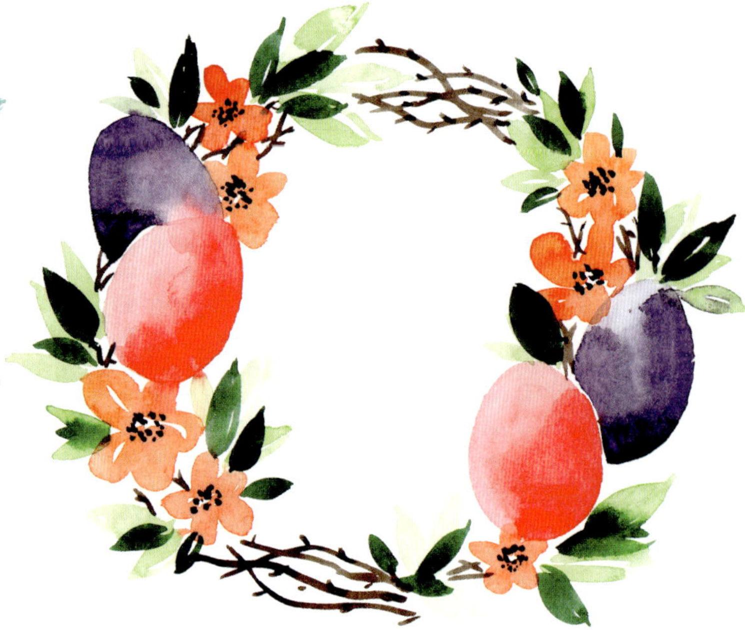

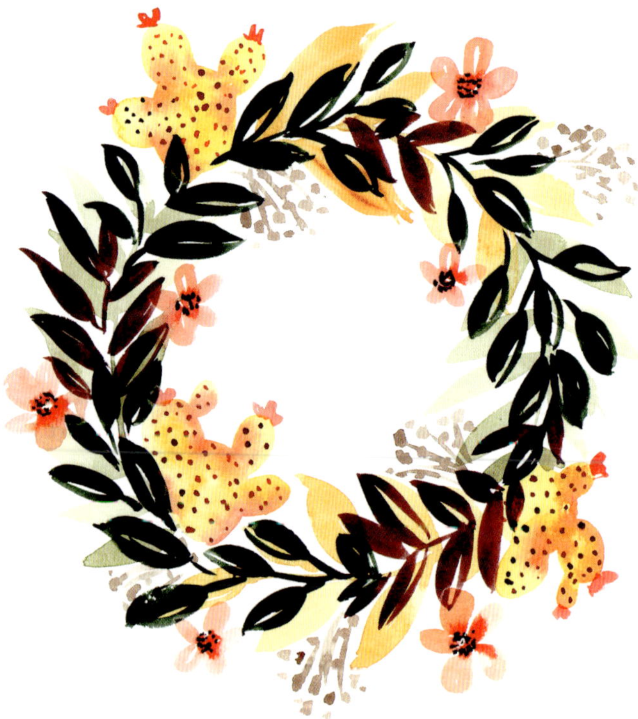

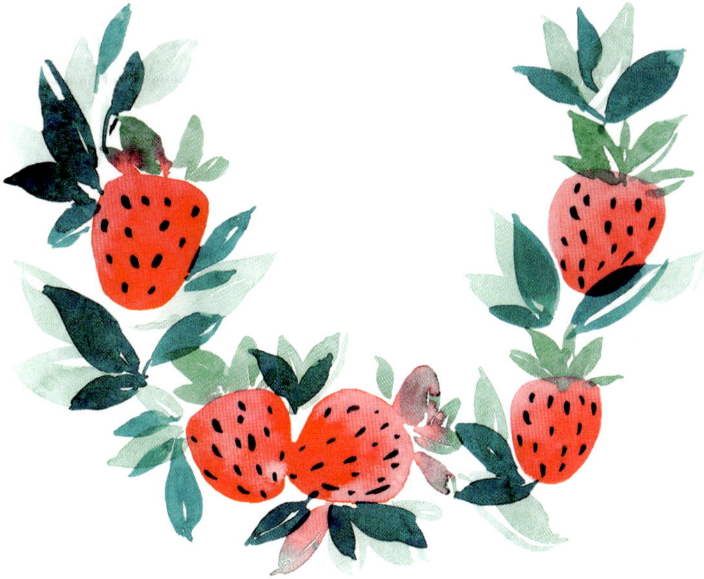

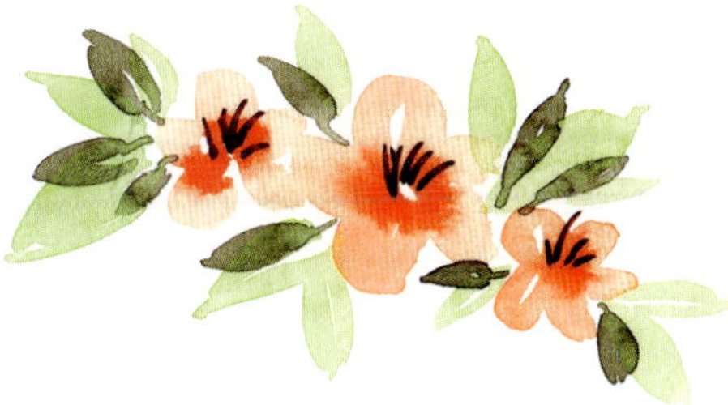

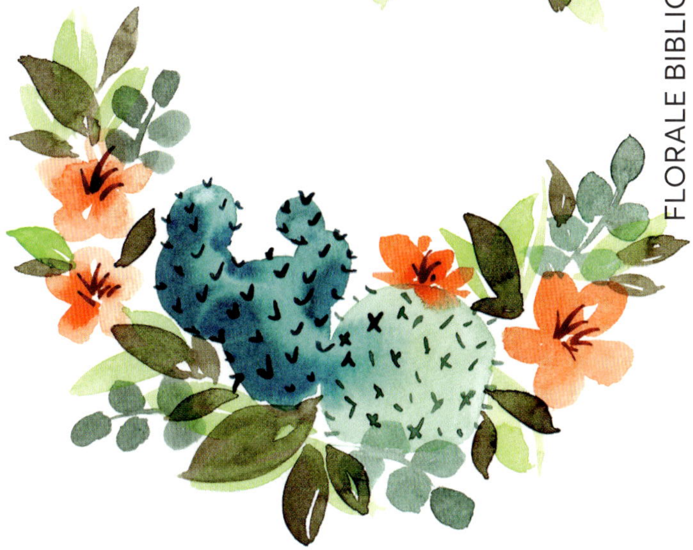

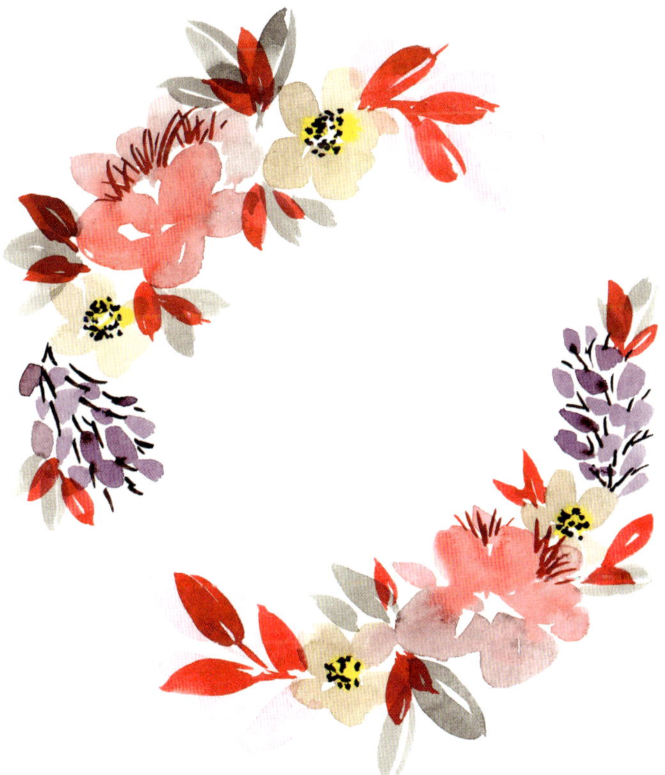

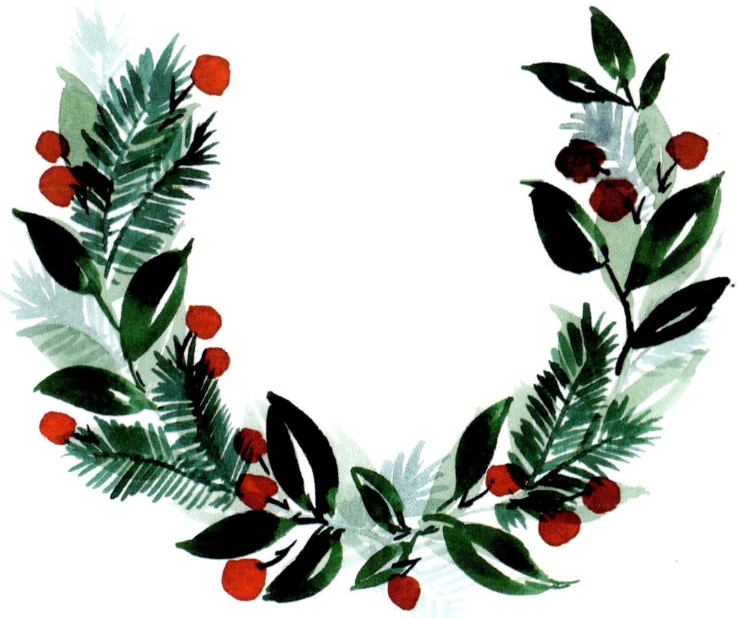

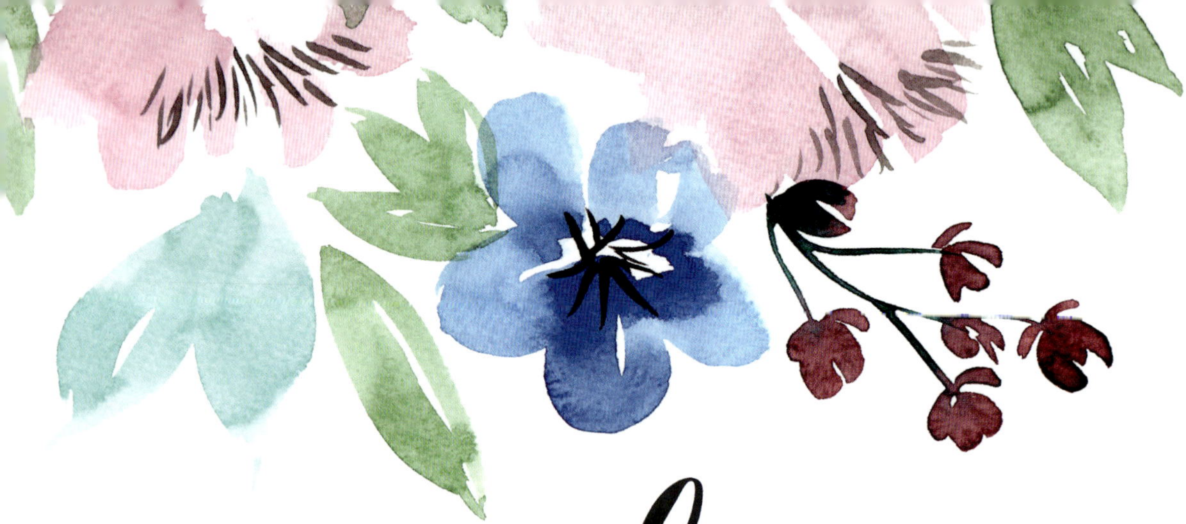

bye ...

Dieses Buch hilft dir, in das lockere Aquarellieren einzusteigen. Bitte gib nicht auf, wenn du mit deinen Kunstwerken noch nicht zufrieden bist. Erinnerst du dich noch an das, was ich mir am Anfang für dich gewünscht habe?

Ich wünsche mir, dass du nicht versuchst, perfekt zu sein.
Um jedoch besser zu werden, musst du üben. Und zwar regelmäßig. Wie sagt man so schön? Es ist noch kein Meister vom Himmel gefallen? Das trifft auch auf das Malen zu.
Was passiert, wenn du nicht immer wieder übst? Überhaupt nichts. Im wahrsten Sinne des Wortes. Du wirst keine Fehler machen. Aber du wirst auch nicht das zufriedene Gefühl des Fortschritts erleben, den Stolz über ein gelungenes Werk.
Egal, was deine Motivation ist: Es reicht nicht, einfach nur durch die Kapitel dieses Buches zu blättern. Du musst anfangen zu malen! Natürlich musst du die Anleitungen nicht eins zu eins umsetzen. Lasse dich einfach nur inspirieren und kreiere deine eigenen kleinen und großen Kunstwerke. Meine Videos helfen dir dabei. Den Freischaltcode findest du auf Seite 144.

Übrigens freue ich mich sehr, dass du es in meinem Buch bis hierher geschafft hast! Und solltest du noch nicht angefangen haben zu malen, dann tue es. Jetzt. Sofort.

Mädchenkunst

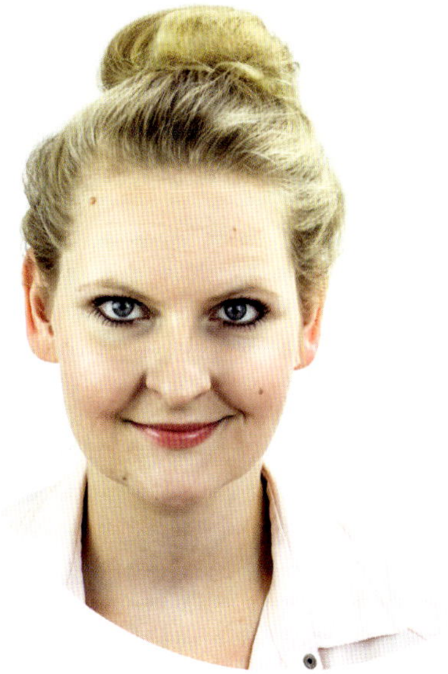

Mädchenkunst ist der Blog von Christin Stapff. Sie hat eine Ausbildung zur TV-Redakteurin gemacht, ist mittlerweile aber selbstständig und glücklich, ihre Liebe zur Kreativität mit dem Journalismus verbinden zu können. 2015 entdeckte sie das Handlettering auf Instagram – und es war Liebe auf den ersten Klick. Seitdem gilt ihre Leidenschaft dem Brushlettering in Verbindung mit Aquarellmalerei.

Facebook: @maedchenkunst
Pinterest: pinterest.de/maedchenkunst
Instagram: @maedchenkunst
Web: www.maedchenkunst.de

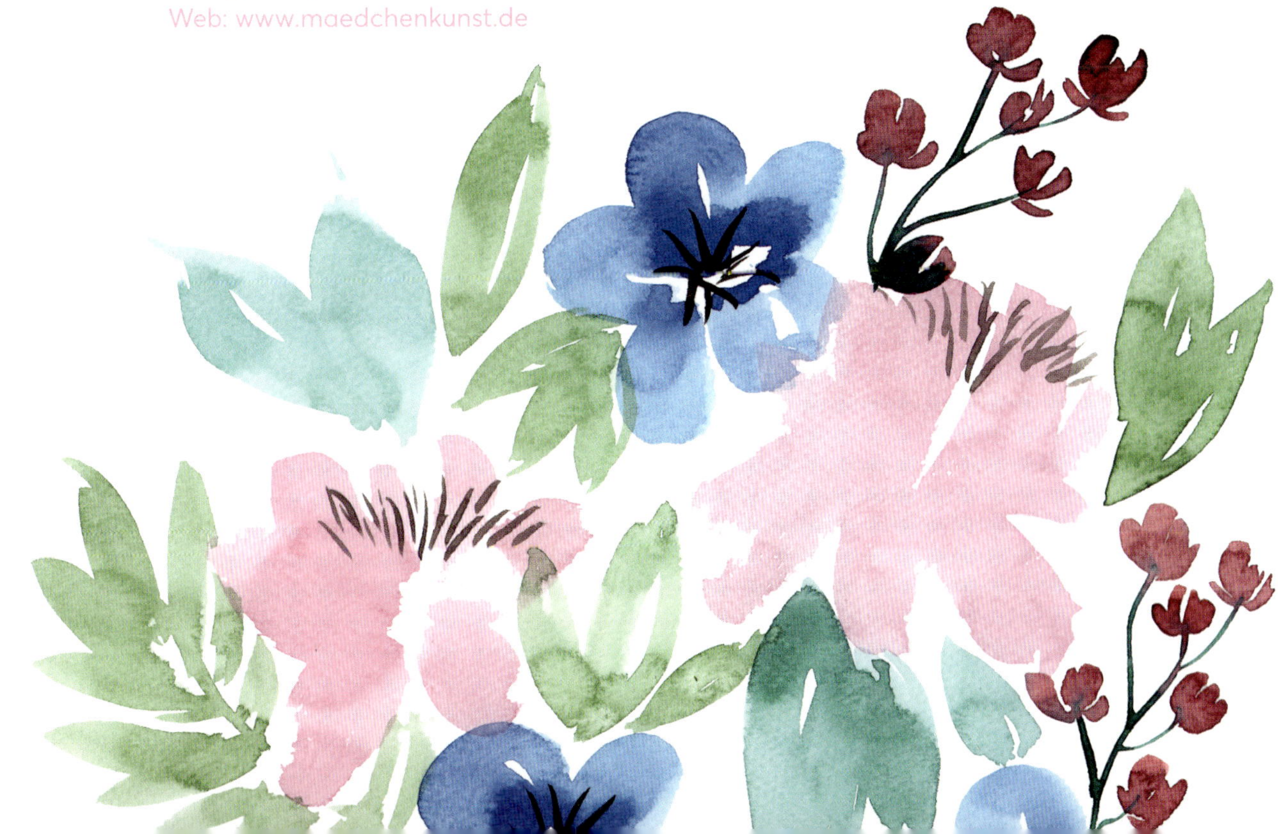

Buchtipps

Entdecke die neue Welt des Watercolor!

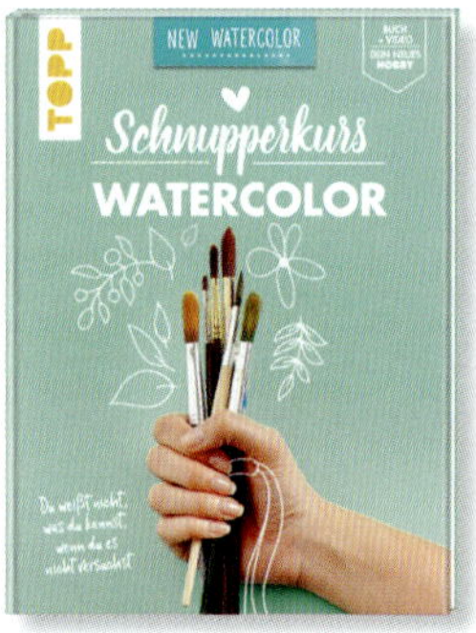

ISBN 978-3-7724-8334-9

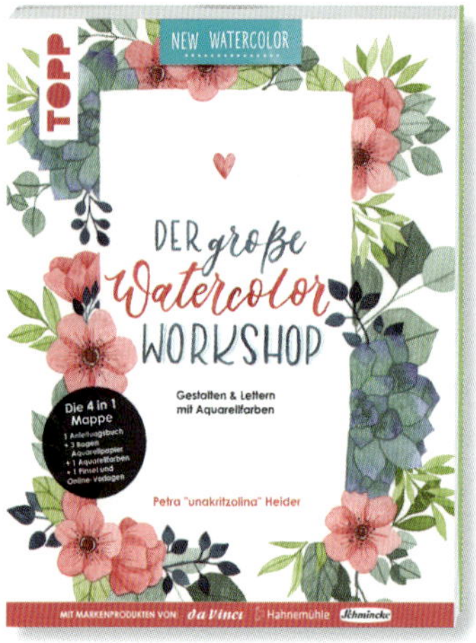

ISBN 978-3-7724-8342-4

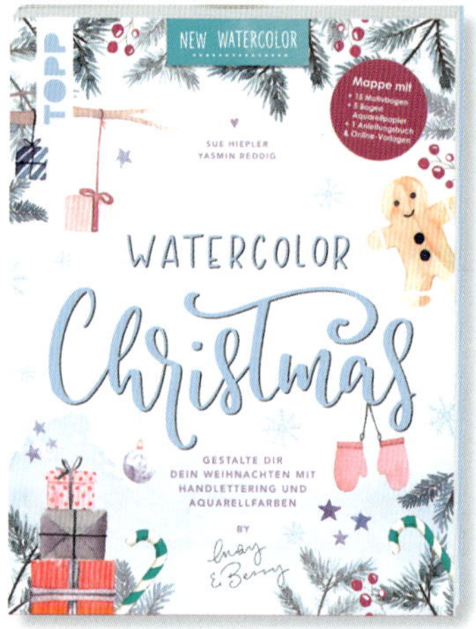

ISBN 978-3-7724-8345-5

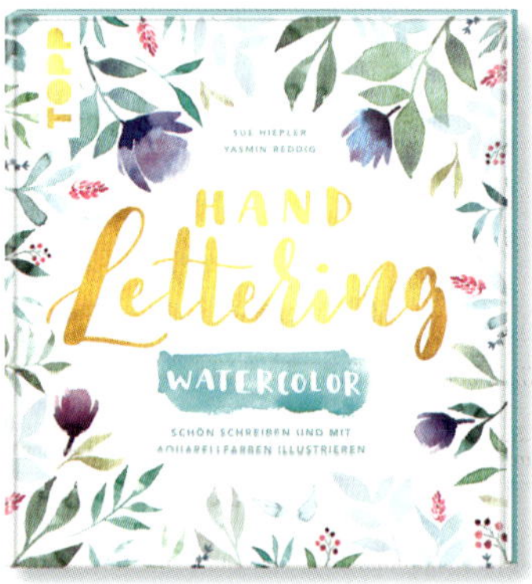

ISBN 978-3-7724-8318-9

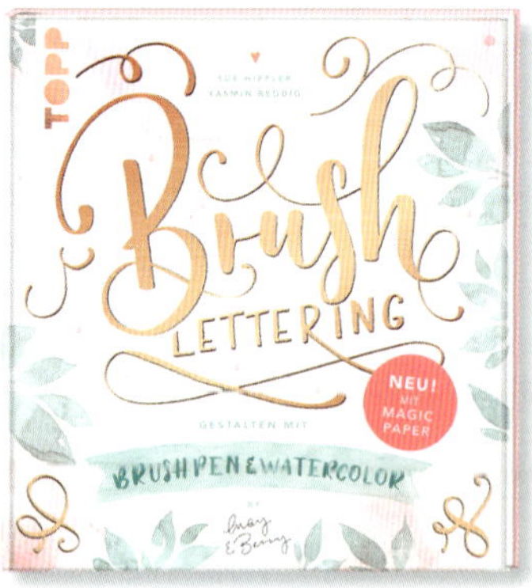

ISBN 978-3-7724-8336-3

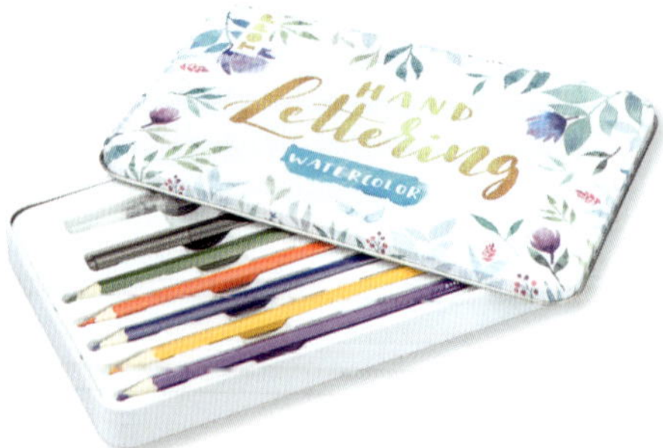

GTIN 40-07742-19261-7

Weitere Ideen zum Selbermachen gesucht?

Lieblingsstücke von einfach bis einfach genial finden Sie bei TOPP! Lassen Sie sich auf unserer Verlagswebsite, per Newsletter oder in den sozialen Netzwerken von unserer Vielfalt inspirieren!

Website

Verlockend: Welcher Kreativratgeber soll es für Sie sein? Schauen Sie doch auf **www.TOPP-kreativ.de** vorbei & stöbern Sie durch die neusten Hits der Saison!

TOPP-Autoren

Sie wollen wissen, wer die „Macher" unserer Bücher sind? Wer Ihnen nützliche Tipps & Tricks gibt? Auf **www.TOPP-kreativ.de/Autor** warten jede Menge spannender Infos zum jeweiligen Autor auf Sie. Finden Sie heraus, welches Gesicht hinter Ihrem Lieblingsbuch steckt!

Facebook

Werden Sie Teil unserer Community & erhalten Sie brandaktuelle Informationen rund ums Handarbeiten auf **www.Facebook.com/Mitstrickzentrale**
Wer sich für Basteln, Bauen, Verzieren & Dekorieren interessiert, ist auf **www.Facebook.com/Bastelzentrale** genau richtig!

Pinterest

Sie sind auf der Jagd nach den neusten Trends? Sie suchen die besten Kniffe? Die schönsten DIY-Ideen? All' das & noch vieles mehr gibt es von TOPP auf **www.Pinterest.com/Frechverlag**

Newsletter

Bunt, fröhlich & überraschend: Das ist der TOPP-Newsletter! Melden Sie sich unter: **www.TOPP-kreativ.de/Newsletter** an & wir halten Sie regelmäßig mit Tipps & Inspirationen über Ihr Lieblingshobby auf dem Laufenden!

Extras zum Download in der Digitalen Bibliothek

Viele unserer Bücher enthalten digitale Extras: Tutorial-Videos, Vorlagen zum Downloaden, Printables & vieles mehr. Dieses Buch auch? Dann schauen Sie im Impressum des Buches nach. Sofern ein Freischaltcode dort abgebildet ist, geben Sie diesen unter **www.TOPP-kreativ.de/DigiBib** ein. Nach erfolgreicher Registrierung erhalten Sie Zugang zur digitalen Bibliothek & können sofort loslegen.

YouTube

Sie wollen eine ganz neue Technik ausprobieren? Sie arbeiten an einem spannenden Projekt, aber wissen nicht weiter? Unsere Tutorials, Werbetrailer, Interviews & Making Of's auf **www.YouTube.com/Frechverlag** helfen Ihnen garantiert dabei, den passenden Ratgeber von TOPP zu finden.

Instagram

Sie sind auf Instagram unterwegs? Super, TOPP auch. Folgen Sie uns! Sie finden uns auf **www.Instagram.com/Frechverlag**
Möchten Sie uns an Ihrem Lieblingsprojekt teilhaben lassen? Am besten posten Sie gleich ein Foto mit dem Hashtag **#frechverlag** & wir stellen Ihr Werk gerne unserer Community vor – yeah!

Alles in einer Hand gibt's hier:

Kreativ-Bücher finden Sie auf www.TOPP-kreativ.de

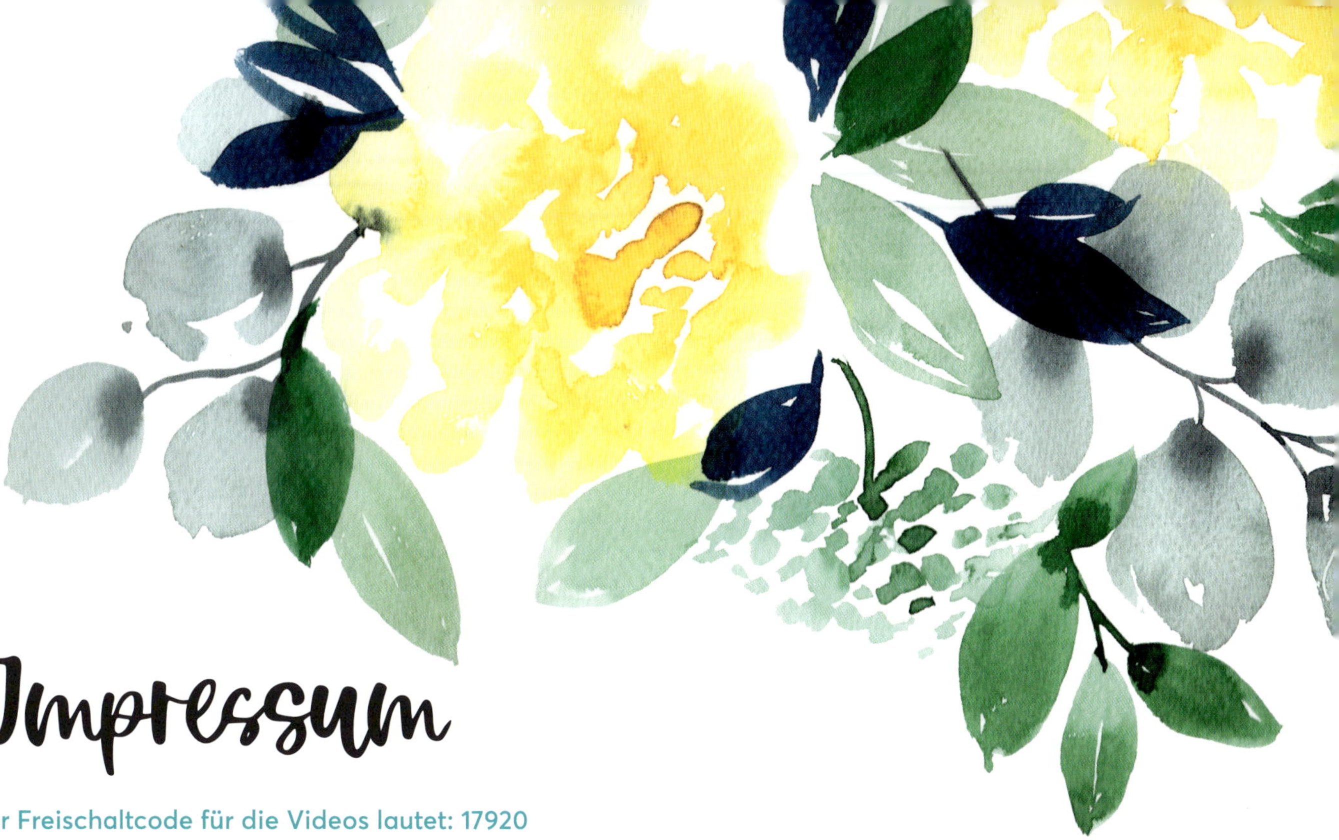

Impressum

Der Freischaltcode für die Videos lautet: 17920

Text & Illustrationen: Christin Stapff
Fotos: Christin Stapff
Produktmanagement: Hannelore Irmer-Romeo
Lektorat: Gabriele Betz, Tübingen
Gestaltung: Tatjana Ströber
Druck und Bindung: Livonia Print SIA, Lettland

2. Auflage 2018

ISBN 978-3-7724-8343-1 • Best.-Nr. 8343

#watercoloryourlife

Poste dein Watercolor-Kunstwerk! Einfach Schnappschuss anfertigen, mit dem Hashtag #watercoloryourlife versehen und bei Instagram, Facebook oder Twitter posten. Wir freuen uns auf dein Watercolor-Kunstwerk!